Filippo Bonfiglietti

Le illusioni del cristianesimo

Tanto finiremo tutti all'inferno

Primiceri
editore
PADOVA

2024 Tutti i diritti riservati.
Finito di stampare nel mese di giugno 2024
presso Rotomail Italia Spa – Vignate (MI)
per conto di Primiceri Editore
Via Savonarola 217, 35137 Padova
ISBN 978-88-3300-354-2
Prima Edizione
www.primicerieditore.com

IL CRISTIANESIMO E I SUOI PECCATI

INNOCENTI CONFUSIONI FRA IL CREDERE E IL SAPERE

Qualche tempo fa una ragazza è stata fermata sull'autostrada A 10, a Borghetto Santo Spirito, mentre in una galleria stava monopattinando alle due di notte verso Genova. E, alla polizia perplessa, ha spiegato di aver seguito le indicazioni del suo navigatore. Si è saputo che era sana, che non era drogata né ubriaca, che sapeva dove voleva andare e che si era fidata del telefono che le aveva indicato la strada giusta, forse senza spiegarle che non era adatta ai monopattini. Solo che non aveva riflettuto che pattinare su una autostrada, oltre ad essere vietato, possa essere pericoloso. Ovvio che il suo GPS ignorava se lei fosse su un automobile o su qualcos'altro, ma lei non poteva non saperlo.

Questa ragazza mi è sembrata un possibile splendido lettore, per un volume che vorrebbe essere destinato soprattutto a chi vuole capire qualcosa su come si è sviluppato il cristianesimo, senza avere le idee troppo chiare, senza rifletterci troppo e badando solo al fatto che esiste.

Considerando che, mentre tutti sanno che le autostrade esistono e sanno perfino a cosa servono, sul cristianesimo si sa solo che c'è da 2000 anni e che ci crede una maggioranza che però non ne sa quasi nulla. E sembra strano che qualcuno possa *"credere"* di essere cristiano se, da solo, non è neppure capace di capire quanto sia sciocco pattinare in monopattino su un'autostrada.

Perché non c'è dubbio che il *"credere"* di una maggioranza sia importante, almeno quanto lo è il bisogno di vedere la nostra vita in una prospettiva di futuro. Ma forse non basta. Perché il credere non è *"sapere"*. E perché perfino il *"sapere"* non sempre serve a qualcosa.

Anche se il *"credere"* è quello delle due massime religioni dei nostri tempi, nate una da 2000 anni e una da 1400 anni: come se fossero nate per combattere lo confusione dei troppi *"credo"* pagani esistenti, sempre simili tra loro ma sempre basati su tradizioni locali. Ed entrambe originate dalla Bibbia, ossia dall'idea che esista un solo Dio, Padre onnipotente. Un'idea che per il cristianesimo fu incarnata nel suo figlio Yeshua considerato Dio fin da subito, mentre per l'Islam dipese da Maometto, considerato solo come l'unico vero profeta di Dio.

Andando all'essenziale, **il Corano pretende di dettare leggi dettagliate per tutti i comportamenti e le relazioni della vita**, intercalandole continuamente con lodi ad Allah, del tipo «*Ad Allah appartengono l'Oriente e l'Occidente. Ovunque vi volgiate, ivi è il Volto di Allah. Allah è immenso e sapiente*», oppure «*O voi che credete, rifugiatevi nella pazienza e nell'orazione. Invero Allah è con coloro che perseverano*», e così via, all'infinito. E, nel Corano, Maometto ha inserito un mare di leggi e di regole del buon vivere di quei tempi, su ogni dettaglio relativo alla vita quotidiana e sui rapporti tra gli esseri umani, facendole discendere dall'arcangelo Gabriele che gli parlava in nome di Allah. Col risultato di far dire ai musulmani, ancora oggi, che Allah è l'unico legislatore, perchè il Corano è una raccolta di leggi trasformate in imposizioni immodificabili, come se nella vita non cambiasse mai nulla. Vietando alle donne di studiare e, ogni tanto, massacrandone qualcuna solo perchè non si è nascosta i capelli come si conviene.

Viceversa il cristianesimo non aggiunge nulla ai Comandamenti ricevuti da Mosè sul Sinai né alle leggi della Bibbia ma, in compenso, fa un'affermazione della cui portata sembra non si preoccupi nessuno: «L'agnello di Dio è colui che toglie il peccato dal mondo» [1]. Dando al peccato un valore demenziale, come se non dipendesse dalla nostra natura umana, notoriamente mortale e imperfetta.

Naturalmente, l'insegnamento di Yeshua è ben più di questo, ma sul vangelo di Marco sta scritto che, quando Yeshua scelse i propri collaboratori, «*ne costituì Dodici — che chiamò apostoli —, perché stessero con lui e per mandarli a predicare con il potere di scacciare i demòni* [2]». Ossia, li scelse per essere aiutato a scacciare il male dagli umani. **Come dire che una funzione essenziale del cristianesimo, dal suo inizio, è stata proprio quella di combattere i peccati degli umani per togliere il male dal mondo.**

Tanto che a un certo punto Yeshua disse: **«il tempo è compiuto, il regno di Dio è vicino, convertitevi e credete nel Vangelo»** [3]. Uno dei suggerimenti più suggestivi, più ottimisti e più inapplicabili mai letti.

E poi, nel Vangelo, benché se ne parli poco, ogni tanto si accenna all'anima umana, il principio spirituale di ognuno di noi, quello che può conquistare una vita eterna beata dopo la morte, se solo lui lo vuole e si impegna. Perché, a quanto pare, l'essere umano è l'unico che può conquistare una vita eterna beata, se evita i suoi errori, e se non si fa dominare dai suoi cosiddetti "*peccati*". Non caricandosi, dunque, di una colpa grave, ma senza che

---

1 Giovanni 1/30
2 Marco, 3:14,15
3 Marco, 1;15

nessuno consideri quanto questa possa dipendere solo da una nostra fragilità che, insieme alla nostra capacità di fare il male senza neppure accorgercene, potrebbe essere dovuta più alla nostra natura che al demonio. [1]

Lo stesso Yeshua probabilmente capì che non poteva fare granché, neppure per aiutare i suoi orrendi contemporanei a difendersi dalla propria natura, malgrado li conoscesse per quelli che erano: ma loro non credevano in lui nè nella sua predicazione e spesso gli erano ostili. Così lui stesso dovette subire il male degli umani. Perché lo trovò negli scribi e nei farisei, che chiamava *"ipocriti"* forse perché lo erano. E lo trovò pure nei massimi livelli del clero ebraico dei suoi tempi, che alla fine lo eliminò per il suo modo di vivere alquanto inconsueto.

Finché finì col dire che «*questa generazione è una generazione malvagia*» [2], come se la prendesse a monito per un futuro migliore e come se non fosse destinata ad essere seguita da un'infinità di altre generazioni, tutte altrettanto malvagie quando non addirittura peggiori. E non riuscì a combattere neppure gli egoismi che vedeva nei ricchi, le smanie di potere che impedìrono l'arrivo «*del regno di Dio*", che sentiva vicino ma che non potrà mai arrivare finché durerà il male del peccato, quello fatto dall'uomo sugli altri uomini e non solo. Perché, dopo duemila anni, continuiamo in molti a disperarci per il male che troviamo in giro, convinti che non sia possibile eliminarlo.

E non comprendiamo che senso abbia pretendere di migliorare l'umanità cercando di eliminare i suoi peccati così

---

1   Anche se, pensando a Hitler, a Stalin, a Mao e ai loro collaboratori viene in mente che il demonio possa aver giocato una parte notevole, pur senza aver compromesso la loro salute: cosa che sarebbe stata auspicabile. .
2   Luca 11:33

indistruttibili, visto Dio ci ha dato il libero arbitrio, dandoci la possibilità di violare ogni regola del buon vivere.

Sta di fatto che il bisogno di combattere i peccati ci affligge ancora tutti, come eredità della Bibbia. Perché inizia dal peccato originale che fece espellere Adamo ed Eva dai giardini dell'Eden per essersi infischiati del divieto di cogliere i frutti dell'albero del Bene e del male. Senza che questo abbia in qualche modo nuociuto alla loro salute nè a quella del loro figlio Caino che più tardi, uccidendo Abele, compì il primo fratricidio della storia, del quale lui non sembra si sia mai fatto un problema neppure quando Yahveh lo rimproverò.

Il risultato fu che il peccato – in tutte le sue manifestazioni – restò fondamentale anche nel pensiero dell'ebreo Yeshua, il quale si impegnò a combatterlo a fondo. Senza mai riuscirci, perché è impossibile. Così, mentre viveva, Yeshua si dedicò soprattutto a curare i malati e gli indemoniati, ossia gli sconfitti, sia che fossero vittime delle conseguenze dei propri peccati oppure no.

E alla fine, dopo aver perso la battaglia contro il peccato mentre era in vita, dopo morto e appena risorto fece l'unico possibile gesto riparatore, perché *«la sera di quel giorno, il primo della settimana, venne Yeshua che disse: «Ricevete lo Spirito Santo; a chi perdonerete, i peccati saranno perdonati; e a coloro a cui non perdonerete, non saranno perdonati»* [1]. E così diede ai discepoli e ai loro successori il compito di aiutare i futuri fedeli a farsi raccontare i loro peccati per aiutarli a non peccare più. Avviando quello che per la chiesa, non ancora nata, diventò il sacramento della confessione. E fornendo loro tutti gli argomenti possibili.

---

1 Giovanni, 20:23

Peccato che, nei fatti, anche questo non abbia mai funzionato, in tutta la storia del cristianesimo: perchè i peccati hanno continuato come prima, malgrado due mila anni di tentativi per individuarli e malgrado le innumerevoli assoluzioni distribuite dalla Chiesa, nel tentativo di purificare l'anima degli umani e mandarli tutti in Paradiso. Fu l'equivoco religioso più folle che si sia mai visto, mentre il credere in Dio continuò ad essere solo un *"credere"*.

Fu un equivoco folle, un po' perché il famigerato peccato originale – dal quale, grazie a Dio, a Giovanni Battista e a Yeshua siamo tutti assolti da quando siamo stati battezzati – resta addosso a chiunque non sia cristiano e quindi non sia stato battezzato, continuando così ad essere eretico e quindi colpevole agli occhi di Dio. Anche se costui non lo sa e non ha nessuna colpa per essere nato in una religione diversa, cosa che lo destina all'inferno qualunque buona azione faccia nel corso della sua vita. Una cosa che ha spinto un mare di cristiani di grande fede a convertire popoli che non avevano mai sentito parlare di Yeshua, per evitare che andassero all'inferno anche loro, senza neanche sapere il perché.

Ma nessuno ci ha mai spiegato come mai Yeshua non sia riuscito a far ragionare neppure i suoi nemici – malgrado la pretesa dei primi cristiani convinti che fosse Dio, oltre che figlio di Dio – evidentemente dominati dal demonio, visto il modo in cui lo trattarono.

E men che meno c'è stato qualche suo erede che abbia saputo fare qualcosa meglio di lui. Non ci riuscì neppure Thomas di Torquemada, il fanatico spagnolo che approfittò dell'inquisizione per torturare vittime inermi, colpevoli solo di pensare ciò che gli capitava di pensare. E neppure papa Leone X, figlio di Lorenzo il Magnifico, abbastanza sciocco da far esplodere il commercio delle indulgenze per finanziare la costruzione della basilica di San Pietro, fino a creare le condizioni per lo scisma protestante. Tutti convinti di credere in Dio, anche se di lui non sapevano nulla, proprio come noi.

Fu così che il cristianesimo tradì i principi su cui si era basata l'intera predicazione di Yeshua, fino a rischiare un'implosione proprio ai nostri tempi, dopo duemila anni di errori. Tanto da giustificare un pezzo di Alfonso Berardinelli, pubblicato [1] con il titolo «*Le nostre società non sanno che farsene del cristianesimo. Basterà l'umanesimo evangelico di Bergoglio per cambiare?*», dove si afferma che «*il cristianesimo rischia di essere o sentimentalmente ornamentale o politicamente strumentale, tanto per opporre il cosiddetto occidente cristiano al mondo islamico e a quello asiatico*».

E conclude che «*una religione non è soltanto una morale civile e sociale, non è una semplice ideologia né soltanto una politica, pur essendo anche questo. E' un modo di essere, è qualcosa che ispiri l'intera vita. Se si vuole cercare oggi nel mondo qualcosa che somigli più di ogni altra a una religione, ecco che si trova il capitalismo, la sua idea di benessere, di vita desiderabile e di politica economico-sociale*». Tutto questo trascurando che nel passato si viveva esattamente allo stesso modo, per lo meno se si apparteneva ad una minoranza capitalista fornita delle stesse nostre idee di benessere, di vita desiderabile eccetera, anche se non c'erano elettrodomestici mentre c'erano servitù di ogni genere a gestire le abitazioni. E, anche se, quanto ai peccati, non erano certo migliore di noi, oltre ad essere (forse) persino più ipocriti di noi.

Mentre, quanto alla domanda «*se basterà l'umanesimo*

---

1 Su *"Il Foglio"* dell'8 gennaio 2022

evangelico di Bergoglio per cambiare», una risposta è già stata data da Pieraldo Rovatti in un articolo dove sostiene che siamo davanti ad una regressione culturale (**ma non sembra una regressione culturale, casomai il contrario**) [1] che, a sua volta, sembrerebbe dovuta ad una crescente diffusione del solito scarso sapere (chiamato però *«pensiero magico"* dall'autore).

Uno scarso sapere che, con l'Illuminismo, si trasferì gradualmente dall'ignoranza originale alla presunzione intellettuale, peggiorando le cose perché creò l'illusione di sapere – il famoso *«credere di sapere»* già combattuto da Socrate nel quarto secolo a.C. – che col **sapere vero** ha solo qualche punto di contatto, utile solo a creare confusione. Come se ai tempi di Yeshua le cose andassero meglio che ai nostri. Perché Socrate, ai suoi tempi, fu condannato alla cicuta ma noi siamo condannati a non avere mai idee chiare su tutte le cose complesse che viviamo, da quelle politiche a quelle religiose, da quelle sui rapporti tra i sessi a quelle sui rapporti di potere. Per non parlare dei cambiamenti climatici.

E, soprattutto, siamo condannati a non avere mai idee chiare sui nostri *"peccati"*, a volte gravissimi e altre volte più veniali, anche se trattati con cattiveria e spesso del tutto ignorati malgrado la loro gravità.

Così qualcuno di noi continua a correre in monopattino sull'autostrada, come la ragazza dalla quale siamo partiti, perché non ha ancora capito nulla. Perchè credere in Dio non è sapere. Mentre credere in un Dio imposto da altri può fare danni, come la storia insegna.

---

1 Pubblicato con il titolo *«la fuga fatale nel pensiero magico sulla strada della regressione»* sulla *"Stampa"* del 21 dic. 1921

Dunque, quanto al nostro sapere, la sua evoluzione merita un racconto. Perché è evidente che l'antica storia del peccato originale fu un'invenzione di chissà chi e chissà quando, per convincere gli ebrei di allora di non avere il diritto di decidere da soli che cosa fossero il bene e il male. Una storia che forse, per qualche ebreo, durò fino agli anni trenta del secolo scorso quando Hitler decise di eliminarli tutti e quando i sopravvissuti ripensarono se stessi.

Forse non è un caso che, secondo un recente studio Gallup, Israele sia il luogo dove il 65% della popolazione si dichiara non religiosa, probabilmente ricordando quanto scarso sia stato l'aiuto fornito da Yahveh ai 6 milioni di ebrei sterminati dai nazisti. E non è neppure un caso che, per lo stesso studio Gallup, in Russia i credenti siano il 70%: per una sorta di reazione all'ateismo di uno Stato che ha preteso di cancellare Dio, come se – in un mondo di scarso sapere – questo fosse ragionevole. Salvo poi rabbrividire a sentir parlare il patriarca Kiril da Mosca, in questi giorni, in favore di Putin.

Per i cattolici, il peccato originale è sempre stato una specie di ostacolo obbligato da superare, per poter entrare nella Chiesa attraverso il facile uso del battesimo. Ma la pretesa che i miracoli di Yeshua – quando guariva ammalati gravissimi o addirittura risuscitava defunti – dipendessero dalla sua capacità di combattere l'effetto negativo dei loro peccati potrebbe aver creato una terribile superstizione. Anche perché non è credibile che la causa di una malattia sia sempre e solo da ascrivere a chissà quale peccato. Non è un caso che, negli ultimi secoli, si sia scoperto che mille malattie sono provocate da infezioni, da microrganismi, o da errori tecnici che con i peccati non hanno nulla a che vedere. A meno di essere convinti che tutte queste cause tecniche non avrebbero nessun effetto se, a renderle efficaci, non fosse indispensabile qualche peccato più o meno ignorato.

Dunque bisognerebbe rammentare che certe fantasia umane e anche cristiane dipendono dalla pseudo-cultura, creata nei millenni, di un'umanità sempre disponibile a credere in qualcosa di inventato, piuttosto che ammettere la propria ignoranza. Alla quale si è aggiunta un'altra pseudo-cultura di massa, molto più recente, dovuta all'immensa quantità di informazioni che – grazie a media e social-media di ogni genere – piove addosso a tutti, indipendentemente dalla nostra capacità personale di capirci qualcosa: altrimenti non ci sarebbero i terrapiattisti e neppure i fanatici religiosi che confondono le loro fantasie con la Verità.

Viene in mente la famosa frase di Pilato quando chiese a Yeshua *«che cosa è la verità?»* Per poi andarsene senza attendere una risposta, lasciando a tutti il dubbio se parlasse sul serio oppure no.

E, infatti, Yeshua fu condannato in spregio a ogni idea di verità, proprio come succede ai nostri tempi nei più clamorosi casi giudiziari. Da quello di Alfred Dreyfus, condannato all'ergastolo nell'isola del Diavolo a fine Ottocento per un'accusa di tradimento poi rivelatasi falsa, fino a quello di Enzo Tortora condannato a dieci anni di carcere per accuse false, prese per buone da un tribunale italiano. In entrambi i casi, nessuno saprà mai se i tribunali abbiano sbagliato per malafede, per superficialità o per chissà quale altro motivo. Ma certamente hanno sbagliato per conoscenza insufficiente, ossia per incapacità o per non volontà di approfondire i fatti.

La faccenda è seria anche perché ha una delle sue radici nel modo in cui è nato e si è affermato il cristianesimo, come se conoscesse – a fondo e senza alcun dubbio, – l'assoluta verità di qualunque cosa dipenda dalla cultura evangelica. A partire proprio dall'esistenza di Dio.

Perché senza il cristianesimo non ci sarebbe la Divina Commedia, che ci ha fatto conoscere l'inferno, il purgatorio e il paradiso meglio di qualunque catechismo, ricamando sulle fantasie pettegole, pseudo-religiose e pseudo politiche di Dante. Anche se la Divina Commedia resta al disopra di ogni critica perché è un capolavoro mondiale, malgrado sia solo una fantasia priva di ogni sostanza reale.

E, senza il cristianesimo, non ci sarebbero state le ignobili condanne di Giordano Bruno e di Galileo Galilei i quali, al peggio, ebbero il torto di esprimere per iscritto pensieri e scoperte personali che non furono condivise da un po' di preti ignoranti, presuntuosi e criminali. Senza il cristianesimo non ci sarebbe stata l'Inquisizione e nessuno avrebbe mai sentito parlare di Thomas de Torquemada. Senza il cristianesimo non ci sarebbe stata Isabella la Cattolica, che torturava sua figlia Giovanna, l'unica persona che, nel regno di Spagna del Cinquecento, osò ribellarsi alle regole religiose e alla confessione. Senza il cristianesimo non ci sarebbe mai stato lo Stato Pontificio, con la sua arrogante pretesa di dominare tutto il mondo conosciuto, pretendendo di impartire insegnamenti di altissimo livello morale mentre faceva esattamente l'opposto, con buona pace per la tradizionale condanna dei farisei ipocriti da parte di Yeshua.

Eppure, dopo Yeshua, l'arroganza dei potenti della terra si è basata tutta su equivoci dovuti proprio al cristianesimo, a partire da Costantino I e da Teodosio il Grande, due ignoranti criminali – ancorché imperatori santificati dalla tradizione – che si arrogarono il diritto di imporre un mucchio di leggi teologiche tanto pretese quanto simboliche, che a loro forse interessavano solo perché servivano al loro potere.

Un'arroganza della quale mi sono occupato diffusamente in altri libri sul "*Credere*" e sul "*Sapere*".

Qui mi viene da raccontare una tragedia esemplare dovuta allo scarso sapere della classe medica nella Vienna di metà Ottocento mescolato alla loro arroganza, quando un medico – il dott. Ignáz Semmelweis, ungherese nato a Buda, assistente professore alla clinica ostetrica dell'Ospedale generale di Vienna, il più moderno ospedale europeo di allora – nel 1847 notò che in un padiglione, gestito da medici, la mortalità per febbre puerperale superava l'11%, mentre in un altro padiglione, gestito solo da ostetriche, i decessi erano appena l'1%. Tuttociò sembrava un controsenso finché Semmelweis immaginò che le "*febbri puerperali*" potessero essere la conseguenza di infezioni dovute alle mani sporche dei medici che visitavano le partorienti. Finché impose un'accurata disinfezione delle mani ai suoi colleghi, facendo crollare il tasso di mortalità allo 0,19% in pochi mesi. E fu un grande successo. Salvo che il suo scopritore si scontrò con i suoi colleghi che respingevano l'idea di potere essere proprio loro la causa delle febbri puerperali. E Semmelweis, ungherese in mezzo a un mare di medici austriaci, perse il posto di lavoro per aver costretto i colleghi ad una pratica indecorosa, priva di alcun fondamento reale dato che «*è ridicolo lavarsi le mani per qualcosa che non si vede*» e anche perché le puerpere «*venivano chiamate a lasciare questo mondo dal Buon Dio e non per colpa dei medici*» e non ebbe gli onori ai quali ambiva malgrado avesse scritto, nel 1861, un libro dal titolo «*Eziologia, concetto*

e profilassi della febbre puerperale» che più tardi divenne un autentico compendio di lotta contro la febbre puerperale. Finché cadde in depressione tanto da finire in un manicomio dove morì il 13 agosto 1865, probabilmente a causa di un'infezione contratta a causa delle ferite inferte dalle guardie del manicomio e dalle cure inadeguate. La conclusione della sua tragedia si ebbe solo dopo la sua morte quando Louis Pasteur e Lord Joseph Lister (l'inventore dell'antisepsi chirurgica) dimostrarono l'importanza delle sue intuizioni. Finché nel 1906 gli fu eretta una statua davanti all'ospedale San Rocco a Pest, e infine gli fu intitolata la Clinica Ostetrica dell'Università. Cosicché, oggi, il rifiuto di accettare le prove di una nuova scoperta viene definita *"riflesso di Semmelweis»* .

1. Ignáz Semmelweis

«La sua opera è eterna. Tuttavia nella sua epoca, venne assolutamente misconosciuta. (...) Pasteur doveva rischiarare con una luce più potente, in modo totale e irrefutabile, la verità microbica. In quanto a Semmelweis, sembra che la sua scoperta superasse le forze del suo genio..... Niente è gratuito in questo basso mondo. Tutto si espia; il bene, come il male, si paga prima o poi. Il bene è molto più caro, per forza.» [1]

Il caso del dott. Semmelweis fu particolarmente tragico e quarant'anni dopo la sua morte fece molto rumore, ma fu solo una delle stroncature di scienziati che fecero sco-

---

1 Tratto dalla tesi di laurea in medicina del 1924 di Louis Ferdinand Celine, un famoso scrittore francese, narratore e scienziato del virus del negazionismo.

2. Friedrich Nietzsche

perte non condivise dai colleghi, a incominciare da Guglielmo Marconi che, per farsi prendere sul serio, fu costretto a trasferirsi in Inghilterra approfittando di avere una madre inglese e da Koch che fu beffato da alcuni suoi colleghi quando presentò i propri risultati sulla scoperta del bacillo della tubercolosi. Oppure da Nietzsche, che fu denigrato da spiritualisti come il cattolico G. K, Chesterton il quale lo trattò da scemo, solo perché scemo era lui:

«Come tutti sanno, Nietzsche predicò una dottrina, che egli stesso ed i suoi seguaci mostrano di considerare molto rivoluzionaria; egli sostenne che la comune morale altruistica era stata inventata da una classe di schiavi per impedire il sorgere di tipi superiori capaci di combatterli e di soggiogarli. Orbene, i moderni, sia favorevoli che contrari, vi alludono sempre come se fosse un'idea nuova e del tutto inaudita. Si suppone con la massima calma ed insistenza che i grandi scrittori del passato, come per esempio Shakespeare, non lo sostennero perché non vi avevano mai pensato, perché l'idea non era passata loro per la mente. Ma rileggete l'ultimo atto del Riccardo Terzo di Shakespeare, e vi troverete, espresso in due versi, non solo tutto ciò che Nietzsche aveva da dire, ma con le sue stesse parole. Riccardo il Gobbo dice ai suoi nobili: "La coscienza non è che una parola usata dai codardi, al principio creata per mantenere i forti in soggezione». Come ho detto, il fatto è chiaro. Shakespeare aveva pensato a Nietzsche ed alla morale del Super-Uomo, ma ne valutò l'esatta portata, e la collocò esattamente al suo posto: cioè nella bocca di un gobbo

mezzo dissennato, che parla alla vigilia della sua disfatta. Que-
sta collera contro i deboli è possibile soltanto in un uomo che sia
morbosamente coraggioso, ma fondamentalmente malato; un uomo
come Riccardo, un uomo come Nietzsche.» [1]

Come se, a parte non accorgersi che Shakespeare non poteva sapere del pensiero di Nietzsche (che vivrà secoli dopo di lui), si possa dare del matto a qualcuno solo perché ragiona in modo diverso dal nostro.

LA TRINITÀ E L'ARROGANZA DELLE TEOLOGIE SALVIFICHE

L'arroganza dei potenti stupidi della terra – quale che sia la loro potenza – ha portato a credere nelle elucubrazioni para-teologiche dei creatori delle religioni, delle loro correnti spirituali e delle Chiese, da sempre. E dello scarso sapere che ne derivò, fatalmente, nei fedeli e persino dei sacerdoti.

A incominciare da uno dei dogmi considerati verità fondamentali della fede cattolica, anche se nacque in modo davvero originale nel quarto secolo dopo Yeshua: il dogma della Trinità, diventato del tutto indiscutibile proprio in quanto dogma, incluso il segno della Croce che ne è derivato come segno di riconoscimento dei cristiani.

Anche se è conosciuto, da sempre – sebbene sia stato completamente dimenticato – il processo che portò al dogma, attraverso una serie di passaggi che partirono dalla fondamentale importanza di affermare che Yeshua era Dio,

---

1 On Reading, articolo di critica letteraria raccolto poi in The Common Man, 1950, riportato anche in The Soul of Wit: G. K. Chesterton on William Shakespeare, Richard III and Nietzsche, pag. 107, e in G. K. CHESTERTON Ultimate Collection: 200+ Novels, Historical Works, Theological Books, Essays, Short Stories, Plays & Poems

3. Costantino I

figlio di un Dio a tutti sconosciuto e non un profeta qualunque. Un'importanza sottolineata fin dall'inizio da San Paolo, il quale sosteneva che «*Se Yeshua non è risuscitato, allora è vana la nostra predicazione ed è vana anche la vostra fede*» [1], come se la fede, la dottrina, la predicazione e la vita di Yeshua, senza la sua resurrezione, non valessero nulla. Oppure, forse, solo perché immaginava che – ai tempi in cui si deificavano gli imperatori romani – fosse più facile promuovere una fede predicata da un Dio vissuto sulla terra e capace di resuscitare, piuttosto che da un qualunque Yeshua spirituale, inconoscibile e incomprensibile.

Infatti, dopo quattro secoli da Yeshua arrivò Costantino, imperatore dal 306 d.C., il quale nel 328 convocò e presiedette a Nicea (325 d.C.) un famoso concilio di trecento vescovi, destinato ad unificare le teorie delle varie fazioni della cristinanità, pronto ad usare il proprio prestigio per imporre una soluzione definitiva e indiscutibile.

Costantino, malgrado il merito di essersi convertiuto al cristianesimo, non era stato uno stinco di santo e ne aveva fatte di tutti i colori, incluso lo strangolamento di Crispo, il proprio primogenito accusato di aver avuto rapporti discutibili con Fausta, moglie di suo padre. Il quale, quando scoprì l'affronto, la fece immergere in una vasca di acqua calda fino a farla bollire. E, prima di essere cristiano, Costantino sembra sia stato un cultore del Dio Sole,

---

1 I Ccorinzi Capitolo 15:14

4. Teodosio I

come pontefice massimo dei Romani. Ma fu soprattutto il vincitore nella battaglia di Ponte Milvio (nel 312 d.C.) contro Massenzio, dopo aver sognato la croce affiancata dalla frase «*in hoc signo vinces*". E fu cristiano.

Più tardi (nel 330 d.C.) Costantino fondò Costantinopoli in un luogo oggetivamente molto più facile da difendere che non Roma. Finché – compresa l'importanza della nuova religione cristiana per rafforzare la coesione culturale e politica dell'impero romano – lanciò il concilio di Nicea per mettere fine alle diatribe teologiche e alla confusione che dominava nel cristianesimo, soprattutto a causa dei diversi punti di vista tra Ario e Atanasio – due dei maggiori prelati di Alessandria – a proposito della divinità di Yeshua.

Dove il vescovo Atanasio, sicuro dell'esistenza di un Dio Padre e dello Spirito Santo –. dei quali si legge (poco) nei vangeli canonici – associabili alla divinità di Yeshua proclamata subito dopo la sua resurrezione, era un convinto assertore di una Trinità i cui personaggi dovevano essere consubstanziali ed eterni

Mentre Ario, presbitero in una chiesa di Alessandria, era interessato a mantenere un formale intendimento dell'unicità di Dio. Ma nel difendere quest'unicità era obbligato a mettere in discussione l'identità dell'essenza del Figlio e dello Spirito Santo con il Dio Padre, come era stato evidenziata dai teologi della scuola alessandrina in-

5. Ario

fluenzata dai neoplatonici. Ma insegnava che Dio era unico, eterno e indivisibile; mentre il Figlio di Dio, in quanto *"generato"*, non poteva essere considerato Dio allo stesso modo del Padre, proprio perché la natura divina è unica. E perché, essendo un *"figlio"* – e quindi «venuto dopo» Colui che lo ha generato – non è può essere coetaneo del Padre, mentre la natura divina è di per sé eterna e indivisibile. E, dunque, è in posizione subordinata rispetto al Padre.

Il dogma della Trinità fu probabilmente quello sul quale ai tempi di Nicea più si azzuffarono i vescovi del convegno. La discussione fu lunga e accesa – pare che i trecento vescovi partecipanti siano addirittura venuti alle mani – ma alla fine Costantino si schierò con Atanasio e fece vincere il partito della Trinità. Così questa divenne un dogma e quindi fu scritto il primo Credo della Cristianità come lo conosciamo.

E qui sorge una domanda: perché mai accanirsi così tanto a complicare le cose semplici, visto che nessuno dei vescovi poteva sapere nulla nè su Dio, né sulla Trinità, né sullo Spirito Santo? Non potevano concludere che la seconda e la terza persona di Dio fossero semplicemente due delle sue caratteristiche, che potevano entrare nella più ampia definizione di onnipotenza? Ma si rendevano conto della banalità?

Credo in un solo Dio,
Padre onnipotente,
Creatore del cielo e della terra,
di tutte le cose visibili e invisibili.
Credo in un solo Signore, Gesù Cristo,
unigenito Figlio di Dio,
nato dal Padre prima di tutti i secoli:
Dio da Dio, Luce da Luce,
Dio vero da Dio vero,
generato, non creato,
della stessa sostanza del Padre;
per mezzo di lui tutte le cose sono state create.
Per noi uomini e per la nostra salvezza discese dal cielo,
e per opera dello Spirito Santo
si è incarnato nel seno della Vergine Maria
e si è fatto uomo.
Fu crocifisso per noi sotto Ponzio Pilato,
morì e fu sepolto.
Il terzo giorno è risuscitato,
secondo le Scritture, è salito al cielo,
siede alla destra del Padre.
E di nuovo verrà, nella gloria,
per giudicare i vivi e i morti,
e il suo regno non avrà fine.
Credo nello Spirito Santo,
che è Signore e dà la vita,
e procede dal Padre e dal Figlio.
Con il Padre e il Figlio è adorato e glorificato,
e ha parlato per mezzo dei profeti.
Credo la Chiesa,
una santa cattolica e apostolica.
Professo un solo Battesimo
per il perdono dei peccati.
Aspetto la risurrezione dei morti
e la vita del mondo che verrà.
Amen.

Eppure la cosa non finì lì, perché dal 325 al 380 d.C. ci furono due concilii ad Antiochia (341), uno a Sardi (343), uno a Sirmio (351), uno ad Aeles (353), uno a Milano (355), un terzo concililo a Sirmio (357), uno a Seleucia (359) e un altro ad Antiochia (361) durante i quali le posizioni di Ario sostituirono molte volte quelle di Atanasio e viceversa. Mentre, nel frattempo, morì Ario (336), e Atanasio fu desttuito e reintegrato diverse volte (morì nel 373).

Finché nel 380 d.C. (ossia 66 anni dopo Nicea) l'imperatore Teodosio I il Grande – con l'editto di Tessalonica [1] – conferma il Credo niceno come dottrina ufficiale del regno, con l'aggiunta di alcune clausole sullo Spirito Santo e di altre dottrine e dichiara la cristianità religione ufficiale di stato dell'impero.

Fu così che nacque ufficialmente il Cristianesimo, con un editto firmato da un imperatore che pretese di imporre ai futuri cristiani ciò in cui **dovevano** credere, con una legge tanto fondamentale quanto folle: perchè basata non sul sapere ma sul credere di sapere. Così importante che, come scrive l'editto, quelli che non credono «*saranno considerati stolti eretici e condannati dal castigo divino, dalla nostra autorità che ci viene dal Giudice Celeste*». Pensa un po'!

L'EDITTO DI TESSALONICA DEL 27 FEBBRAIO 380

«Vogliamo che, conformemente all'insegnamento apostolico e alla dottrina evangelica, si creda nell'unica divinità del Padre, del Figlio e dello Spirito Santo in tre persone uguali. **Chi segue questa norma sarà chiamato cristiano cattolico, gli altri invece saranno considerati stolti eretici; e alle loro riunioni non attribuiremo il nome di chiesa.** *Costoro saranno condannati anzitutto dal castigo divino, poi dalla nostra autorità, che ci viene dal Giudice Celeste* ».

---

1 Detto anche **Cuncots populos**

Tra i più noti che fecero le spese di questa durezza ci furono Galileo e Giordano Bruno, milleduecento anni dopo: il primo perché era uno scienziato e scoprì un fatto incontrovertibile, anche se fu disprezzato da preti ignoranti ma convinti del valore della propria autorità. Il secondo perché era un filosofo pazzo che non faceva nulla di male ma fu bruciato vivo da alcuni preti incredibilmente convinti di parlare in nome di un Dio di cui non capivano nulla, e neppure della sua esistenza. Anche se, perfino dopo il Credo niceno, la dottrina della trinità fu al centro di accese dispute per decenni e secoli.

Mentre la Trinità resta un mistero inutile, perfino se, concettualmente, sembra ricalcare un'idea presente nel pensiero dei filosofi greci, soprattutto di Platone, sebbene le sue tre persone trinitarie siano diverse da quelle del cristianesimo. E fu diffusa soprattutto da Plotino, che visse tra il 203 e il 270 d.C. e fu il maggiore dei neoplatonici. E sembra il risultato dell'elucubrazione di uno dei tanti concetti astratti che piacciono ai filosofi, pur essendo del tutto inutili. Anche se l'idea parte da lontano: *non è un caso che esista una trinità indiana di Brahma, Vishnu e Shiva. E che esistano le tre Parche della mitologia greca classica: dove una stabiliva la data di nascita degli umani, la seconda li faceva vivere e la terza ne stabiliva la data di fine!*

Qualche anno fa un teologo americano, Walter Martin affermò che «*La trinità stessa è un mistero o un "sacro segreto". Essa è incomprensibile e non può mai essere capita pienamente*».

Che la Trinità sia incomprensibile e che sia solo un elemento di confusione è evidente, visto che nel concetto stesso di Dio è racchiuso – per definizione – ogni suo valore (altrimenti Dio non sarebbe onniscente, onnipotente e onnipresente) e visto che, quando i cristiani dicono "*Dio*" non pensano a una trinità ma a un Dio.

6. Agostino

Per Agostino, che forse aveva letto Platone, la Trinità ha continuato ad essere un'unica sostanza divina dove le tre persone Padre, Figlio e Spirito Santo sono anche Essere, Verità, Amore. E l'anima umana, secondo Sant'Agostino, è un'immagine della Trinità, perché anch'essa è una e triplice, e include: memoria, intelligenza e volontà. Tanto che, nel suo primo libro, scrisse «*in qual modo la Trinità sia un solo unico e vero Dio e come sia pienamente esatto dire, credere e pensare che il Padre, il Figlio e lo Spirito Santo sono un'unica e medesima sostanza o essenza*»». Ma questa sembra solo una spiegazione di comodo a posteriori. Simile a quella secondo cui i giorni della settimana sono sette, le aperture del viso sono sette, quindi anche i pianeti erano sette.

E il fatto che Enzo Galbiati faccia notare che Sant'Agostino «*in tutta la realtà evidenzia strutture triadiche che rimandano appunto alla Trinità creatrice*», e stabilisca un'analogia con l'essere umano che possiede «*la trinità di memoria, intelligenza e volontà*» rimanda allo stesso concetto [1].

Resta il fatto che la Trinità, anche se fosse stata conte-

___

1 Tratto dalla seconda serata (9 apr. 2016) del ciclo di filosofia dedicato a Sant'Agostino di Ippona del filosofo Enzo Galbiati il quale, fa notare quanto sia stato fortunato Agostino ad aver conosciuto qualche opera di Platone.

7. Stephen Hawking

nuta in un più ampio concetto del Dio (del quale si continua a non sapere nulla), sarebbe restata nell'ambito delle speculazioni filosofiche, come quelle di Platone, e persino quelle dello scienziato inglese Roger Penrose Premio Nobel per la fisica. Tanto che Penrose fu definito *"un platonico"* dall'amico Stephen Hawking, insieme al quale scrisse un libro. Da allora in poi ne avrebbero parlato solo gli specialisti.

Nessuno sa perché Atanasio ne fosse condizionato. Mentre gli imperatori, che non capivano nulla ma non volevano ammettere la propria ignoranza per ragioni di prestigio, ne restarono affascinati. Tutti dimenticando che Dio è inconoscibile – ignorando che perfino Platone, padre della pagana trinità, aveva detto che «*Dio non può essere descritto in alcun modo*» – e quindi, a maggior ragione, lo sono certi dettagli.

Non stupisce che sul ruolo della Trinità Cristiana si sia discusso per una sessantina d'anni, finché Teodosio decise che era giusta e la fece entrare nella religione di stato.

Poi, nel 600, arrivò Maometto che produsse il Corano su ispirazione dell'arcangelo Gabriele, che definì Yeshua come un profeta, che usò il termine Allah per il suo Dio unico (definendo il cristianesimo come una religione politeista per la sua decisione di essere trinitaria, guarda un po') e che sul Corano scrisse un'infinità di leggi di buon comportamento dei fedeli.

Più tardi, nel diciassettesimo Secolo, Newton prese una decisa posizione razionale e personale contro la trinità, che considerò un errore imposto da Atanasio mentre Ario aveva ragione: ma questa restò una sua opinione personale perchè la chiesa anglicana aveva importato (a scatola chiusa) la trinità dalla chiesa cattolica e Newton era solo uno scienziato che per prudenza decise far pubblicare il suo pensiero soltanto dopo la propria morte.

Lo Spirito Santo

Quanto allo Spirito Santo, si tratta del dogma che crea un illustre sconosciuto, del quale non avevano mai sentito parlare neppure alcuni discepoli. Tanto che negli atti degli apostoli, viene presentato così [1]:

Lo Spirito Santo

«Mentre Apollo era a Corinto, Paolo, attraversate le regioni dell'altopiano, scese a Èfeso. Qui trovò alcuni discepoli e disse loro: «Avete ricevuto lo Spirito Santo quando siete venuti alla fede?». Gli risposero: «Non abbiamo nemmeno sentito dire che esista uno Spirito Santo». Ed egli disse: «Quale battesimo avete ricevuto?». «Il battesimo di Giovanni», risposero. Disse allora Paolo: «Giovanni battezzò con un battesimo di conversione, dicendo al popolo di credere in colui che sarebbe venuto dopo di lui, cioè in Gesù». Udito questo, si fecero battezzare ne nome del Signore Gesù e, non appena Paolo ebbe imposto loro le mani, discese su di loro lo Spirito Santo e si misero a parlare in lingue e a profetare. Erano in tutto circa dodici uomini ».

---

1 Atti degli Apostoli 19::1/8

Vale la pena di notare quanto poco lo Spirito Santo sia citato nei vangeli: tre volte in Marco, Giovanni e Matteo e tredici in Luca, ma sempre per dire le stesse cose: preannunciare la nascita di Gesù, congratularsi per il suo battesimo, condannare chi bestemmierà lo Spirito Santo e ricordare che lo Spirito Santo aiuterà i discepoli a perdonare e a usare gli argomenti giusti con le autorità.

Ossia, lo Spirito Santo è descritto come un informatore delle decisioni divine, come uno che si congratula per ciò che è andato bene e come un assistente al comportamento corretto di Yeshua e dei suoi discepoli inclusa la capacità di perdonare. Ossia, come un semplice accessorio della Divinità.

Ma vale anche la pena di notare che Eugenio Scalfari, in un suo articolo del 14 giugno 2016 [1] aggiunse che, sullo Spirito Santo, Papa Francesco ha recentemente detto quanto segue:

«Se noi domandiamo a tante brave persone: chi è lo Spirito Santo per te? E che cosa fa e dov'è? L'unica risposta sarà che è la terza persona della Trinità. Esattamente come hanno imparato a catechismo. Certo sanno che il Padre ha creato il mondo perché la creazione è attribuita al Padre. E sanno anche che il Figlio è Gesù che ci ha redenti e ha dato la vita per tutti noi. Dunque riguardo allo Spirito Santo sanno soltanto che è la terza persona della Trinità, ma se gli chiedi che cosa fa? Ti rispondono che è lì. E così si formano i nostri cristiani».

Salvo poi aggiungere che *«Lo Spirito Santo è quello che muove la Chiesa, che lavora nella Chiesa, nei nostri cuori; è quello che fa di ogni cristiano una persona diversa dall'altra ma da tutti insieme fa l'unità. Dunque lo Spirito Santo è quello che porta avanti, spalanca le porte e ti invia a dare testimonianza di Gesù».*

Già. Ma a questo punto viene voglia di chiedergli come

----

1   Lo Spirito Santo nella mente del laico

faccia a saperlo, chi gliel'abbia detto, come faccia ad esserne così convinto da cercare di convincere noi. Dipende dalla sua fede? E' probabile, ma la sua fede da dove viene, vista la nostra perplessità sulle origini della fede, anzi di ogni fede?

E se lo Spirito Santo fosse un semplice attributo di Dio, non basterebbe Dio a muovere la Chiesa? A cosa serve gerarchizzare Dio, come se sapessimo in che modo è fatto? A cosa serve complicare inutilmente le cose di fede?

E qui viene da domandarsi come Scalfari, che si è sempre dichiarato ateo, possa scrivere (su un articolo del 2016, dal nome «*Lo Spirito Santo nella mente del laico*») in termini sublimi di uno Spirito Santo facente parte di un Dio che nega. Perchè questo è molto peggio di coloro che confondono il loro credo con il sapere. Perché questo è argomentare su cose che si è convinti che non esistano, facendo come se esistessero. Proprio come fecero i dottori della Chiesa che tuttavia, a loro parziale discolpa, erano costretti a credere nello Spirito Santo per dogma, un dogma che per Scalfari non aveva valore.

E qui sorge il dubbio che Scalfari sia caduto in una trappola para-cognitiva, la stessa che sembra aver indotto molti filosofi ad elucubrare a fondo su concetti dovuti solo alla loro immaginazione, arrivando a conclusioni tanto profonde quanto inutili o addirittura dannose.

LE ELUCUBRAZIONI CHE FANNO DELIRARE I FILOSOFI

A questi concetti, indotti dal piacere di speculare sull'astratto come fu per le categorie di Aristotele, di Kant e di

Marx [1], appartengono i tentativi di approfondire il significato profondo di concetti apparentemente seri, fatti dai filosofi che producono elucubrazioni personali e complicate, utili più a confondere che a spiegare.

Ed ho pensato di accennare a ciò che hanno creduto di scoprire, solo perchè sembra molto simile a quanto fatto nel terzo secolo da coloro che hanno creduto di scoprire gli intimi segreti del cristianesimo.

Per Aristotele le categorie erano i gruppi o i generi sommi che raccolgono tutte le proprietà che si possono predicare dell'essere. Erano i predicamenti dell'essere, che si riferiscono a qualità primarie (l'essenza immutabile degli oggetti), o secondarie (gli accidenti che possono cambiare).

Le categorie di Aristotele sono dieci: la sostanza, la qualità, la quantità, la relazione, il dove, il quando, lo stare, l'avere, l'agire, il subire. Ogni elemento della realtà può essere fatto rientrare in una di queste categorie.

LE CATEGORIE DI ARISTOTELE

«Proviamo qui a dare qualche informazione — che peraltro ci sembra del tutto inutile e superflua — sulle categorie di Aristotele che «si riferiscono a enti concreti e quindi hanno un valore oggettivo. E noi le adoperiamo secondo un rapporto logico tipico del sillogismo, riunendole grazie alla capacità intuitiva di cogliere le relazioni effettivamente esistenti tra gli oggetti reali. Si è pertanto ipotizzato che per Aristotele le categorie siano una classificazione delle parti di cui è fatto un discorso. Tuttavia, a mio parere, tutti questi concetti non servono assolutamente a nulla, così come le stesse categorie. Forse la dottrina aristotelica delle categorie si proponeva di rimediare all'indeterminatezza con cui Parmenide, aveva enunciato la verità dell'essere, lasciandolo senza un predicato: Parmenide aveva detto soltanto che l'Essere è, e non può non essere, ma non aveva detto cosa sia. Ne risultava un concetto evanescente, che

---

1 Quanto a Marx, si veda l'appendice n° 3

*rischiava di venir confuso col non-essere. Aristotele, pertanto, forse si
propone di mostrare che l'essere è determinato in una molteplicità di
attributi, e quindi è multilaterale pur nella sua unità »* [1].

E, quanto alla famosa differenza fra sostanza e accidente di Aristotele, notata dal Manzoni, si può dire che la sostanza esiste di per sé, mentre l'accidente è una determinazione che noi attribuiamo alla sostanza e che esiste in rapporto ad essa. Il concreto è quindi formato da entrambi, mentre l'accidente sta alla sostanza come l'atto sta alla potenza. Ma la citazione del Manzoni sembra scritta apposta per sottolineare quanto inutili siano certe definizioni e certi concetti.

Perché non è facile capire a cosa serva tutto questo. Così come non è dato sapere a cosa servano le categorie di Kant, sulle quali ci è sembrato necessario offrire qualche informazione – ancora del tutto discutibile – *partendo dalla distinzione tra il piano oggettivo e quello semantico, che non era mancato in Aristotele. Immanuel Kant ammette che il giudicare sia un'attività dalle molte sfaccettature, che nascono dall'applicazione di diverse categorie o concetti puri, mediante i quali l'intelletto unifica i dati molteplici provenienti dall'intuizione sensibile. Tali concetti però sono trascendentali, vale a dire che, per potersi attivare, hanno bisogno di dati di partenza, senza i quali sarebbero vuoti: è per via degli organi di senso che un oggetto appunto ci è "dato", diventando fenomeno; mentre con le categorie esso poi viene "pensato". Dunque, a differenza di Aristotele, per il quale le categorie appartenevano alla realtà ontologica dell'essere, le categorie kantiane appartengono all'intelletto; diventano cioè delle funzioni a priori, dei modi di funzionare del nostro pensiero che inquadrano la realtà secondo i propri schemi precostituiti. Non si applicano alla realtà in sé, ma solo al fenomeno.*

---

1 Da Wikipedia

I vari giudizi che noi formuliamo della realtà, secondo una classificazione tradizionale, sono raccolti sotto quattro gruppi, comprendenti ciascuno tre momenti:[1]

> *- quantità dei giudizi: universali, particolari, singolari*
> *- qualità: affermativi, negativi, infiniti*
> *- relazione: categorici, ipotetici, disgiuntivi*
> *- modalità: problematici, assertori, apodittici*

Ognuno di questi giudizi risulta dall'applicazione della categoria corrispondente. Le dodici categorie, così ricavate con l'"*analisi trascendentale*", sono: unità, pluralità, totalità, realtà, negazione, limitazione, inerzia e sussistenza, causa ed effetto, reciprocità, possibilità e impossibilità, esistenza e inesistenza, necessità e contingenza.

Come si vede, a parte i miei possibili errori di interpretazione, sembra proprio che in entrambi i casi le categorie siano pure elucubrazioni tanto nobili quanto inutili. Soprattutto se si ricorda che « *le categorie hanno bisogno del giudizio per essere adoperate, così in Kant hanno bisogno di un'attività suprema, di un pensare in atto, per esercitare la loro funzione unificatrice del molteplice. Le categorie sono le varie sfaccettature di un prisma che si chiama pensiero, sono atti unificatori, ma non già in atto, perché sono attivabili solo potenzialmente. Si apre quindi il problema della deduzione delle categorie, cioè di come giustificare l'uso che ne facciamo: è lecito ad esempio attribuire categorie diverse ad uno stesso oggetto? Si tratta del problema, affrontato da Kant nella Deduzione trascendentale della Critica della ragion pura, di unificare le categorie, trovando un principio da cui si possano tutte derivare. Un principio che sarà trovato nell'io penso o appercezione trascendentale* » .

Altro discorso è stato quello sul comunismo, reso complesso dai malintesi sulla concretezza pratica della realtà.

---

1 Da Wikipedia

Perché Marx, da colto filosofo ma da scienziato inetto, attribuì agli operai e alla loro massa un valore oggettivo concettuale e imprenditivo che non possono avere perché, privi come sono della visione del mercato e della cultura giusta, non possono valutare gli obiettivi, gli stimoli e i problemi dell'impresa. Perché Marx non capì che le idee imprenditive non fanno parte dei compiti degli operai né dei politici: e i risultati, dove il comunismo ha trionfato, si sono visti.

Il peccato religioso

A questo punto è il caso di cercar di capire se ci sia qualcosa di simile alle categorie in rapporto al concetto di Peccato, del quale nei Vangeli si parla molto. Perché dire che «*il peccato consiste nella trasgressione di una norma alla quale si attribuisce un'origine divina o comunque non dipendente dagli uomini*» spiega poco o nulla. Persino se cerchiamo di prendercela con il nostro libero arbitrio, ossia con la libertà di allontanarci dalla "*retta via*" del comportamento ideale, per via dell'abitudine di fare quello che ci pare anche se sappiamo che non andrebbe fatto. Perché qui il peccato è un concetto soltanto religioso, da non confondere con l'immoralità, e «*funziona sulla base dell'obbedienza e non del consenso, sull'osservanza cieca dell'obbligo e non sulla cooperazione in nome di un fine compreso e volontariamente accettato*» [1]

Il cristianesimo interpreta il peccato trovandone l'origine nella coscienza malvagia, dove Satana ha il ruolo del tentatore nemico di Dio e di ostacolo alla salvezza. Mentre la Chiesa si perde a distinguere tutta una serie di pec-

---

1 (R. Holloway, *"Una morale senza Dio"*, Ed. Ponte alle Grazie, 2001

cati diversi, «*come peccato veniale oppure mortale, come peccato di commissione, di omissione, di pensiero, di opere, di desiderio; come peccato carnale, come peccato contro natura, onanismo, sodomia; o come peccato capitale, ognuno dei sette peccati (superbia, avarizia, lussuria, ira, invidia, gola, accidia) considerati come principio e causa di innumerevoli altre colpe*».

E l'aspetto più curioso del problema dei peccati e dei peccatori è la sua immutata attualità, come se dalla predicazione di Yeshua non fossero passati duemila anni. Tanto che, per cercare di capire meglio, ho provato a proporre due brani del vangelo di Giovanni, quello dell'adultera e quello del cieco dalla nascita, guarito di sabato.

Perchè l'adultera ci ricorda che il valore dell'adulterio è tutt'altro che stabile nella nostra coscienza visto che ai tempi di Yeshua era un peccato così grave da meritare la morte per lapidazione, mentre ai nostri giorni è stato declassato ad una scappatella che non merita neppure un giudizio penale. E, quindi, il giudizio dipende solo dalla nostra coscienza, ossia dal giudice meno obiettivo che esista.

L'AVVENTURA DELL'ADULTERA (Gio 8, 2:11)

«Allora gli scribi e i farisei gli condussero una donna sorpresa in adulterio, la posero in mezzo e gli dissero: «Maestro, questa donna è stata sorpresa in flagrante adulterio. Ora Mosè, nella Legge, ci ha comandato di lapidare donne come questa. Tu che ne dici?». Ma Gesù si chinò e si mise a scrivere col dito per terra. Tuttavia, poiché insistevano nell'interrogarlo, si alzò e disse loro: «Chi di voi è senza peccato, getti per primo la pietra contro di lei». E, chinatosi di nuovo, scriveva per terra. Quelli, udito ciò, se ne andarono uno per uno, cominciando dai più anziani. Lo lasciarono solo, e la donna era là in mezzo. Allora Gesù si alzò e le disse: «Donna, dove sono? Nessuno ti ha condannata?». Ed ella rispose: «Nessuno, Signore». E Gesù disse: «Neanch'io ti condanno; va' e d'ora in poi non peccare più».

Quanto all'uomo cieco dalla nascita, dimostra che i discepoli non capivano se la sua cecità dipendesse da peccati suoi o dei suoi genitori (e Yeshua risponde che «*Né lui ha peccato né i suoi genitori, ma è perché in lui siano manifestate le opere di Dio*»), qualunque cosa questo significhi. Mentre i giudei erano convinti che l'ex-cieco fosse un peccatore, anche se Yeshua aveva appena detto il contrario, e pensano che Yeshua lo fosse anche lui per aver violato la legge del sabato, mentre loro erano discepoli di Mosé che rispettavano tutte le sue regole, sabato compreso.

L'AVVENTURA DELL'UOMO CIECO DALLA NASCITA (Gio 9, 1:41)

«Passando, vide un uomo cieco dalla nascita e i suoi discepoli lo interrogarono: «Rabbì, chi ha peccato, lui o i suoi genitori, perché sia nato cieco?». Rispose Gesù: «Né lui ha peccato né i suoi genitori, ma è perché in lui siano manifestate le opere di Dio .....
I Giudei non credettero di lui che fosse stato cieco e che avesse acquistato la vista. Allora chiamarono di nuovo l'uomo che era stato cieco e gli dissero: «Da' gloria a Dio! Noi sappiamo che quest'uomo è un peccatore». Quello rispose: «Se sia un peccatore, non lo so. Una cosa io so: ero cieco e ora ci vedo». Allora gli dissero: «Che cosa ti ha fatto? Come ti ha aperto gli occhi?». Rispose loro: «Ve l'ho già detto e non avete ascoltato; perché volete udirlo di nuovo? Volete forse diventare anche voi suoi discepoli?». Lo insultarono e dissero: «Suo discepolo sei tu! Noi siamo discepoli di Mosè! Noi sappiamo che a Mosè ha parlato Dio; ma costui non sappiamo di dove sia». Rispose loro quell'uomo: «Proprio questo stupisce: che voi non sapete di dove sia, eppure mi ha aperto gli occhi. Sappiamo che Dio non ascolta i peccatori, ma che, se uno onora Dio e fa la sua volontà, egli lo ascolta. Da che mondo è mondo, non si è mai sentito dire che uno abbia aperto gli occhi a un cieco nato. Se costui non venisse da Dio, non avrebbe potuto far nulla». Gli replicarono: «Sei nato tutto nei peccati e insegni a noi?». E lo cacciarono fuori [1] ».

---

1 Giovanni, da 9: 3 a 34, saltanto alcuni paragrafi

La conclusione è che già a quei tempi, le idee su cosa fossero i peccati non erano chiare né univoche. Così come è successo dopo, quando un re cattolico poteva essere considerato santo per definizione, anche se mandava al rogo coloro che considerava eretici (e che, secondo ogni logica, non avevano fatto nulla di male) mentre i suoi avversari erano peccatori, di nuovo, solo per definizione.

Dunque, quali siano i peccati religiosamente gravi è un mistero, simile a quello dell'assoluzione che a volte viene data e altre volte negata, per motivi sempre discutibili. E da questi due episodi possiamo trarre alcune informazioni interessanti proprio sulla loro gravità. Perché mostrano la totale confusione sul concetto di peccato che accomuna tutti gli interessati, salvo l'adultera – che deve essersi presa un grosso spavento – sopravvissuta solo per avere incontrato Yeshua all'ultimo momento.

Ma non basta, perché per i Vangeli i ricchi vivono nel peccato per definizione («*sarà più facile che un cammello passi attraverso la cruna di un ago, piuttosto che un ricco entri nel regno dei cieli*»), anche se si percepisce una certa differenza tra coloro che gestiscano la loro ricchezza in modo positivo oppure negativo. Mentre gli scribi e i farisei sono ipocriti (tutti, come categoria e come massa), e Giovanni Battista tratta i farisei e i sadducei da «*razza di vipere*» anche se andavano a farsi battezzare da lui, per non parlare del tetrarca Erode, rimproverato da lui a causa di Erodìade, moglie di suo fratello, per tutte le malvagità che aveva commesso, incluse quelle che forse non aveva commesso. Per finire con Agostino, il dottore della fede che definì «*massa dannata*» tutti gli uomini colpiti dal peccato originale di Adamo. Solo Gesù si distingue perché «*ricevuto anche lui il battesimo, stava in preghiera, il cielo si aprì e discese sopra di lui lo Spirito Santo in forma corporea, nella forma di una colomba*».

8. San Paolo

E poi c'è la sessualità, sulla quale si concentra l'avversione più forsennata della Chiesa, stimolata da Agostino che riuscì a far prevalere il principio che il sesso è la fondamentale fonte di peccato, anzi è l'essenza del Peccato Originale (*Ex hoc vitio peccatum originale*).

Da notare che la faccenda più curiosa dei primi secoli del cristianesimo – ma anche la più incredibile per i nostri giorni – si rivelò proprio quella del peccato carnale, tra uomo e donna o, anche, tra prete e ancella, descritta nel racconto e nella condanna delle cosiddette agapete [1]. Che nel primo secolo, alle origini della cristianità, erano vergini cristiane che consacravano la propria vita a Dio con un voto di castità e conducevano la vita in comune con ecclesiastici che professavano il celibato, mettendosi al loro servizio per spirito di carità, convivendovi castamente, condividendone anche il letto e occupandosi dei servizi e della gestione delle incombenze quotidiane. Ragione per cui erano chiamate anche sorelle adottive.

La base dottrinale di queste forme di convivenza e di amore spirituale (agape) tra uomini e donne, all'inizio era stata giustificata dalla benedizione di San Paolo che ne aveva scritto nella Prima lettera ai Corinzi (9,4-5) [2].

---

1 Dal latino agapetae, e dal greco γαπηται, "amate o dilette"
2 Non abbiamo forse il diritto di mangiare e di bere? Non abbiamo il diritto di portare con noi una donna credente, come fanno anche gli altri apostoli e i fratelli del Signore e Cefa?

Sembra che in origine la convivenza dovesse essere casta, anche perché l'illibatezza della donna era facile da controllare. Ma più tardi si scoprì che troppo spesso, tra il prete e la sua agapete, succedeva quello che era facile immaginare e di qui nacquero deprecazioni e divieti non solo religiosi. Anche perché l'eventuale accertamento della verginità non sempre riusciva ad escludere rapporti sessuali di tipo diverso, la cui messa in pratica coinvolgesse altre parti del corpo, riuscendo a sfuggire a ogni ispezione.

DALLE EPISTOLE DI SAN CIPRIANO

«E non bisogna credere che può essere difesa a motivo del fatto che può essere esaminata per vedere se è, o meno, una vergine, dal momento che la mano e l'occhio delle ostetriche sono spesso ingannate, così che, perfino quando una donna sia trovata incorrotta in quella parte per cui è una donna, ella tuttavia può aver peccato con altre parti del corpo che possono essere corrotte senza che possano essere ispezionate. Già il semplice fatto dello stare insieme, il solo fatto di abbracciarsi, il sussurrarsi e baciarsi e l'indecoroso e folle sonno di due corpi che giacciono insieme, quanta vergogna e accusa tutto questo rivela? Cosa dire allora di Cristo Nostro Signore, nostro giudice, che vede giacere con un altro uomo la sua vergine, votata a lui e alla sua santità? Quanto potrà incollerirsi, e quali pene potrà minacciare per una impura copulazione di tal sorta! Perché è per lui, per la sua parola spirituale, per il giorno del Giudizio che verrà, che noi dobbiamo lavorare e impegnarci in ogni modo, affinché a ognuno dei nostri fratelli sia permesso di evitarlo. E così, sebbene sia necessario che tutti mantengano la disciplina, in qual misura è più necessario che lo facciano officianti e diaconi, che dovrebbero offrire un esempio e un modello di carattere e contegno? Come possono essi essere presi quali esempi di integrità e continenza, se il vero insegnamento di corruzione e vizio proviene proprio da loro? » [1]

Questa lettera, scritta da Cipriano (210-258) – vescovo di Cartagine e Padre della Chiesa – mostra quanto questo costume fosse diffuso tra le terre d'Africa e in

---

1   Da San Cipriano, Epistulae - A Pomponio, riguardo a certe vergini, LXI 4)

Oriente nella prima metà del III secolo. Con una visione
liberale per la quale Cipriano mostra profonda avversione considerandola una forma di concubinaggio, a cui
non poteva essere riconosciuta alcuna patente di castità,
nemmeno basandosi su una pretesa verginità. E ancora
più avverso fu Girolamo, che scrisse nauseato:

*«Oh vergogna, oh infamia! Cosa orrida, ma vera! Donde viene alla
Chiesa questa peste delle agapete? Donde queste mogli senza marito? E
donde in fine questa nuova specie di puttaneggio? »*

Finché i divieti furono accolti nel Codice Teodosiano.
Ed emerse in tutta la sua idiozia l'atteggiamento negativo
della Chiesa Cattolica verso la sessualità, almeno iniziando dai rapporti tra gli ecclesiastici e le loro agapete, forse
per un'arbitraria visione particolarmente ascetica della vita
monastica che, alla fine, portò alla decisione di imporre il
celibato a tutti i preti. Cosa che invece, più tardi, fu respinta
dalla maggioranza delle chiese protestanti.

Le critiche feroci di Girolamo e di Cipriano per il con-
cubinaggi con le agapete, sembrano esprimere una repulsione quasi morbosa, come se fosse dovuto a sessuo-
fobia. Mentre, forse più tardi, si manifestò nella pedofilia
dei preti, per i quali *«il sussurrarsi e baciarsi e l'indecoroso e
folle sonno di due corpi che giacciono insieme»* tra loro e i bambini che hanno sedotto durante la cristianità non fu mai
condannato con abbastanza forza e con punizioni abbastanza severe.

Il fenomeno delle agapete durò quasi un millennio e alla
fine.fu eliminato con il Concilio Lateranense I del 1139,
sotto il pontificato di Innocenzo II, in cui (al canone 7)
fu proibito nel modo più assoluto ai presbiteri, diaconi e
suddiaconi di vivere con le concubine o con le mogli, e di
coabitare con donne diverse da quelle previste dal concilio di

9. Girolamo.

Nicea mentre, nel successivo Concilio Lateranense II, il matrimonio dei preti e dei religiosi è dichiarato invalido e non più solo illecito. Finché il celibato dei preti della Chiesa Cattolica divenne obbligatorio per tutti nel 1215 (Concilio Lateranense IV) in cui si afferma che «*Gesù è presente nell'Eucaristia per transustanziazione, cioè per cambiamento dell'intera sostanza del pane e del vino nel suo Corpo e nel suo Sangue*».

E aggiunge che: «*Una delle ragioni per cui il celibato ecclesiastico si diffonde e si "impone" nella Chiesa latina è proprio grazie alla dottrina della "transustanziazione"* dove viene ribadita l'identificazione del sacerdote con Yeshua in modo molto più profonda rispetto al passato». Fino a dire che «*il prete in quanto celibe nel solco della purezza di Gesù è colui che amministra il Sacramento eucaristico*».

Sempre dimenticando che la purezza del sacerdote dipende solo da lui, che la sessualità è un istinto non sopprimibile, che l'identificazione del sacerdote con Yeshua, al meglio è una pura illusione impossibile, che la masturbazione non è certo stata inventata negli ultimi cinquant'anni, che i rapporti "*irregolari*" tra prete e donna ci sono sempre stati e che vietare sani rapporti sessuali – inclusi i matrimoni – può incoraggiare la pedofilia, visto che i bambini possono essere sedotti più facilmente degli adulti.

Ma quella del celibato fu una decisione storica, nella quale si volle distinguere, una volta per tutte, la purezza di Gesà dagli orrori della fornicazione. E fu una decisione della quale non si valutarono le conseguenze negative. Perché servì a definire *"peccato"* ogni rapporto sessuale, non solo dei preti, condannando in massa tutti coloro incapaci di astenersi. Definendo *"puri"* solo gli asceti e gli impotenti. Ma soprattutto coloro i quali, non confessando i propri peccati (o confessandoli solo a qualcuno di cui si potevano fidare) potevano farsi considerare *"puri"* anche se non lo erano. I papi Alessandro Borgia e Giulio II della Rovere insegnino.

E non c'è dubbio che obbligare i sacerdoti a una castità forzata mise il sesso tra i peccati gravi. Costringendoli a doversi arrangiare di nascosto per i fatti loro, come se la sessualità fosse un male da eliminare, ma in piena coscienza che si trattava di un falso problema sul quale nessuno osò esporsi. Finché si arrivò ai preti pedofili, evidentemte assolti per secoli da confessori altrettanto pedofili.

Il raccapriccio della Confessione

A questo punto siamo arrivati ad affrontare l'aspetto più critico della Chiesa Cattolica, un aspetto così serio da essere stato mollato per strada dalla maggior parte delle chiese protestanti: ed è quello della confessione.

Perchè la confessione fa parte proprio della cultura del *"peccato"*, dove questo termine non implica solo una violazione grave, quanto imprecisa e soggettiva, degli impegni di coscienza di ognuno di noi, ma – oltre ciò che abbiamo detto nel paragrafo precedente – implica anche un risarcimento, una punizione che può essere applicata solo dai discepoli, secondo la frase già citata del Vangelo (pg. 7) «*a chi perdonerete i peccati, saranno perdonati; a coloro a cui non perdonerete, non saranno perdonati*» ».

In più va considerato che qualunque peggior delinquente, una volta trovato un confessore che lo assolve, può sentirsi candido per poi continuare a delinquere. Molti dei peggiori tiranni dell'umanità, a incominciare da Carlo V e da Filippo II di Spagna suo figlio, appartennero a questa categoria. Convinti della propria perfezione ma del tutto incapaci di essere consapevoli dei propri difetti e delle loro conseguenze.

E l'equivoco sugli uomini tutti peccatori e tutti da assolvere – per tramite della Chiesa, l'unica autorizzata (da se stessa!) a salvare le loro anime – è stato così colossale che c'è cascato anche Cavour [1]. Il quale, in punto di morte, volle la confessione, l'assoluzione dai peccati e l'estrema unzione che il papa gli avrebbe negato perché non voleva perdonargli le cattiverie fatte alla Chiesa e pretendeva cordialmente di mandarlo all'inferno.

Perché il sacramento della confessione derivante dalla frase del Vangelo appena riportata, creò seri problemi ai fedeli cattolici e – in modo molto diverso – alla stessa Chiesa, per il modo incredibilmente venale con cui fu applicato, tanto che proprio su questo punto si indignò Lutero per come venivano applicate le penitenze dalla Chiesa del Cinquecento, fino a portare allo scisma protestante nel 1517.

E' vero che l'equivoco fu avallato dai vangeli, in cui si parla così insistentemente degli umani peccatori da dare l'impressione che non si sapesse quanto siamo tutti imperfetti e quanto la gravità delle nostre imperfezioni non sia – almeno in parte – dovuta alle leggi e alle abitudini locali: a incominciare dai rapporti sessuali. Tanto

---

1 Ne abbiamo già parlato diffusamente a pag. 26 seguenti

da aver creato, nei Catari, una repulsione totale del sesso persino tra marito e moglie.

In più, va considerato quanto sia discutibile l'idea stessa di cancellare il peccato. Perché, mentre sembra lodevole l'intenzione di tenere i fedeli lontani dai *"peccati"* che li allontanano dalla retta via, facendoli aiutare dagli eredi dei discepoli di Yeshua – ossia da sacerdoti di altissimo livello morale, con una preparazione priva di pecche e con una capacità psicoterapeuta difficile da trovare – nella pratica le cose furono molto meno facili di quanto supponesse Yeshua, che evidentemente si illudeva sulle capacità dei propri successori.

I quali si dimostrarono subito – salvo nobili eccezioni – ben lontani dall'essere *"figli del Padre"* così come era stato lui. E l'idea che attraverso di loro parlasse Dio, indipendentemente dalla loro natura e dalla loro cultura, si dimostrò discutibile **perché qui si trattava veramente di essere in qualche modo, e non solo di credere di esserlo**.

Infatti, innumerevoli casi in cui i sacerdoti e i confessori presero cantonate spaventose sono ben noti e fecero terribili danni. Basti pensare al solito Thomas de Torquemada che pretendeva di capire, con i suoi orrendi metodi da macellaio, se gli spagnoli da lui inquisiti fossero davvero fedeli cristiani oppure se, in fondo al loro animo, fossero rimasti musulmani oppure ebrei come erano in origine. E va ricordato che l'attività di Torquemada, confessore della regina Isabella di Castiglia, determinò la rivolta di sua figlia Giovanna d'Aragona che più tardi fu così ribelle ai dettami della Chiesa (e non solo) da essere chiamata *"la pazza"*.

La preoccupazione sul peccato e sulla sua diffusione è incredibilmente e continuamente ripetuta in tutti e quattro i vangeli, ma induce l'illusione che essere cristiani equivalga a possedere una capacità innata di potersi liberare dal male, così come si afferma nel Padrenostro: una capacità che rende i cristiani teoricamente superiori a chi pratica qualunque altra religione [1] perché il cristianesimo è aiutato anche da tecniche positive, così come la capacità di individuare i difetti propri ed eliminarli, magari con l'aiuto di qualcun altro. Una capacità che, probabilmente è stata tra quelle che più hanno convinto a convertirsi i non cristiani, affascinati da un qualcosa che non avevano mai pensato possibile.

Eppure si trattava di un'equazione del tutto sbagliata, così come hanno dimostrato le attività anticristiane di un mare di cattolici e, soprattutto, un mare di cattolici potenti. Chi non ci crede, provi a leggere nell'allegato 1 ciò che scrisse Civiltà Cattolica, tutto permeato dello spirito più follemente anticristiano che abbia animato qualche preteso cristiano.

E' da rilevare la critica rituale, ripetuta da Yeshua ai farisei, una corrente che ai tempi della predicazione di Yeshua dominava nella vita religiosa e civile giudaica con un particolare rigorismo etico e, per il suo scrupoloso formalismo nell'osservanza della legge e della tradizione mosaica, finì per creare il simbolo dell'ipocrisia. Senza che nessuno si sia mai accorto, più tardi, quanto a costoro somigliassero proprio i cristiani dominanti che li seguirono e che pretesero di condannare tutti i loro simili per non aver rispettato adeguatamente le tante regole assurde imposte proprio dalla religione – nonostante lo scisma luterano, l'Illuminismo e le periodiche messe al bando del cattolicesimo – perfino nella seconda metà del Novecento.

Fu solo colpa dello scarso sapere dei primi cristiani, convinti a diventare tali proprio per uscire dalla situa-

---

1 Le parole peccato e peccatore, si trovano 23 volte in Giovanni, 30 volte in Luca, 13 volte in Marco e altrettante in Matteo. **Per un totale di 79 volte.**

zione tragica delle anime pagane, condannate per Credo a non vedere mai Dio. Ed è terribile pensare che, fra le **"anime pure"** che avallarono la confessione, ci siano stati personaggi come Costantino e Teodosio. E, più tardi, ci siano stati paranoici folli, come Thomas di Torquemada e i cattolicissimi re di Spagna.

Il fatto è che la confessione è stata *"venduta"* come un sacramento mentre, dal punto di vista psicologico, si colloca tra un errore madornale e un indebito impicciarsi degli affari altrui, partendo dalla presunzione di chi pretende di distinguere il bene dal male solo perché si mette al disopra dei suoi *"fedeli"*, arrogandosi il diritto di dare consigli e suggerimenti discutibili. Perché la confessione fu un sacramento che può essere sembrato utile nell'aiutare molti *"buoni"* che confessavano peccati creduti gravi mentre non lo erano, prendendosi in cambio ogni volta un'assoluzione inutile, salvo che per il suo aspetto gratificante e per il messaggio di ortodossia cristiana che permetteva di ottenere.

Mentre, dal punto di vista giuridico, la confessione sembra essere sempre stata una via di mezzo tra la circonvenzione di incapace [1] e il plagio, perché parte dal concetto che il fedele è un cretino o peggio; e perché ogni vantaggio viene alla Chiesa che pretende di dominare la sua truppa [2], o addirittura al confessore per i vantaggi che ne ricava la sua personale autorità morale.

La confessione sembra essere sempre stata un sacramento che ha ignorato perfino il nostro diritto di andare all'inferno per ragioni nostre. Un sacramento che ha sistematicamente ignorato i *«diritti degli altri»*, intendendo per *"altri"* tutti quelli che non hanno ancora sposato il nostro

---

1 Un delitto previsto e punito dall'art. 643 del codice penale italiano
2 Ma i fedeli di che? Forse era meglio scrivere "i cretini"

credo, tutti quelli che appartengono a un'altra parrocchia, tutti i *"diversi"* possibili, da quelli che lo erano per il colore della pelle o per altre ragioni, a meno che non fossero abbastanza forti da farsi valere con le armi. Allo stesso modo in cui il comunismo considerò *"altri"* tutti quelli che non erano operai (la massa obbediente) o funzionari del partito (i capi indiscussi). Compresi tutti i "borghesi".

Lo scarso sapere che ha creato la confessione ha avuto i primi colpi con lo scisma luterano, poi con l'Illuminiamo e poi con le follie della Rivoluzione Francese. Ma, tecnicamente, per sapere qualcosa in più sulla natura del peccato, bisogna risalire alle scoperte di Freud, allo sviluppo della psicanalisi e della psicologia. Con le quali, forse, non abbiamo capito granché sulla natura della nostra anima e sul nostro rapporto con i peccati: ma, perlomeno, abbiamo capito che c'è ancora molto da capire. E non si tratta di un passo trascurabile. Anche perché gli psicologi e gli psicoterapeuti hanno sempre trattato i loro pazienti con un garbo davvero sconosciuto a innumerevoli confessori cattolici.

Qualche fraintendimento della fede cristiana

Ma la faccenda più incredibile è stata il fraintendimento della fede cristiana, fin dall'inizio, da parte di potenti ultra cattolici mentre la Chiesa, dall'alto degli insegnamenti di Yeshua, continuava a giudicare i suoi fedeli con rigore e assolutismo. Il primo caso che viene in mente sono le atrocità di Costantino, alle quali abbiamo già accennato a pg. 18, in contrasto con il comandamento *«Amerai il tuo prossimo come te stesso. Non c'è altro comandamento più grande di questi»* [1] ».

---

1   Marco 12:31

Ma più tardi avvenne il terribile massacro di cui fu responsabile l'imperatore Teodosio I il Grande, quello che aveva imposto a tutti il cristianesimo, che stava perseguitando i pagani riottosi e che fu santificato dalla Chiesa Ortodossa. Accadde che nel 390 la popolazione di Tessalonica (oggi Salonicco) si era ribellata contro il comandante Buterico della guarnigione romana e lo aveva linciato per aver fatto arrestare per motivi suoi un famoso auriga e per aver poi rifiutato la richiesta della folla di permettere all'atleta di partecipare alla gara.

Ma quando l'ippodromo fu pieno di spettatori, per ordine dell'imperatore Teodosio i soldati bloccarono tutte le uscite e iniziarono una spietata strage. Così furono uccisi tutti i presenti, circa 7.000, una folla di innocenti, colpevoli soltanto di non aver capito di che pasta fosse fatto loro imperatore.

Ambrogio, arcivescovo di Milano ed amico di Teodosio, quando lo seppe si infuriò, gli spedì una bolla di scomunica e gli scrisse che sarebbe stato nuovamente accolto dalla Chiesa e avrebbe potuto riceverne i sacramenti solo dopo essersi umiliato davanti a Dio. Quindi Teodosio dovette pentirsi pubblicamente del suo gesto, e alla fine ottenne un successo tale che quando morì nel 395, il vescovo Ambrogio, nel discorso funebre, elogiò l'umiltà dell'imperatore che si era prostrato davanti al vescovo e aveva pianto pubblicamente. Tutto questo gli bastò per essere riammesso ai Sacramenti, per riavere l'amicizia del vescovo Ambrogio e per essere poi venerato come santo. Forse trascurando se Teodosio non fosse proprio un essere feroce e quindi del tutto inadatto a occuparsi di Yeshua e del cristianesimo.

Mentre il linciaggio di Ipazia ad Alessandria, avvenuto appena dopo la strage di Tessalonica, nel clima del con-

10. Il pentimento di Teodosio davanti ad Ambrogio

flitto tra il prefetto Oreste e il vescovo Cirillo, fu un altro caso anticristiano, in assurda violazione del comandamento «*Amerai il tuo prossimo come te stesso.*» [1]. Ipazia [2], filosofa neoplatonica, matematica e astronoma, esponente di spicco della cultura alessandrina, è considerata la prima matematica della storia. Inventò l'astrolabio, il planisfero e l'idroscopio. Ma era "*diversa*" perché pagana. O, meglio, non si curava della religione. E lo storico della Chiesa Socrate Scolastico racconta che Ipazia

---

1   Marco 12:31
2   Riportiamo la storia dettagliata di Ipazia, in appendice n° 3.

«*s'incontrava alquanto di frequente con Oreste, l'invidia mise in giro una calunnia su di lei presso il popolo della chiesa, e cioè che fosse lei a non permettere che Oreste si riconciliasse con il vescovo*». Dove il prefetto Oreste era in buoni rapporti con Ipazia, mentre era in pessimi rapporti con il vescovo Cirillo che pretendeva poteri che non gli spettavano. E che detestava Ipazia per la sua popolarità, tanto da farla uccidere.

Dunque la morte di Ipazia avvenne per mano di una folla inferocita di monaci parabolani, solo perché era *"pagana"*, oltre ad essere una filosofa non interessata a questioni religiose – esattamente come avrei fatto io: mentre, invece, per legge era obbligatorio essere – o almeno fingersi – cattolici.

Il punto è che Ipazia era una *"libera pensatrice"*, mentre i cristiani non potevano esserlo, per legge e per stupidità. I parabolani erano una sorta di «*guardia del corpo*» del vescovo, e la linciarono convinti che lei che istigasse Oreste a non riconciliarsi con Cirillo. E il vescovo Cirillo, più tardi proclamato «*dottore della chiesa*» per aver escogitato lo stravagante dogma che proclamò Maria «*madre di Dio*» in quanto madre di Gesù, cioè del «*figlio*», non fu considerato colpevole di nulla e poi fu santificato.

Così era iniziata una vera e propria persecuzione del paganesimo, che con il cristianesimo si estese a macchia d'olio in forza del Credo di Nicea del 325. Perché a nessuno fu consentita la minima libertà di pensiero e tantomeno di culto.

Dunque, il modo in cui il cristianesimo si estese da quel momento in poi fu un qualcosa che dimenticò ogni insegnamento di Yeshua, e non si capisce come potessero non rendersene conto i cattolici di allora, forse troppo presi dalla voglia di cristianizzare tutto il mondo conosciuto per perdere tempo con queste piccolezze.

Ma il fatto che tutto sia incominciato in modo così anti-cristiano, sebbene dimenticato dalla cultura dei nostri tempi perché non è mai stato raccontato a nessuno, è un'eccellente premessa per tutte le malefatte successive, che non portarono a un ripudio generale, solo perché imposto.

Così come più tardi furono dimenticati i 5.000 sassoni che non volevano convertirsi, massacrati a Verdun nel 782 da Carlo Magno [1] e furono dimenticate le espulsioni di 150.000 ebrei dalla Spagna sul decreto dell'Alhambra del 20 marzo 1492 preparato da Tomás de Torquemada e firmato dal re Ferdinando II d'Aragona, insieme alle espulsioni a cui furono condannati nel '600, dal re Filippo III, 350.000 moriscos dei regni di Valencia e di Aragona, che non si erano convertiti al cristianesimo. Tutto questo, oltre alla repressione di eretici cristiani come i Manichei, gli Albigesi e i Catari, per i quali si contano oltre un milione di vittime soprattutto nella Francia meridionale. Tanto che qualcuno considera papa Innocenzo III – il quale diede il via alla crociata contro gli albigesi nel 1208 – come il massimo genocida dopo Hitler.

Mentre noi rimanemmo tutti convinti che il cristianesimo si sia diffuso solo per la bellezza di ciò che Yeshua predicava a suo tempo.

E qui, forse, vale la pena di parlare non solo della fede, ma anche dei suggerimenti e delle critiche che Yeshua faceva agli *«uomini di poca fede"*, perché si tratta di una faccenda difficile da capire e soprattutto da interpretare. Perché nel vangelo di San Giovanni c'è solo un richiamo alla fede: *«abbiate fede in Dio e abbiate fede anche in me»*, una frase accettabile visto ciò che Yeshua era, ciò che aveva fatto

---

1 Anche se questo episodio è considerato discutibile da alcuni studiosi

e ciò che aveva detto. Mentre su Matteo la parola fede è scritta 18 volte, su Luca 18 e su Marco solo 7 volte.

Tuttavia, è proprio il significato da dare alla parola *"fede"* a rendere necessario qualche approfondimento. Perché in alcuni casi Yeshua parla semplicemente di *«fede in Dio"»* oppure di *«fede in me»*. E la *«fede in lui»*, per uno che aveva visto prodigi e miracoli, sembra dovuta alla pura conoscenza dei fatti, a meno che non si tema di essere stati imbrogliati oppure illusi: il motivo per il quale Gustavo Rol, il più famoso sensitivo italiano, fu bocciato dal CICAP [1] perché rifiutò di sottostare ad ogni esame scientifico. Ma anche il motivo per il quale rifiutano ogni controllo tutti i falsi medici che da sempre imbrogliano malati incurabili.

Ma altre affermazioni di Yeshua sono davvero difficili da comprendere. Domandare *«Dov'è la vostra fede?»* [2] ai discepoli spaventati dal mare in tempesta fa pensare che per calmare un burrasca, agli uomini qualunque, possa bastare la fede, anche se lui non è a bordo: e i marinai sanno che la fede non basta. E dire *«Se aveste fede quanto un granello di senape, potreste dire a questo gelso: "Sràdicati e vai a piantarti nel mare", ed esso vi obbedirebbe»* [3]*»*, è del tutto paradossale. Oppure si tratta di affermazioni insensate, attribuite a Yeshua da chissà quale apostolo adorante, privo di buonsenso ma convinto che certi argomenti potessero far presa sui fedeli. Col risultato di incoraggiare gli idioti – di cui è pieno il mondo, fino ai *"no-vax"* dei nostri giorni – a confondere le fede con la credulità.

La conclusione non è facile. Perché, in un'epoca in cui si pretenderebbe di far valere la ragione e il conoscere, troppi

---

1 Comitato italiano per il controllo delle affermazioni sulle pseudoscienze
2 Luca 8:24
3 Luca 17: 6

sono coloro che si accontentano di uno scarso sapere e agiscono di conseguenza.

In un recente articolo del filosofo Emanuele Severino, dal titolo «*Le fedi, follia dell' Occidente*» [1] si legge che «*Ormai sulla terra ogni conoscenza è diventata una fede; anche ogni conoscenza che guida la volontà, e che guida pertanto anche la volontà di pace; una fede: più o meno complessa, coerente, potente, consapevole di sé, ma pur sempre una fede. Anche la scienza moderna è fede. La volontà stessa, in quanto tale, è fede: innanzitutto è fede di ottenere ciò che essa vuole. Ormai sulla terra ogni volontà – anche la volontà di pace – è guidata dalle contrapposte forme della fede e del mito.... Il grande problema da affrontare è che volere la «pace» facendosi guidare dalla fede significa volere la «pace» collocandosi nella dimensione della guerra. Ogni fede vuole che il mondo abbia un senso piuttosto che un altro e quindi ogni fede si trova essenzialmente in contrasto con le altre forme di fede, che invece vogliono che il mondo abbia un senso diverso*».

Ma, con buona pace di Emanuele Severino, si potrebbe aggiungere che nel mondo non c'è nulla di nuovo, perché ogni tentativo di conoscenza è sempre stato sostenuto da una qualche fede, anche prima di Socrate e di Yeshua. Solo che, non essendoci la scienza, la conoscenza arrivava in modi diversi e, di solito, non era conoscenza ma solo illusione. E lo stesso cristianesimo – come abbiamo già dimostrato e come continueremo a dimostrare – è stato una fede che si è imposta con la forza su altre fedi, nella collettività così come nelle famiglie. Con la benedizione della Chiesa, come nel caso delle crociate. Oppure con la benedizione di due (o più) chiese opposte, come nelle guerre di religione o come nella contrapposizione tra comunismi, capitalismi, nazismi, fascismi e fedi religiose.

A questo punto non si può più ragionare sulla fede,

---

1 Da Corriere della Sera del 3 settembre 2010

neppure se è suggerita nei vangeli in un modo così curioso. Perché gli unici miracoli dovuti alla fede promossa da Yeshua furono proprio i suoi, compresi l'essere riuscito a calmare una tempesta o a risuscitare un morto. Tuttavia, da allora in poi, non abbiamo motivi per credere che ci sia stato qualcuno salvato da qualche sciagura per motivi di fede, nè tra i Pellerossa americani nè tra gli ebrei della Shoah, nè tra gli abitanti di Marzabotto o di Sant'Anna di Stazzema, nè tra i milioni di civili assassinati dai nazisti. Anche se non dobbiamo dimenticare che esistono fedi positive e anche fedi totalmente negative, cieche e totalizzanti, come quelle di Hitler e del nazismo. Oppure quella del cristianesimo di Thomas de Torquemada. E quella del comunismo di Marx.

Ovviamente non si può che stare dalla parte delle vittime ma resta impossibile capire da dove arrivino certi pretesi insegnamenti sulla fede, che sembrano semplicemente privi di buon senso. Impossibile capire da chi siano stati scritti sui Vangeli, né come sia possibile che nessuno si sia mai accorto della loro incongruenza. Non si può capire se l'errore dipenda da chi ha scritto oppure tradotto senza capire la frase originale, ma è incredibile che in duemila anni il testo non sia stato adattato almeno al buon senso [1].

____

1   Se se ne vuole sapere di più si può leggere il volume "*E Gesù diventò Dio*", di Bert D. Ehrman, Editrice Nessun dogma aprile 2018. L'autore è un prete spretato, professore universitario della University of North Carolina. Il libro è documentatissimo, ma lascia aperti tutti i dubbi che si avevano prima.

DOPO LA PRESA DI POTERE DEI PAPI

IL PAPATO E LO SCISMA TRA ORIENTE E OCCIDENTE

Con la morte di Teodosio († 395 d.C.) l'impero Romano si ruppe in due, Oriente e Occidente. Ma quello di Occidente durò poco, solo fino al 476 d.C. : meno di un secolo di imperatori inetti e di invasioni barbariche che, alla fine, lasciarono Roma distrutta e priva di autorità. Anche perché il centro della politica mondiale si era spostato a Costantinopoli, già chiamata *"Nuova Roma "* dal Concilio di Costantinopoli I (381 d.C.). E quindi in Occidente si era formato un preoccupante vuoto di potere anche perché Costantinopoli era agli antipodi di Roma sia in senso geografico come in quello culturale.

Col tempo, questo vuoto di potere fu colmato dall'unica autorità che godeva di grande prestigio: il Papato di Roma. Così i Papi, quasi loro malgrado, da responsabili della comunità cristiana, si videro impegnati in tante altre incombenze, mai state prima di loro diretta competenza. In altre parole, furono proprio le invasioni barbariche quelle che misero i Papi in condizione di esercitare tale *munus* politico e sociale. Un fatto che ne aumentò il prestigio ma anche gli impegni, tanto che Papa Gregorio Magno (590-604 d.C.) lamentò proprio di doversi occupare di tante questioni *"civili"*, che lo allontanavano dalla cura pastorale della Chiesa e dalla preghiera. Anche perché, al fine di facilitare al Papa i suoi compiti assistenziali, nei secoli tra il IV e il VI, diversi nobili romani donarono, alla persona giuridica del Romano Pontefice, una parte dei loro territori (poi chiamata Patrimonium Sancti Petri) affinché le loro rendite venissero devolute ad opere caritative e al servizio del culto. Più tardi, il primo nucleo vero e proprio dello Stato Pontificio fu costituito dal Ducato di Roma, quando il duca che rappresentava l'autorità bizantina e dimorava sul colle Palatino, morì sotto il pontificato di Papa Stefano II (752-757). E lasciò il ducato sotto il governo del Papa. Finché il re dei Franchi Pipino il Breve cedette al Papa Stefano II altri territori, per mantenere una promessa fatta a Papa Zaccaria, deceduto poco prima (741-752). Una promessa che Pipino poté mantenere solo quando, cacciati i Longobardi dall'Italia, concesse alla Santa Sede buona parte dei territori dell'Italia centrale inglobando anche il cosiddetto *«patrimonio di San Pietro»*, come attestato dal *Liber Pontificalis*.

E così nel 756 d.C. nacque la teocrazia chiamata Stato Pontificio. E, con questo, iniziò un millennio in cui il Papa dichiarò guerre e combinò alleanze, protettorati e così via, dando il massimo peso alla politica terrena. Uno Stato ampliato poi da Carlomagno quando fu incoronato *«imperatore dei Romani»* – nel Natale dell'800 per mano di papa Leone III – fondando il Sacro Romano Impero, che così appariva superiore all'impero romano di Costantinopoli al quale questa consacrazione non era stata data, creando una scissura tra i due imperi.

A questo punto il Papa si trovò a svolgere a tempo pieno due funzioni: quella spirituale come Sommo Pontefice, o Servus Servorum Dei, come si fece chiamare Gregorio Magno, e quella di Re, gestore materiale dei suoi territori e sudditi, inserendosi attivamente nella politica internazionale. Questo servì al papato per accrescere la sua autonomia dall'impero d'Oriente e per difendersi dall'espansionismo longobardo.

E fu lo Stato della Chiesa, che tra alterne vicende durò fino al 1870, sempre ostacolando la formazione di uno stato italiano e dove la funzione spirituale fu sempre subordinata e condizionata da quella politica.

Così nacque in Occidente un impero alternativo a quello d'Oriente, che ne sembrò da subito superiore perché si avvaleva della consacrazione papale.

Mentre la crescente autorità della Chiesa Cattolica romana, malgrado i problemi causati dalle varie invasioni barbariche, provocò una serie di contrasti con l'impero bizantino che non ammetteva l'indipendenza del potere religioso da quello politico e vedeva nel pontefice romano solo un patriarca sottoposto al potere dell'imperatore: cosa impossibile per i vertici bizantini che non avevno nulla di simile al Sacro Romano Impero e neppure allo Stato Pontificio.

Quindi, a partire dal IX secolo, iniziarono a logorarsi i rapporti tra Occidente cattolico e Oriente ortodosso. In particolare, il monastero franco latino del Monte degli Ulivi a Gerusalemme, dall'808 recitò il Credo con l'aggiunta «*procede dal Padre e dal Figlio (Filioque)*». Dove La Chiesa cristiana ortodossa proclama che il Dio Padre è la sorgente eterna di natura divina, da cui il Figlio eterno è stato generato e da cui lo Spirito Santo procede dall'eternità. E, al contrario della chiesa cattolica e di altre confessioni cristiane occidentali, la chiesa ortodossa non riconosce che lo Spirito Santo proceda dal Figlio. Tale controversia, detta Filioque, è stata una delle divergenze teologiche che portarono al Grande Scisma del 1054.

Il patriarca Fozio († 893) nell'860 condannò l'aggiunta, non presente nella versione originale stabilita dal concilio di Costantinopoli e nella sua Lettera sugli errori dei latini, ed elencò gli altri punti di attrito tra le due tradizioni: il sabato di quaresima in cui gli ortodossi non fanno digiuno (ma i cattolici sì), il celibato dei preti. imposto ai cattolici sì ma non agli ortodossi, il pane eucaristico che deve deve essere fermentato per gli ortodossi ma azzimo per i cattolici), la cresima che per gli ortodossi è un rito unico col battesimo somministrato dal presbitero ossia dal vescovo (mentre è distinto dal battesimo per i cattolici).

In più, il Grande Scisma che sanzionò il definitivo distacco fra la Chiesa di Roma e quella di Bisanzio, al di là dei dettagli religiosi fu dovuto anche all'uso di due lingue diverse e fu soprattutto un fatto di potere, quando gli Ortodossi dichiararono di non credere nell'autorità del Papa dei cattolici di Roma e viceversa, tanto da scomunicarsi reciprocamente. Con un risultato curioso: l'inferno era automatico per gli uni o per gli altri?

Papa Formoso e il Synodo del Cadavere

Una delle caratteristiche più tipiche dello Stato della Chiesa, dalla sua fondazione fino alla sua scomparsa, ossia per più di mille anni, è stato il nepotismo, dovuto a tre fatti concomitanti: quello di essere uno stato autocratico con un solo capo, riconosciuto, riverito, esiliato, cacciato o condannato, ma sempre uno solo (salvo crisi e confusioni transitorie): il Papa. Perché non c'è mai stato, a Roma, un imperatore come a Costantinopoli e perché ci sono stati innumerevoli tentativi di creare e mantenere imperatori europei che con il papato hanno avuto rapporti amichevoli o conflittuali, ma mai gerarchici nella stessa città E ogni papa aveva rapporti con molti rappresentanti della nobiltà locale (quando non era molto più ampia che locale): rapporti conflittuali, amichevoli, concorrenziali e nepotistici, visto che ogni papa aveva una famiglia e cercava di aiutarla, di appoggiarla o di farsene aiutare ecc. E aveva una corte che lo aiutava.

Un particolare, curioso e significativo caso di nepotismo è stato quello del Concilio cadaverico [1] – che racconta cosa poteva succedere nello Stato Pontificio intorno all'anno 1000, ai tempi di Carlomagno. Una faccenda tanto incredibile, quanto garantita vera.

Perché, nel gennaio dell'897, Papa Stefano VI – che era successo a papa Formoso († 896) – ordinò la celebrazione di un processo, definito più tardi *"sinodo del cadavere"* (*synodus horrenda*), a carico del suo defunto predecessore, pontefice dall'891 all'896, per sacrilegio e tradimento.

Papa Formoso (romano, contro il quale la famiglia nobile di Spoleto che a quei tempi dominava a Roma nutriva un odio profondo) era ritenuto colpevole di una serie di crimini intollerabili, tra i quali quello di essere salito al soglio pontificio grazie all'appoggio del partito filo-germanico, nemico giurato degli spoletini nonché di papa Giovanni VIII. Il quale aveva scomunicato Formoso (vescovo di Porto, vicino a Roma) nell'876 accusato di congiura. Due anni dopo Formoso aveva ottenuto la revoca della scomunica in cambio della promessa di rinunciare allo stato laicale e di non rientrare mai più a Roma. Ma poi il papa successivo (Marino I) lo assolse, talché Formoso fu riconfermato nella sua carica di ve-

---

1   Tratto da Jean-Paul Laurens (1870), Nantes, Musée des Beaux-Arts

scovo della diocesi di Porto. E quindi Formoso fu eletto papa grazie al sostegno del partito filo-germanico romano. Scatenando con questo le ire di Guido da Spoleto, figlio naturale di Carlomanno, re dei Franchi Orientali, re di Italia e imperatore, che gli contestava di essere stato consacrato papa benché fosse già vescovo di Porto; avendo così violato il giuramento fatto a papa Giovanni VIII nell'878, durante il concilio di Troyes, quando, per ottenere la revoca della scomunica, si era impegnato a non mettere mai più piede a Roma. E gli spoletini, dopo avergli giurato i odio eterno, crearono a Roma una serie di disordini contro di lui, finché lui morì (forse di veleno) nell'896.

A questo punto papa Stefano, suo successore, ottenne di mandarlo a processo malgrado fosse morto da tempo, probabilmente su iniziativa di Agertrude, moglie di Guido di Spoleto e imperatrice del Sacro Romano Impero dal 891 al 894 insieme a suo figlio Lamberto. E il processo al cadavere del defunto papa Formoso passò alla storia come il *"sinodo del cadavere"*.

Secondo Ferdinand Gregorovius, storico tedesco del XIX secolo, accadde che *«il cadavere del papa, strappato alla tomba in cui riposava da otto mesi, fu vestito dei paludamenti pontifici, e deposto sopra un trono nella sala del concilio. L'avvocato di papa Stefano si alzò, si volse verso quell'orribile mummia — al cui fianco sedeva un diacono tremante, con la funzione di difensore — propose le accuse; e il papa vivente, con furore insano, chiese al morto: "Perché, uomo ambizioso, hai tu usurpato la cattedra apostolica di Roma, tu che eri già vescovo di Porto?"»*. L'avvocato di Formoso addusse qualcosa in difesa, superando l'orrore che gli rendeva difficile parlare. Tuttavia, alla fine il cadavere fu riconosciuto colpevole e condannato.

11. Roma, il *synodus horrenda* dell'896 al cadavere di Papa Formoso

Il sinodo sottoscrisse l'atto di deposizione, condannò il papa in eterno e decretò che tutti coloro ai quali egli aveva conferito gli ordini sacerdotali, dovessero essere ordinati di nuovo. I paramenti furono strappati di dosso al cadavere, gli furono recise le tre dita della mano destra con le quali i papi Latini sogliono benedire in onore della Trinità e, con grida barbariche, il cadavere fu sbattuto fuori dall'aula, trascinato per le vie e, fra le urla della plebaglia, gettato nel Tevere. Così il cadavere discese il fiume per tre giorni, trascinato dalla corrente per una ventina di miglia fino ad arenarsi presso Ostia, dove fu riconosciuto da un monaco (si dice che fosse stato indirizzato lì da una visione del defunto pontefice) e nascosto dai suoi fedeli finché visse papa Stefano VI. Quanto a costui, del suo brevissimo pontificato (appena un anno e tre mesi), oltre alla *synodus horrenda* si ricordano pochissimi altri atti, praticamente tutti (tranne la concessione di speciali privilegi ad alcune chiese, come quella di Narbonne e di Vézelay) connessi a quel macabro evento, come le forzate dimissioni di alcuni vescovi ordinati da Formoso.

Nell'estate dell'anno successivo, poco dopo il processo e lo strazio del cadavere, una rivolta popolare a Roma diede nuovo prestigio al partito filo-germanico e un'ondata di indignazione spinse il popolo a vendicare il disgustoso processo. Papa Stefano fu catturato, deposto e imprigionato a Castel Sant'Angelo, dove nell'ottobre dello stesso anno 897 fu strangolato. Le sue spoglie verranno poi sepolte in San Pietro dall'amico papa Sergio III, nel 907.

Nel successivo dicembre, morto papa Stefano, i resti di Formoso furono consegnati al successivo papa Teodoro (897) e di nuovo inumati nella basilica di San Pietro tra le tombe degli apostoli con una pomposa cerimonia.

Poi papa Giovanni IX (898-900) annullò il processo contro Formoso e così tutti gli atti relativi furono dati alle fiamme. Inoltre i prelati costretti a partecipare a quell'episodio (i vescovi di Albano, Porto, Velletri, Gallese, Orto e Tuscania) furono *"perdonati"* in quanto si riconobbe che la loro parte nel processo era stata forzata da serie minacce; i vescovi ordinati da Formoso furono riconsacrati. Si confermò il giudizio del predecessore Teodoro, che aveva riconosciuto la validità delle ordinazioni e di tutti gli atti emessi da Formoso e, come osserva il Gregorovius, *«si ritenne necessario vietare che per l'avvenire si istruissero processi contro i morti »*.

Più tardi qualcuno considerò dubbio che Lamberto

II di Spoleto e sua madre Ageltrude – i vecchi nemici di Formoso – possano essere stati i veri istigatori di papa Stefano. Perchè, se è vero che l'annullamento degli atti compiuti da Formoso tornava a vantaggio di Stefano, in quanto in toglieva ogni valore alla sua nomina vescovile nella diocesi di Anagni e dunque anche l'irregolarità nell'elezione pontificale, per lo stesso motivo si sarebbe potuta ritenere nulla anche l'incoronazione di Lamberto di Spoleto, e questo non sarebbe tornato a suo vantaggio.

Dunque sembra che Lamberto e Ageltrude non abbiano fatto nulla per impedire il *"processo"*, pur sapendo a cosa si andava incontro. E quindi è possibile che abbiano incoraggiato il processo semplicemente contando che il loro potere li rendesse immuni da qualunque possibile conseguenza.

L'INIZIO DELLE COSE STRANE

Intanto, dall'inizio del cristianesimo in poi, per un migliaio di anni, i saraceni avevano occupato la Spagna, dilagando fino all'Occitania e a tutto il sud della Francia, arrivando fino al Piemonte. E, nel sud Italia, occuparono la Sicilia e gran parte del meridione, creando un impero che durò fino alla metà dell'Ottavo secolo e portò all'Occidente cristiano nuove conoscenze tecnologico-scientifiche, specie nell'agricoltura, con l'introduzione di non poche piante del tutto sconosciute oltre a un grande sviluppo della medicina e della filosofia. Il tutto avvenne senza quasi nessuna reazione seria da parte dei cristiani i quali, in questo modo, applicavano l'intenzione di non guerreggiare in nome degli insegnamenti del Cristo. Finché le guerre arrivarono e divennero sempre più serie nel tempo, man mano che i cristiani si convinsero che erano legittime malgrado i comandamenti di Nostro Signore. La prima guerra, nel 718, è attribuita a Pelagio di Fafila, un visigoto re delle Asturie quasi sconosciuto, il quale sconfisse gli arabi a Covadonga nel nord della Spagna, nel 718. Ma la "*reconquista*" della Spagna terminò solo nel 2 gennaio 1492 d.C., il giorno in cui Ferdinando e Isabella, "*Los reyes Catòlicos*", espulsero da Granada l'ultimo dei governanti moreschi. E questo accadde ben settecento anni dopo la vittoria di Pelagio e dopo la battaglia di Roncisvalle, che oggi non è più considerata un episodio della Reconquista, visto che questa fu un'iniziativa dalle popolazioni iberiche di religione cristiana, mentre Roncisvalle appartiene a quelle operazioni militari con cui Carlo Magno cercò di ampliare il suo impero. Anche se poi diventò uno degli episodi più noti della più lunga guerra di religione, per via dei trovatori e del mito dell' eroe impavido (il paladino Orlando) e del suo vile traditore (Gano di Maganza).

Intanto, in conseguenza dell'importanza assunta dalla Chiesa di Occidente dopo la creazione dello Stato Pontificio e dopo il disfacimento del Sacro Romano Impero seguito a Carlo Magno, il potere della Chiesa di Roma era molto cresciuto, mentre il Sacro Romano Impero veniva gradualmente sostituito da altri regni feudali, espressioni dei poteri dei vari signorotti locali spesso contrapposti al diritto divino in base al quale venivano nominati i re e gli imperatori.

Mentre, dopo che il cristianesimo aveva conquistato la maggioranza delle popolazioni di cui facevano parte i bat-

tezzati, dall'imperatore all'ultimo dei contadini, la Chiesa
era ormai da tempo considerata come un'istituzione creata dalla volontà divina. E l'essenza stessa della fede stava nella convinzione generale di dover seguire le regole
che si ritenevano derivate dalla predicazione del Cristo,
e considerate indispensabili per guadagnarsi la vita eterna. Mentre sulle massime questioni relative all'anima era
delegato il papa, al vertice della Cristianità occidentale:
ossia il vescovo di Roma, a metà strada tra Dio e l'uomo,
essendo l'intermediario tra il cielo e le cose terrene.

Il potere papale era di natura teocratica, perché proveniva da Dio al papa. Mentre l'unzione dei re veniva
fatta dai vescovi.

Il risultato fu che, malgrado il privilegio ottenuto da
Ottone I di Sassonia nel 962 per ricostituire il Sacro Romano Impero, a un certo punto tra il pontefice e le altre
autorità incominciò a crearsi una seria rivalità, anche se
il compito di distinguere il bene dal male era indiscuti-
bilmente assegnato al papa.

LA FOLLIA DELLE CROCIATE, LE PRIME QUATTRO

In questo quadro complicato la Chiesa di Roma arrivò alla sua massima potenza, sia spirituale che materiale,
fino alla creazione dell'abbazia di Cluny, fondata nella
Borgogna il 2 settembre 909 quando il duca di Aquita-
nia e conte d'Alvernia (nella Francia centrale), Guglielmo I detto il Pio, fece dono di un grande possesso fon-
diario all'abate, Bernone, che fu incaricato di costruirvi
un monastero. Col risultato che il monastero di Cluny,
soggetto solo alla diretta autorità del papa, divenne la

più famosa, prestigiosa e sovvenzionata istituzione monastica d'Europa di quei tempi, tanto da durare fino alla Rivoluzione Francese. Salvo che subito dopo Cluny partì il Gande Scisma del 1054 e, appena più tardi, partì la prima iniziativa delle crociate.

Perché Gerusalemme era stata cristiana fino al 636, ma era diventata musulmana da quando il califfo Omar [1] l'aveva conquistata per aver sconfitto i bizantini. Solo più tardi incominciarono le reazioni e quindi le crociate, una serie di guerre scatenate dai cristiani tra l'XI e il XIII secolo, per riconquistare i luoghi santi di cui avevano perso il controllo.

Le crociate furono tutte promosse e benedette dalla Chiesa [2], ufficialmente con lo scopo di liberare Gerusalemme dai musulmani. Uno scopo così nobile che, da allora in poi, in occidente, il termine *"crociata"* viene usato per definire ogni lotta idealistica, come nel caso di quelle contro la prostituzione.

Lo scopo dichiarato delle crociate era di garantire ai pellegrini il libero accesso alla Terrasanta, dal VII secolo sotto il controllo musulmano. Tuttavia questo è stato considerato anche un pretesto per giustificare le crociate in modo razionale, perchè sembra che i cristiani, prima della prima crociata, fossero trattati in modo ragionevole dagli arabi ospitanti. Mentre è chiaro che almeno la prima crociata dipese da una voglia di prevalenza cristiana, ossia da una sfida di carattere religioso. Mentre

---

1 Omar (o Umar) ibn al-Khattāb
2 E' da notare che le Crociate furono tutte lanciate a iniziativa del papato, e quindi da Roma, mentre non ce ne è stata neanche una dovuta alla chiesa ortodossa. Salvo la prima. E questo conferma quanto siano state di natura squisitamente politica, dato che la religione vi entrava solo come pretesto e per arruolare le masse.

12. Papa Urbano II sulla piazza di Clermont predica la prima crociata

è evidente che le crociate siano state il primo tentativo degli europei per estendere il proprio potere ad altri popoli e fare bottino. Sebbene, nel loro insieme, siano state tutt'altro che un'operazione di successo

La prima crociata fu proclamata nel 1096 da papa Urbano II (francese) durante un'omelia tenuta nel corso del Concilio di Clermont, quando invocò un aiuto militare all'impero bizantino ed al suo imperatore Alessio I Comneno, che gli aveva chiesto appoggio per fronteggiare i turchi che stavano occupando l'Anatolia dopo la vittoria ottenuta dal sultano Alp Arslan contro i bizantini a Manzikert in Armenia nel 1071.

E l'appello del papa fu che «*bisognava mettersi in marcia per soccorrere l'Oriente; ricchi e poveri dovrebbero ugualmente partire, dovrebbero smetterla di trucidarsi a vicenda e combattere invece una guerra giusta, compiendo l'opera di Dio, che li avrebbe guidati. Chi*

13. Pietro l'Eremita

fosse morto in battaglia avrebbe ricevuto l'assoluzione e la remissione dei peccati. Perché se lascerete agire i turchi ancora per un poco, continueranno ad avanzare opprimendo il popolo di Dio » [1].

La crociata diventava così un'impresa a cui partecipavano la Chiesa e l'insieme della cristianità. E, nelle intenzioni del pontefice era anche un mezzo per liberarsi dal peccato. Perché a tutti i crociati veniva garantita la remissione della colpe senza dover sottostare ad alcuna penitenza.

Così la crociata sembrava un esodo, una specie di pellegrinaggio verso la terra promessa. E la pretesa della Chiesa, di organizzare movimenti armati per liberare i luoghi sacri, lasciava trasparire la priorità della Cristianità Romana nel difendere la fede rispetto all'impero bizantino.

La prima crociata fu addirittura preceduta da un movimento popolare – *la crociata dei poveri* – in cui migliaia di contadini, guidati da Pietro l'Eremita al grido di *Deus vult*, si misero in marcia nel maggio 1096 e furono così estremisti da far massacri tra la popolazione ebraica in Europa prima di arrivare in Anatolia, dove finirono sconfitti dai musulmani. La crociata si risolse in un lungo assedio

---

1   Da Wikipedia

a Gerusalemme, che fu conquistata nel 1099, a prezzo di stragi compiute dalle milizie crociate: tali che finirono per creare nel mondo musulmano un autentico spirito di anticrociata. Molti musulmani cercarono riparo nella Moschea al-Aqsa dove, secondo un famoso racconto delle Gesta Francorum, «...*la carneficina fu così grande che i nostri uomini camminavano nel sangue che arrivava fino alle caviglie*...» Il bilancio varia a seconda delle fonti: per i cristiani 10 000 morti, per i musulmani 70 000.

Comunque sia, la prima crociata fu un'entusiastica risposta alla predicazione di Urbano II da parte di tutte le classi nell'Europa occidentale: una risposta non solo di natura religiosa ma anche politica, perché i musulmani continuavano ad essere aggressivi in molte parti dell'Europa. E il suo successo non si limitò alla conquista di Gerusalemme, ma fu tale da permettere di creare quattro Stati crociati: la Contea di Edessa, il Principato di Antiochia, il Regno di Gerusalemme e la Contea di Tripoli

Il successo della prima Crociata creò un precedente per le crociate successive. Solo che queste passarono da un fallimento all'altro, proprio a partire dalla seconda crociata (1147-1150), nata per riconquistare la contea di Edessa [1].

La seconda crociata – la più imponente di tutte per partecipazione, promulgata nel 1147 da papa Eugenio III (italiano) – a cui parteciparono due importanti sovrani: l'imperatore germanico Corrado III di Svevia e il sovrano francese Luigi VII di Francia, insieme a mogli e cortigiani. E dove i tem-

---

1 Secondo il papa, la perdita di Edessa era da imputare solo ai peccati dei cristiani e quindi ribadì che i privilegi dei crociati erano l'indulgenza plenaria, la sospensione da eventuali processi in corso, la moratoria sugli interessi dei debiti, la protezione della persona del crociato e dei suoi beni da parte della Chiesa

plari si mostrarono decisivi nel riportare la disciplina nell'esercito francese quando questo fu in difficoltà e soprattutto nell'assedio a Damasco (1148) che tuttavia ebbe un insuccesso tale da far terminare la crociata nel 1150 senza aver concluso nulla, a parte l'imprevedibile liberazione di Lisbona dai saraceni. Salvo un successivo attacco che re Baldovino decise di sferrare ad Ascalona, con un assedio che si risolse in un massacro per i templari, tutti uccisi dai difensori egiziani.

Trentasette anni dopo (ossia nel 1187) Gerusalemme dopo la battaglia di Hattin fu riconquistata dall'armata del curdo Saladino, che ne risparmiò gli abitanti, ma la occupò in modo così solido che Gerusalemme non divenne mai più cristiana, salvo una quindicina d'anni dovuti a un accordo diplomatico temporaneo del 1229 fra Federico II di Svevia e il sultano al-Malik al-Kamil, nipote di Saladino, durante la sesta crociata.

La terza crociata – chiamata anche la crociata dei Re, perché vi parteciparono Federico Barbarossa, Riccardo Cuor di Leone e Filippo II Augusto re di Francia – fu iniziata nel 1189 per riprendere Gerusalemme, lo stesso anno in cui i templari avevano conquistato l'isola di Cipro. Ma, alla fine, neppure Riccardo, rimasto a capo della crociata, riuscì a combinare qualche cosa, malgrado fosse riuscito a sconfiggere il Saladino a Giaffa. Una vittoria che gli valse una tregua della durata di "*tre anni, tre mesi, tre giorni, tre ore*" in cui si prevedeva che le fortezze costiere sarebbero rimaste in mano dei cristiani mentre Gerusalemme sarebbe rimasta ai saraceni che tuttavia avrebbero garantito ai pellegrini cristiani – purché disarmati – il libero accesso al Santo Sepolcro. Così Riccardo terminò la sua crociata il 21 settembre 1192, salvando l'onore con un accordo con il Saladino pur senza aver mai messo piede a Gerusalemme, quasi costretto – secondo quanto racconta il cronista Riccardo di Devizes – a *"ricevere dai pagani, come un favore, ciò che non era stato in grado di ottenere con l'aiuto di Dio"*.

Ovvio che a questo punto, per ribaltare il risultato, sia stata promossa da papa Innocenzo III (italiano) una quarta crociata, che durò dal 1202 al 1204. Ma ormai l'interesse dei principi europei, dopo un secolo di spese folli e di insuccessi, si era molto ridotto. E la decisione di raggiungere la meta per la via del mare, appoggiandosi a Venezia, si dimostrò improvvida. Perché l'imponente flotta messa a disposizione dei veneziani guidati dal vecchio Enrico Dandolo, più che ottantenne, costava troppo e non arrivò mai alla meta. Così la crociata si risolse in due saccheggi raccapriccianti di città cristiane: prima quello di Zara e poi quello di Bisanzio. Quello di Zara fu proposto dallo stesso Enrico Dandolo per recuperare il denaro mancante a pagare la flotta. Quello di Bisanzio (1204) fu la conseguenza delle rivalità tra numerosi pretendenti al titolo di imperatore e le interessate intermediazioni dei veneziani. Secondo un cronista bizantino, alla fine il saccheggio fu tale che «*Perfino i musulmani sono umani e benevoli in confronto a questa gente che porta la croce di Cristo sulle spalle*». Ma alla fine i veneziani si accaparrarono la parte più importante di Bisanzio e Dandolo fu il primo Doge ad assumere il titolo di Dominus *quartae partis et dimidiae totius Imperii Romaniae*. Venezia dominò Bisanzio fino all'arrivo dei turchi e Dandolo morì a Bisanzio quasi centenario. Il risultato più appariscente fu la conseguenza del furto col quale i veneziani portarono a piazza San Marco la famosa quadriga di bronzo attribuita a Lisippo. Così bella che Napoleone la rubò a sua volta nel 1797, idiotamente convinto del proprio diritto di saccheggio, dopo cinque secoli che la quadriga decorava la facciata di San Marco [1]. E li mise sull'arco del Carrousel. Salvo che la Francia dovette restituirla a Venezia dopo Waterloo, per intervento del Canova. Anche se si tenne innumerevoli altre opere d'arte rubate, di cui non si era accorto nessuno. Papa Innocenzo III, quando seppe del saccheggio, scrisse a Bisanzio, deplorando e condannando ciò che era avvenuto. Ma Bisanzio era stata saccheggiata perché era stata proprio la crociata a tramutarsi in un'idiota e criminale guerra tra cristiani oltre al successo dei veneziani, senza aver raggiunto nessuno degli obiettivi previsti.

La crociata contro i catari

Intanto si stava scatenando, all'interno della cristianità occidentale, una vera e propria crociata parallela contro il movimento dei Catari (o Albigesi), nato chissà quando da qualche asceta, ma sempre più diffuso dopo il 1150 soprattutto nella Occitania (Francia meridionale) e nell'Italia Settentrionale. La riforma dei Catari mirava a sradicare i cattivi costumi del clero tradizionale, e in particolare la simonia, cioè l'accesso a cariche ecclesiastiche in cambio di denaro, e il nicolaismo che si opponeva al concubinato dei sacerdoti. Perché, al fine d'impedire l'ingerenza del potere politico nelle questioni religiose, tra il 1075 e il 1122 il papato aveva intrapreso una lunga lotta contro gli impe-

---

1 La quadriga proveniva da Delfi, dove era stata posta dai Rodii come ex voto per la liberazione dall'assedio di Demetrio Poliorcete nel 304 a.C. Era stata collocata nell'Ippodromo a celebrare la vittoria di Costantino. A fine Settecento fu di nuovo rubata, questa volta da Napoleone, per deorare l'arco di Trionfo del Carrousel. Fu restituita a Venezia dopo Waterloo.

14. Carcassonne, una delle città più fortificate dei Catari

ratori, la cosiddetta *"lotta per le investiture"*. Il risultato fu la creazione di un nuovo modello di Chiesa in cui i papi accrebbero enormemente la propria forza, al punto che alcuni storici hanno parlato di teocrazia pontificia. I catari professavano povertà, umiltà e castità e chiamavano se stessi *"buoni uomini"* e *"buone donne"*. E sembra che *abbiano preso forza proprio dopo la riforma gregoriana "Dicatus Papis* del 1075 che affermava la supremazia del potere pontificio (definito universale) su quello laico, a incominciare da quello di nominare, trasferire e deporre i vescovi e dalle prerogative del pontefice del quale era riconosciuta l'insindacabilità, il diritto di emanare sentenze inappellabili e scomuniche, fino a quello di deporre l'imperatore, liberando i suoi sudditi dal vincolo di fedeltà. E la delusione dei catari derivava dal fatto che la riforma se la prendeva con un mare di problemi formali, inclusa la castità dei preti, ma non incideva sul rapporto con la Chiesa né sulla la povertà predicata dal Cristo.

I Catari fecero interpretazioni innovative dei Vangeli e della Bibbia, rifiutarono la proprietà privata e sulla castità ebbero un rapporto così negativo da considerare diabolica l'origine del corpo umano e da mettere al bando il sesso perfino nel matrimonio. Solo che la dottrina si diffuse molto, soprattutto nelle aree rurali e visse in tranquillità sin dalla fine del XII secolo, come confermano gli archivi dell'Inquisizione, nata per raccogliere informazioni sui catari prima della Crociata contro gli albigesi (1209-1229). Ma la Chiesa non poteva accettare una dottrina che metteva in discussione la sua, prendendo le mosse proprio dai valori del vangelo, quali l'osservando dei precetti evangelici, il voto di povertà, la proibizione di mentire, la castità e l'astinenza. Finché, dopo aver tentato inutilmente di convertirli con le buone e dopo aver verificato come si diffondevano tra i poveri, la Chiesa lanciò contro i catari una crociata che divenne un genocidio, appoggiato da francesi del nord e massacrando migliaia o addirittura milioni di persone. Il culmine fu raggiunto con l'assedio di Montségur nel 1244, ma il catarismo si estinse solo nei primi decenni del Trecento. E produsse anche l'inquisizione e la fine del movimento trobadorico, che sotto i Catari aveva prosperato ma non poteva sopravvivere dopo che ogni libertà di espressione era stata soppressa.

LE ULTIME QUATTRO CROCIATE

Intanto partì **la quinta crociata (indetta da papa Onorio nel 1217) che non servì a nulla,** ma merita di essere ricordata per qualche suo aspetto. Perché avrebbe dovuto parteciparvi Federico II di Svevia che viceversa si defilò, e alla fine si concluse con l'assedio di Damietta in Egitto: un successo che avrebbe potuto portare a uno scambio con Gerusalemme, proposto dal sultano sconfitto Al.Kamil ma respinto due volte dal legato papale Pelagio di Albano, talché non se ne fece nulla.

Il fatto più cospicuo della crociata – oltre alla temporanea conquista di Daimetta – fu l'inopinata visita di San Francesco, che arrivò da pellegrino disarmato con l'intenzione di evangelizzare i musulmani, che ottenne da Pelagio il permesso di recarsi nel campo nemico e che fu ricevuto da al-Kāmil, che lo ascoltò con simpatia (ci sarebbe da domandarsi in che lingua si parlassero, ma forse è superfluo) e che, quando terminò l'incontro, lo fece scortare sino al campo cristiano.

Federico II, per via della sua mancata partecipazione alla crociata, si vide addossare la responsabilità del fallimento, che invece era stata colpa dì Pelagio. Finché, con il trattato di San Germano, del 1225, per non essere scomunicato dovette impegnarsi a intraprendere una sesta inutile crociata.

Le crociate successive alla quinta e al genocidio dei Catari non approdarono a nulla, salvo la sesta che fu un caso a parte, sia per i suoi protagonisti che per le sue conclusioni. Mentre le ultime due crociate, la settima e la ottava, dovute all'impegno di una vita di Luigi IX re di Francia (che addirittura costruì sul Mediterraneo il porto di Aigues-Mortes per armare la propria flotta), non conclusero nulla. E l'ottava ed ultima crociata finì quando Luigi morì a Tunisi nel 1270.

La sesta crociata (di Federico II)

«La sesta crociata fu voluta da papa Gregorio IX (l'italiano Ugolino dei Conti di Segni di Anagni) che, per forzare Federico II di Svevia, imperatore del Sacro Romano Impero dal 1220 al 1250 e il primo ad osare di opporsi al papa, nel 1228 lo scomunicò. La crociata fu risolta quando Federico (ancora scomunicato e del tutto riluttante per buone ragioni, visti i risultati che dopo qualche anno ottenne Luigi IX) fece un accordo diplomatico con il sultano al-Malik al-Kamil, nipote di Saladino in base al quale nel 1229 diventò re di Gerusalemme senza combattere una sola battaglia, perché aveva sposato la figlia di Giovanni di Brienne, re di Gerusalemme, divenendone così erede al trono. Così Gerusalemme ridiventò cristiana – ma solo per una quindicina d'anni – fino al 23 agosto 1244. Ma a questo punto Gregorio IX, morto da tre anni, era stato accontentato. E Federico II fu sbattuto da Dante nell'inferno tra gli eretici per essere stato scomunicato due volte, sia pure da un papa che usava la scomunica per difendersi da un imperatore molto più grande di lui » [1].

Complessivamente, nell'intero periodo delle otto crociate (quasi due secoli dal 1096 al 1270), Gerusalemme fu gestita dai cristiani solo per 106 anni. E, quanto al vero scopo della Chiesa romana – più che la mera liberazione di Gerusalemme – è lecito sospettare che sia stato di puro potere e di ricchezza.

Intanto lo Stato Pontificio, creato solo trecento anni prima e in continuo confronto con tutti i principati laici europei, dopo il 1000 aveva vissuto un periodo di grande turbolenza, di mancanza di regole chiare per il clero, di vescovi e preti nominati da re e da imperatori, di celibato degli ecclesiastici poco imposto e poco rispettato e perfino per la nomina del papa, sempre più in balia delle famiglie aristocratiche romane. Fino a trovarsi, in certi momenti, con due o tre papi nominati da potentati diver-

---

1 Da Giosuè Musca - Federiciana (2005)

si. Finché era arrivata la riforma gregoriana (1073-1085), imposta da papa Gregorio VII: quella che non piacque ai catari anche perché trasformava *"ufficialmente"* la Chiesa in un monarchia, con il papa fornito di un potere superiore a quello di ogni altra autorità (sia religiosa che laica).

Inoltre, per molti dei papi di allora, malgrado il vangelo, il primo compito di una crociata era decisamente sanguinario [1]. E folle fu soprattutto la sete di sangue che si scatenò tra i crociati, autorizzati ad uccidere e massacrare perchè «*il compito di una crociata era quello di versare sangue infedele*» e quindi i crociati erano assolti in partenza, qualunque cosa facessero: talché alcuni speravano nientemeno in un'ascensione di massa in cielo a Gerusalemme o nel perdono di Dio per tutti i loro peccati, compreso quello di fare i loro interessi nei modi più brutali. Perché i crociati, in quanto battezzati, credevano di essere cristiani ed erano convinti di meritare il paradiso qualunque cosa facessero, perché dell'insegnamento del Cristo non sapevano nulla mentre erano indottrinati da preti, vescovi e papi peggiori di loro. Per questo, molti parteciparono solo per soddisfare i propri obblighi feudali o per il desiderio di controllare il proficuo commercio con l'Oriente e la volontà della Chiesa di pacificare l'Europa, soggetta a continue lotte tra le case regnanti, per ottenere gloria, onore, guadagni economici e politici.

Dalle crociate, le città-stato italiane ottennero considerevoli concessioni in cambio dell'assistenza ai crociati e le colonie che stabilirono in oriente si dimostrarono fondamentali per lo sviluppo del commercio, permettendo a città come Genova e Venezia di prosperare. Mentre, tra

---

1 «*era quello di versare sangue infedele, non quello di condurre pacifici negoziati*»

i prìncipi, l'unico che si distinse fu Federico II, che ebbe un breve quanto effimero successo dopo aver menato il can per l'aia per una quindicina d'anni e dopo essere stato scomunicato da un papa molto meno cristiano di lui.

Dunque, forse, l'unico vero successo delle crociate fu nel consolidare l'identità collettiva della Chiesa latina sotto la guida papale, oltre al costituire una fonte di racconti di eroismi, cavalleria e pietà che galvanizzarono il romanticismo, la filosofia e la letteratura. Anche se il primo scopo non dichiarato di Urbano II avrebbe potuto essere stato quello di riunificare la Chiesa orientale e quella occidentale della cristianità, divise dopo il grande Scisma del 1054 e di affermarsi come capo della Chiesa riunificata. Ma questo non funzionò, perché alla fine la Chiesa Ortodossa e la Chiesa Cattolica restarono scomunicate reciprocamente. Tanto che tutti i cristiani, sia quelli ortodossi che quelli cattolici, erano inevitabilmente destinati all'inferno, perché condannati dalla Chiesa contrapposta alla loro. Finchè, per arrivare al ritiro delle scomuniche, bisognerà aspettare nientemeno che il 1964, quando papa Paolo VI andò a Gerusalemme dopo otto secoli, abbracciò il patriarca ortodosso di Costantinopoli Atenagora I, recatosi anch'egli in Palestina apposta per incontrarlo e così ottennero un riavvicinamento tra le due chiese scismatiche, fino alla Dichiarazione comune cattolico-ortodossa che solo l'anno successivo revocò le reciproche scomuniche. E solo allora i fedeli di una chiesa smisero di essere eretici per l'altra. Ma a questo punto nessuno dei cristiani era più scomunicato dalla chiesa contrapposta, quindi erano tutti assolti dall'inferno, con questo sollevando qualche dubbio sull'esistenza di ogni inferno per motivi tecnici, che peraltro non furono sollevati da nessuno, nè da una parte nè dall'altra.

15. Jacques de Molais

Il successo della prima crociata produsse la nascita dei cavalieri Templari, col nome ufficiale di *"Pauperes commilitones Christi templique Salomonici"*, un ordine religioso cavalleresco – fondato da Hugues de Payns – che arruolava i crociati decisi a rimanere in Terrasanta e a battersi laggiù anziché tornare a casa. Il loro scopo era di assicurare l'incolumità dei numerosi pellegrini cristiani che continuavano a visitare Gerusalemme. I Templari, oltre ai voti di povertà, castità e obbedienza, facevano anche il voto della lotta contro gli infedeli. E la loro regola monastica era stata scritta con l'appoggio di Bernardo da Chiaravalle.

Naturalmente i templari dovevano conciliare la loro lotta armata con la dottrina della chiesa, visto che il clero considerava illecite la cavalleria e le attività d'armi. Tanto che il maestro Hugues, per giustificare con la parola di Dio una guerra non difensiva, ottenne da Bernardo da Chiaravalle perfino una sua *"teoria del malicidio"*: nel senso che chi uccide un uomo intrinsecamente cattivo, quale è chi si oppone a Cristo, non uccide un uomo, ma il male che è in lui; dunque egli non è un omicida bensì un malicida. Ipocrisia? Può darsi.

In ogni modo i templari ottennero da papa Innocenzo II l'atto costitutivo dell'ordine, considerato soggetto solo all'autorità papale, del tutto indipendente da altri, esente dalle tasse, dotato di un proprio clero e fornito della protezione apostolica.

I templari si batterono sempre duramente, spesso fino ad essere massacrati, come alla battaglia di Hattin [1] (il 4 luglio 1187 tra il Regno di Gerusalemme crociato e le forze ayyubidi) dove il vincitore Saladino fece giustiziare tutti i templari catturati.

Nella sesta crociata, a causa degli accordi tra Federico II e il re ottomano, i cristiani avevano perso ogni diritto ai locali del Tempio e più tardi, nel 1244, dopo uno scontro a La Forbie, su trecento templari se ne salvarono una trentina. Così come, durante la settima crociata di Luigi IX di Francia, nella battaglia di Mansura (nel 1249, in Egitto sul delta del Nilo) su duecentonovanta cavalieri se ne salvarono solo cinque.

Finché arrivò la drammatica fine dei templari, voluta a tutti i costi per ragioni economiche dal re di Francia Filippo IV (1268-1314) detto il Bello (da non confondere con l'arciduca d'Austria Filippo d'Asburgo che sposò Giovanna la Pazza nel 1496). Perché i templari, ormai, avevano lasciato la Terra Santa per l'Europa e molti per la Francia, perché si erano arricchiti, perché avevano perso buona parte del loro prestigio ed erano accusati di numerosi peccati capitali. E soprattutto avevano perso l'appoggio del papa Clemente V, da poco trasferito ad Avignone perdendo una parte della propria autorità, erano troppo ricchi e caricati da addebiti troppo infamanti. Così persero tutto, la ricchezza, le proprietà e la vita.

---

1   Hattin è un luogo microscopico in Israele, vicino a Tiberiade, e noto solo per la battaglia del 1187

Siamo alla fine delle crociate, dopo aver raccontato in che modo il cristianesimo si è affermato con ogni mezzo, trascurando tutti gli insegnamenti del Cristo. E dopo aver raccontato anche le imposizioni di fede – i dogmi – che hanno costretto in una sorta di camicia di forza ideale le menti e gli animi dei cosiddetti fedeli. A fianco, è vero, di alcuni personaggi di levatura eccezionale, ma senza mai allontanarsi dalle prepotenze che gli umani hanno sempre fatto ad altri umani da che mondo e mondo. E abbiamo raccontato tutto questo sperando di arrivare, alla fine, a una visione un po' meno cupa.

Perché, al di là di quanto abbiamo raccontato, ci è sembrato che il nocciolo dell'equivoco cristiano giri intorno a una durezza tutta sua, estranea tanto ai vangeli quanto agli insegnamenti del Cristo. Una durezza nata quando il cristianesimo diventò religione di Stato ad opera di Costantino e di Teodoro, due individui da collocare tra gli uomini meno integerrimi mai esistiti ancorché abbiano firmato le decisioni del concilio di Nicea e quelle che le hanno seguite. Per le pretese verità che hanno imposto, anche se per le nostre anime sono diventate del tutto inutili, perché servono solo a confondere le menti, perfino per il modo in cui sono state imposte: un modo che non ammetteva il minimo contraddittorio, per essere sostenuto da punizioni come quelle derivanti dalla confessione o dalle scomuniche imposte da preti che non si sono mai curati di capire nulla, per millenni.

Molti cristiani hanno spesso criticato il Corano perché Maometto, contrariamente al Cristo, era anche un guerriero prepotente: ma non si sono accorti di quanto erano stati simili ai musulmani Anche se non tutte le guerre sono eguali. Perché le crociate – *tragicamente inutili* – sono state volute e benedette da papi che avrebbero potuto, semplicemente, evitarle. Mentre le guerre di religione successive allo scisma protestante sarebbero state evitabili per entrambe le parti, perché sarebbe bastato che una delle due non aggredisse l'altra per rendere inutile, all'altra, di difendersi.

In ogni modo, la critica più seria pesa sui religiosi di maggior potere, quelli che non hanno mai voluto capire nulla al di fuori di quanto imposto dalla fede, neppure delle faccende più elementari come le scoperte di Galileo.

Per poi scoprire che le prime aperture mentali, intellettuali e scientifiche non ancora definitive, furono proprio quelle che diedero il via ai periodi più duri per la Chiesa, dalle guerre di religione all'Illuminismo fino alle successive rivoluzioni che hanno rimesso tutto in discussione.

Perché le aperture sono incominciate con la diffusione della cultura, con la stampa, con l'Illuminismo, con la libera circolazione delle idee e con i conflitti che ne sono derivati, comunismo compreso. In altre parole, sono incominciate da quando le ragioni di fede incominciarono a mostrare i propri limiti.

Perchè non c'è dubbio che, malgrado la crescente, gloriosa abitudine degli uomini attuali che ammazzano le loro donne per non sentirsi deboli e malgrado Putin e i suoi accoliti mossi, appunto, da una fede tanto solida quanto folle, tutto sommato coloro che hanno incominciato ad usare la propria testa sembrano in netto aumento rispetto al passato, persino tra quelli che sono capaci di meditare su ciò che sanno, anziché di imporre agli altri ciò che non hanno capito e che non capiranno mai.

E questo è successo da quando qualcuno ha concluso che la fede può essere tragica se è insensato o tragico il suo Credo. Così come lo fu il fenomeno più diffuso e granitico del Novecento, il secolo della scienza e delle scoperte più incredibili: la fede nel führer che condusse la Germania non tanto a spostare le montagne quanto a distruggere se stessa. Yeshua non lo sapeva perché, non essendo Dio, non era onnisciente e di Hitler, beato lui, non aveva mai sentito parlare. Ma i nostri contemporanei non lo possono negare perché l'hanno vissuto.

La Spagna cattolica, Isabella e l'Inquisizione

Come qualche lettore avrà compreso, abbiamo cercato di raccontare la storia del cristianesimo in modo piuttosto originale. Mettendo in luce e approfondendo alcuni aspetti che ci sono sembrati essenziali, oltre ad essere anche poco conosciuti e meditati.

E' così che abbiamo rilevato ciò che accadde al papato dopo i tempi di Carlo Magno, dopo la creazione dello Stato della Chiesa, dopo la sua trasformazione in un ente sempre più potente e sempre meno spirituale e dopo la nascita delle crociate, prima conseguenza di questa trasformazione e di questa presa di potere. E ciò che accadde dopo le crociate e dopo la repressione degli eretici europei. Perché il papato continuò ad aumentare il proprio potere almeno fino al 1517, quando Martin Lutero pubblicò le proprie tesi contro la Chiesa Cattolica.

Oltre a ciò che accadde finché le pretese della fede cattolica continuarono ad aumentare, particolarmente nella Spagna che aveva avuto il merito di scoprire l'America e che aveva avuto una regina tanto bigotta da aver deciso di eliminare gli ebrei che potevano inquinare la fede. Creando la famigerata inquisizione spagnola, della quale la vittima più illustre fu proprio Giovanna, la prima figlia di Isabella la Cattolica, quella che pretendeva di non farsi dominare dagli insegnamenti religiosi che detestava.

L'inquisizione cattolica era nata nel 1184, nell concilio di Verona presieduto da Papa Lucio III e dall'Imperatore Federico Barbarossa, per cercare di reprimere le eresie dei catari.

E, per estorcere confessioni e per potenziare la lotta contro la stregoneria, si era introdotto anche l'uso della tortura.

Fino al momento in cui, per iniziare un processo bastavano semplici sospetti o delazioni; tanto che venne persino stabilito che chiunque fosse a conoscenza di una possibile eresia doveva immediatamente fare la spia al più vicino tribunale dell'Inquisizione, altrimenti ne sarebbe stato considerato corresponsabile.

E nel 1231 l'incarico di giudice inquisitore fu affidato prima all'ordine cistercense e successivamente ai Frati Francescani e Domenicani. Mentre in quello stesso anno, l'Imperatore Federico II introdusse la pena di morte al rogo per gli eretici.

Dunque, oltre che criminali, si può esser anche scemi. Per decisione religiosa indiscutibile.

In Europa l'inquisizione si impose in modo diverso da Stato a Stato, perchè molti la respinsero per non rendersi succubi della Chiesa. In Francia e in Italia settentrionale ebbe un peso massiccio solo finché si trattò di eliminare i catari e i valdesi. E il resto dell'Italia ebbe un trattamento anomalo, data la presenza dello stato della Chiesa, anche se a Napoli l'inquisizione fu respinta a furor di popolo.

Un caso più speciale fu però la Spagna, conquistata dagli arabi che dall'ottavo secolo ne avevano occupato tre quarti del territorio, salvo il nord montuoso, creando il grande califfato di Cordova. Gli arabi resistettero fino al 1000 quando il loro dominio entrò in crisi per via delle continue risse interne tra i principali domini islamici, mentre aumentava la pressione da parte dei regni cattolici del nord. Ma la *reconquesta* della Spagna da parte dei cattolici durò cinque secoli, durante i quali si formarono gradualmente il regno di Castiglia e Leon e quindi quello di Aragona insieme a quello di Navarra. Finché, il 2 gennaio 1492, con la capitolazione dell'ultimo sultano Abd Allāh della penisola iberica (chiamato *"Boabdil"* nelle cronache cristiane dell'epoca), dopo sei mesi di accerchiamento, quando Isabella la Cattolica entrò vittoriosa i Granada impugnando un crocifisso. Così il territorio di Granada fu annesso al regno di Castiglia e, nel 1492, tutti i governi cattolici vennero congiunti, allargando il dominio dei Regnanti Cattolici. E, alle regioni continentali, si aggiunsero le Baleari, la Sicilia e la Sardegna. Il fatto stesso di aver sconfitto definitivamente i musulmani in nome del cristianesimo diede al cattolicesimo spagnolo un prestigio superiore a quello di ogni altro Paese europeo, permettendo ai sovrani di riformare i rapporti con la nobiltà e il clero. Allo scopo furono usate le Cortes, parlamentini nei quali erano rappresentati i nobili, il clero e alcune città, che potevano proporre ai sovrani nuove leggi, anche se la loro approvazione rimaneva comunque esclusivo diritto reale. Ma lo strumento principale di consolidamento del nuovo regno assolutista fu la religione cattolica, per rinforzare la quale i re di Spagna ottennero dal papato che il potenziamento dell'inquisizione, insieme al clero, fossero sotto la giurisdizione reale (tra l'altro, evitando la cessione

16. Ferdinando di Aragona e Isabella di Castiglia

a Roma delle rendite del clero) [1].

Così con l'inquisizione (rafforzata con una bolla di papa Sisto IV) Ferdinando II d'Aragona e Isabella di Castiglia (con l'appoggio del futuro papa Borgia, spagnolo) ottennero di far gestire gli inquisitori spagnoli dalla corona anziché dal Papa. Assegnando a loro, inizialmente, il compito principale di occuparsi degli Ebrei convertiti al cristianesimo (i cosiddetti marranos o marrani (*in lingua spagnola maiali*)), e dei musulmani convertiti (conversos) per verificare la genuinità della loro conversione. Approfittando del prestigio conseguente al successo della *reconquesta* contro i mori, al personale bigottismo della regina e del re e a quello del primo grande inquisitore generale, Tomás de Torquemada, priore del convento domenicano della Santa Cruz di Segovia e confessore dei re cattolici. Un tragico bigottismo che nessuno saprà mai quanto fosse di

1   Vale la pena di ricordare che dal 1457 papa Borgia, il famigerato Alessandro VI spagnolo era già stato nominato Cencelliere della Santa Sede.

natura religiosa o di opportunità politica.

Dalla penisola iberica, i tribunali dell'Inquisizione si estesero a tutti i possedimenti spagnoli nel mondo (Sicilia, Sardegna, Baleari e poi Messico, Lima e Cartagena de Indias). E poiché gli Inquisitori potevano agire in tutti i territori dell'Impero, mentre i giudici ordinari dipendevano dai singoli stati e non potevano valicarli, i re spagnoli trasformarono gradualmente l'apparato dell'Inquisizione in una specie di polizia segreta internazionale col compito di prevenire possibili colpi di stato. Creando una persecuzione religiosa alla quale fu soggetta persino una regina di Castiglia legittima per nascita, anche se ricoprì questo ruolo solo formalmente perché fu reclusa in un monastero per quasi cinquant'anni a causa della sua indipendenza di giudizio anche religioso, quella che la fece condannare per pazza.

Giovanna (1479-1555), ai nostri giorni, è ricordata (poco) solo perché era figlia di Isabella la Cattolica, alla cui corte sembra che il soggetto preferito degli incontri con la regina fossero i temi *«in onore di Gesù e della sua santa madre»*. E quindi, malgrado fosse destinata per nascita a diventare regina di Castiglia, Giovanna è ricordata solo per essere stata la prima ribelle agli eccessi religiosi della sua famiglia. Mentre di Isabella [1] – sua madre, protettrice di Colombo e regina di Spagna nel periodo più buio del cattolicesimo spagnolo – sembra che nessuno abbia mai capito quanto fosse dav-

---

1 Va ricordato che il confessore di Isabella la Cattolica, sua madre, era stato Thomas de Torquemada, uno dei più rigidi sacerdoti spagnoli. E va ricordato che re Filippo II, nipote di Giovanna la pazza, durante il suo regno fece intensificare l'opera dell'Inquisizione – un termine da cui traspare la convinzione di avere il diritto assoluto di occuparsi dei pensieri più intimi di ognuno, come se questo non fosse un totale sopruso – e fece costruire il palazzo dell'Escorial, vicino a Madrid, dove le camere da letto dei reali erano costruite in modo che loro potessero assistere alla Messa senza doversi alzare dal letto. Un fatto che la dice lunga sull'incredibile dipendenza non solo morale dei sovrani spagnoli dalla Chiesa.

17. Giovanna la Pazza da fidanzata

vero bigotta perché iperreligiosa (anche se sembra che lo fosse davvero) o quanto approfittasse delle sue esibizioni di fede solo per ragioni politiche.

Sta di fatto che nel 1492 Isabella espulse dalla Spagna i Moriscos non convertiti al cattolicesimo senza rispettare l'impegno preso con loro al momento della loro resa. E più tardi emise il famoso ordine che costrinse gli ebrei non convertiti a lasciare la Spagna e tutti i paesi sui quali la Spagna regnava. Un ordine rigido e perentorio quanto economicamente sbagliato e assurdo quanto:

«Inoltre ordiniamo in questo editto che ebrei ed ebree di qualsiasi età che risiedono nei nostri domini o territori partano con i loro figli e figlie, domestici e parenti di tutte le età alla fine di luglio di quest'anno e che non osino tornare alle nostre terre e non facciano un passo avanti per sconfinare nel modo che se un ebreo che non accetta questo editto viene trovato in questi domini o vi ritorni, sarà condannato a morte e alla confisca delle sue proprietà non dava alternative: o convertirsi, o andarsene ».

GIOVANNA LA PAZZA E SUO FIGLIO CARLO I

Giovanna fa tenerezza perché, da ragazza, deve averne viste di tutti i colori. Finché, a diciassette anni, andò spo-

18. Filippo il Bello d'Austria

sa di Filippo il Bello 1459-1528 (arciduca di Casa d'Asburgo, da non confondere con l'omonimo re di Francia), del quale fu follemente innamorata e gelosa e dal quale ebbe sei figli. Solo che nel 1502 Giovanna era rimasta a Madrid per partorire il quarto figlio (Ferdinando) e, quando decise di ripartire per raggiungere il marito, i suoi genitori glielo impedirono perché pretendevano che il piccolo fosse allevato in Spagna. Così le tolsero la scorta e le fecero trovare sbarrato il portone della fortezza di Medina del Campo, in cui alloggiava. E Giovanna cominciò a digiunare e a urlare di essere stata reclusa.

Sua madre, malgrado fosse già malata, decise di farle visita per convincerla della bontà delle scelte fatte, ma sembra che la figlia l'abbia accolta «*con epiteti così oltraggiosi e così lontani da ciò che una figlia può dire a sua madre*». Tanto che, alla fine, i Re Cattolici decisero di lasciarla partire, pur trattenendo alla corte il piccolo Ferdinando.

Ma già nel 1501 (quando Giovanna aveva 22 anni), a scanso di equivoci sua madre Isabella aveva presentato un documento in cui era scritto che *«vista la grande esperienza del suo sposo Ferdinando, lo nominava reggente a vita di Castiglia nel caso in cui Giovanna fosse stata assente, poco disposta o inadatta ad esercitare essa stessa i suoi diritti di sovrana».*

Cosicché, dopo che Isabella morì (nel 1504), Ferdinando II nel 1506 dovette lasciare che Filippo il Bello, marito di Giovanna, diventasse reggente di Castiglia con Giovanna regina. Ma poi, dopo alcuni mesi morì anche il Bello [1] e così, Ferdinando, reggente (il quale ravvisava in lei pensieri non abbastanza ortodossi e non abbastanza disposti a seguirlo nella prediletta politica di Inquisizione e dei roghi) scrisse a tutte le Corti lamentando la demenza della figlia causata dall'improvvisa morte dell'amato sposo. Così nacque la leggenda, opportunamente esaltata e diffusa, degli strani comportamenti di Giovanna, vedova inconsolabile, verso il feretro del marito, comportamenti di cui non vi è documentazione o testimonianza che non provenga dagli ambienti di corte. E Ferdinando fece rinchiudere Giovanna nel monastero della Tordesillas, lasciandole intatto il titolo ma facendola torturare dal marchese di Denia – suo ottuso carceriere per tutta la vita – per educarla al rispetto della religione cattolica che lei detestava, applicandole spesso la tortura per convertirla.

Tanto che in una lettera a Carlo V, figlio di Giovanna, il marchese di Denia scrisse: «*se vostra maestà volesse impiegare contro di lei la tortura, sarebbe sotto molti riguardi fare un servizio a Dio e nello stesso tempo fare opera buona anche con la nostra stessa regina. Le persone delle sue tendenze hanno bisogno di quella e la regina vostra nonna, puniva e trattava sua figlia, la regina nostra signora sovrana, alla stessa maniera*». Una lettera dalla quale si deduce che anche Isabella la Cattolica forse torturava sua figlia da ragazza (non si sa in che modo, ma si sa che non ottenne nulla) nonostante la propria insensata fede in Cristo e nella Madonna.

E più tardi, quando Ferdinando morì nel 1516, il primo fi-

---

1 Qualcuno pensa che sia stato avvelenato da Ferdinando

19. Carlo V imperatore

glio di Giovanna – ossia il famoso Carlo V imperatore del sacro Romano Impero (noto anche come Carlo I re di Spagna) – lasciò la madre in galera alla Tordesillas, anche se lui diventerà Arciduca d'Austria solo nel 1519 (ossia due anni dopo la pubblicazione delle famose tesi di Lutero) quando aveva diciannove anni, dopo averla visitata nel 1517 solo perchè gli occorreva la legittimazione per assumere il potere, anche se la sua età era quella di un figlio anziché quella di un re. Sta di fatto che, se non avesse lasciato la madre alla Tordesillas, lui non sarebbe mai diventato re di Castiglia (la madre morì solo tre anni prima di lui, più o meno quando lui fu costretto ad abdicare per avere gestito il proprio potere in modo poco accorto) e avrebbe incrinato per sempre il peso del potere cattolico spagnolo, perché Giovanna avrebbe chiuso l'inquisizione e azzerato il potere di Torquemada.

Dunque Ferdinando II e poi Carlo I (oppure V che dir si voglia) tolsero di mezzo la regina Giovanna senza ridurla allo stato laicale perché non potevano farlo, ma la chiusero per il tutta la vita in una stanza in un convento dove dovette persino partorìre l'ultima figlia di Filippo, Catalina.

Eppure Giovanna non si oppose ad essere usurpata da suo figlio neppure dopo la cosiddetta rivolta dei Comuneros (1521), che liberarono Giovanna, convinti del suo buono stato mentale e cercando di farla passare dalla loro parte. Solo che lei rifiutò per non porsi in contrasto con il figlio, dimostrando di non essere pazza, come scrisse a Carlo il vescovo di Tortosa precisandogli anche: «…vostra altezza ha usurpato il titolo reale e ha tenuto prigioniera a forza la regina, che è del tutto assennata, sotto il pretesto che è folle…». Finché «*molto più tardi (36 anni dopo!) il famoso imperatore Carlo V dovette abdicare, appena pochi mesi prima della morte di sua madre che, peraltro, era stata nominalmente regina di Castiglia per tutto il tempo che fu chiusa all Tordesillas col pretesto della sua pazzia: una pazzia che non ci fu mai, come è stato ampiamente dimostrato. Mentre restò davvero affezionata sia al padre che al marito e al figlio. Anche se è impossibile immaginare che cosa sarebbe stato il suo regno, se non le fosse stato impedito, data la sua antipatia per la Chiesa e per i suoi riti, a incominciare dalla confessione, in un'epoca dominata dall'inquisizione e dalla paura di chiunque manifestasse un pensiero diverso da quello del cattolicesimo più bigotto ».*[1]

Giovanna quindi fu gettata in una seconda prigionia, più dura e più crudele della precedente, sempre sotto la custodia del Denia, richiamato per l'occasione, ancora più ostile e livido per le vessazioni subite durante la rivolta. E morì il 12 aprile 1555 senza essersi confessata e senza l'estrema unzione, solo tre anni prima di Carlo V, il quale aveva dovuto abdicare a tutte le sue cariche tra il 1555 e il 1556, quasi vittima di una sua nemesi personale

Perché si dice che, diversamente da Ferdinando II, notoriamente bastardo e e attento solo ai propri interessi, Carlo non avesse perduto il senso del bene e del male. Forse perché sosteneva che il primo dovere di un re fosse quello di *sacrificar su consciencia,* perché chi non è pronto a far questo

---

1   Da «*Un enigma della Storia*», di Karl Hillebrand, pubblicato da Sellerio nel 1986

non ha diritto a governare. E c'è da domandarsi se – malgrado la sua albagia e la sua prepotenza da imperatore – l'aver tenuto sua madre rinchiusa per tutta la vita possa avergli creato un problema morale così intollerabile da decidere di ritirarsi al monastero dove morì dopo un paio d'anni.

Nel Cinquecento, Carlo fu il sovrano più importante di Europa: non solo per essere stato re di Spagna – oltre che dei suoi territori oltremare – e imperatore di mezza Europa, ma soprattutto per il ruolo che ebbe nel mondo cattolico. Perché fin dall'inizio si considerò il più strenuo difensore della Chiesa, e perché si diede l'obiettivo di unire la maggior parte dell'Europa in una monarchia universale cattolica. E per farlo dovette affrontare innumerevoli e costosissimi conflitti: almeno contro i protestanti di Martin Lutero, contro la Francia, contro i principi tedeschi protestanti e contro gli ottomani.

Furono conflitti dalla maggior parte dei quali uscì vincitore anche se, alla fine, sprecò un mare di quattrini senza combinare quasi nulla. Perchè non gli riuscì di sottomettere gli ottomani né la Francia e, soprattutto, di impedire l'affermarsi della dottrina luterana. Malgrado il suo appoggio al Concilio ecumenico di Trento, convocato nel 1545 da papa Paolo III per reagire al luteranesimo anche se non andarono d'accordo: perché l'Imperatore cercava di portare il dibattito su temi riformisti, mentre il Papa cercava invece di portarlo più su temi di carattere teologico.

Alla fine Carlo V decise di mollare tutto e abdicò, lasciando l'impero asburgico al fratello Ferdinando e la parte spagnola al figlio Filippo, fino a ritirarsi al monastero di San Jerónimo di Yuste dove morì nel 1558.

20. Il palazzo reale dell'Escorial, vicino a Madrid

FILIPPO II E L'INIZIO DEL DECLINO SPAGNOLO

Ma non basta, perché va ricordato che Giovanna fu anche la nonna di Filippo II, figlio di Carlo V, che nel 1554 sposerà Maria I d'Inghilterra (la quale, per il suo tentativo di restaurare il cattolicesimo in Inghilterra con le maniere forti, sarà chiamata Maria la Sanguinaria). S i tratta del Filippo II che regnò sulla Spagna per 42 anni, dal 1556 (l'anno successivo alla morte di sua nonna Giovanna la Pazza) al 1598, che fu il più potente re di una Spagna ricchissima per l'enorme flusso di oro e argento provenienti dall'America, ricchezze in gran parte sprecate.

Perchè Filippo II si impegnò così a fondo per la Chiesa Cattolica e per ripristinare il cattolicesimo in Inghilterra in nome di Dio e della Spagna, che spese una fortuna per creare l'Invencibile Armada, destinata a sconfiggere Elisabetta I in nome di Dio. Senza riuscirci.

21. Filippo II

Infatti il declino della Spagna iniziò nel 1590, proprio con la sconfitta di Filippo che alla fine arrivò a dire, in privato *"che la sua pretesa di conoscere la volontà di Dio era stata empietà e bestemmia"*. Anche se, per capirlo, ci aveva impiegato una vita e aveva dissestato le finanze della Spagna: qualcuno avrebbe potuto dire «*meglio tardi che mai*» e qualcun altro lo chiamò il Prudente, chissà perché.

È probabile che Giovanna, se non fosse nata erede al trono di Castiglia, sarebbe stata fatta sparire senza troppi complimenti dalla sua stessa famiglia. Ma sarebbe interessante immaginare cosa sarebbe successo se a Giovanna [1] fosse stato dato di regnare. Perché, con lei regnante, è difficile immaginare il trionfo dell'inquisizione, è impossibile credere che sarebbe stato costruito l'Escorial, così goffo e triste, pieno di ritratti di Borboni infanti, tutti bruttini e tutti eguali a se stessi, e nel modo in cui fu costruito, per non parlare della valanga di quattrini sprecata nella tragica avventura dell'Invincibile Armata.

Il giudizio storico su Filippo II è controverso. Sembra che dagli spagnoli sia ancora apprezzato, nonostante tutto, mentre per i non cattolici lo è un po' meno. In

---

1 La storia di Giovanna la Pazza merita di essere letta in qualche dettaglio e noi proponiamo di leggerla soprattutto nel libro «*Un enigma della Storia*», di Karl Hillebrand, pubblicato da Sellerio nel 1986

Italia non lo conosce quasi nessuno. Per James Johnnot [1], studioso e professore americano dell'Ottocento fu un sovrano *«vano, bigotto, ambizioso (...), senza scrupoli nella ricerca dei mezzi»*, uno che *«vietando la libertà di pensiero, pose fine al progresso intellettuale del suo paese».*

Molto si evince dallo storico italiano Gregorio Leti (1630 - 1701), una sorta di giornalista avanti lettera, che scrisse su Filippo II una monumentale biografia, una *«raccolta di quanto fin'hora s'è pubblicato dalle penne di tanti differenti Autori, espurgata al possibile dell'altrui passsioni, e ridotta in un'ordine disinteressato »* . Aggiungendo che *«lavorando con la sollecitudine del suo Spirito e del suo giudizio, molto più di quanto potevano fare gli altri Re, con il peso delle loro Armi e con la destrezze dei loro bracci, per questo forse s'è detto che dopo Davide e Salomone non vi fu Principe più prudente di questo »* [2] .Dunque, Filippo II, forse fu Prudente solo nei suo interessi. Ma il giudizio, nel suo insieme, è semplicemente tragico.

Filippo, morì nel 1598 in una cella dell'Escorial, dopo un'interminabile agonia di cinquantatré giorni, nella quale ebbe le articolazioni bloccate dalla gotta, ebbe ascessi purulenti alle gambe e al petto, il pollice della mano sinistra amputato per scongiurare la cancrena; era stato un maniaco della pulizia ma morì tra i suoi escrementi, nella sporcizia, attaccato da una miriade di pidocchi e indossando abiti ormai lerci che non si riusciva a cambiare. La sua morte fu annunciata, pubblica, seguita da prodigi celesti, e inquadrata nelle devozioni del Cattolicesimo tridentino.

---

1 Ten Great Events in History (1887)

2 Dal volume Vita del Catolico Re Filippo II., monarca delle Spagne, di Gregorio Leti, Giovanni Antonio Chouet, 1679: *la diffidenza del Re Filippo,secondo il mio parere era Virtù ancorché condannata per Vizio e tanto più che sapeva guidarla con grande prudenza e destrezza onde il Duca d'Alba che conosceva benissimo l'umore di questo suo padrone, ebbe ragione di di dire che il Re Filippo non si fidava di nessuno eppure era ben servito da tutti perchè tutti sapevano che la diffidenza lo rendeva troppo oculato verso i suo Ministri.*

Abbiamo riprodotto in appendice ua sintesi della storia della morte di Filippo II, raccontata dal Leti, come unico modo per farne una descrizione significativa.

La follia religiosa in Spagna raggiunse l'apice proprio con Filippo II, lo stesso che aveva visto l'impazzimento dei papi con la creazione del commercio delle indulgenze (col criterio del *«chi paga va in paradiso"*), arrivato a un livello tale da determinare lo scisma protestante.

I PAPI INCREDIBILI DEL CRISTIANESIMO ITALIANO DEL '500

L'inquisizione fu il periodo in cui la Chiesa Cattolica raggiunse il suo massimo splendore, insieme alla sua massima arroganza e all'inizio del suo declino a causa delle famose 95 tesi scritte da Martin Lutero nel 1517, quando Giovanna, per una strana nemesi, viveva rinchiusa alla Tordesilla e Carlo V aveva anni ed era stato incoronato Re di Spagna da un solo anno.

E va notata l'assurda, inutile pretesa di papa Clemente VII, (Giuliano de' Medici), il quale – pur non potendo ignorare lo scisma luterano del 1517 già avvenuto – nel 1532 rifiutò di annullare il matrimonio tra Enrico VIII Tudor e Caterina d'Aragona, senza capire che avrebbe potuto perdere ogni potere su un'Inghilterra che in fondo non voleva staccarsi. Forse perché non si era reso conto di quanto avrebbe potuto pesare sul futuro della Chiesa la critica di Lutero, evidentemente fraintesa dal papa che – senza minimamente considerare se avesse un valore positivo anche per lui – la contrastò con un'inutile minaccia di scomunica se non l'avesse ritirata.

È possibile che, fin da quando era entrato come monaco

22. Martin Lutero

nell'ordine degli eremiti agostiniani – come scriverà più tardi – Lutero fosse tormentato dai concetti di peccato e di "*giustizia di Dio*", finché concluse che per la salvezza dell'anima non erano necessari particolari meriti oltre al credere in Dio e all'abbandonarsi alla sua azione salvifica. Con buona pace per l'ossessione dei peccati trasmessa dai vangeli e ossessivamente ribadita dalla Chiesa Cattolica con la pratica della confessione.

Perché Lutero non protestava solo per ragioni fiscali, anche se era raccapricciato dalla pratica cattolica di sostituire con pagamenti in denaro (la vendita delle indulgenze) le pene canoniche (digiuni e penitenze varie) escogitate nel passato dalla Chiesa per perdonare i peccati dei penitenti. Dove la Chiesa aveva calcolato il costo delle indulgenze in base a tariffe modulate secondo la natura del peccato e la classe sociale del peccatore. E dove Lutero sostenne «*che quando il papa parla di remissione plenaria di tutte le pene non intende tutte, ma solo quelle imposte da lui*». Perché, nonostante ogni confessione, nessuno fa davvero conoscere i propri peccati ad altri. E arrivò a dire «*che se mai può essere concessa a qualcuno la completa remissione di tutte le pene, è certo che essa può essere data solo ai perfettissimi, cioè a pochissimi*». In altre parole, «*è inevitabile che la maggior parte del popolo sia ingannata da tale indiscriminata e pomposa promessa di liberazione della pena*». Erano conclusioni di buon senso, anche se la Chiesa non se ne curava.

Eppure quando Lutero incontrò Carlo V a Worms nell'aprile 1521 – Carlo V aveva solo 21 anni, era stato educato al totale rispetto della Chiesa Cattolica ed era la più alta autorità cattolica che Lutero abbia mai incontrato – non raggiunsero il minimo accordo, come se Carlo non avesse un briciolo di quell'intelligenza e di quello spirito critico di cui era dotata sua madre, tanto da essere considerata "*pazza*". Così Carlo respinse ogni argomento di Lutero e lo definì eretico senza scampo, solo a causa di una fede cieca gli impediva di capire gli argomenti dell'altro. Così terminò sul nascere ogni possibilità di colloquio, Lutero fu condannato per eresia e renso pubblicamente degno dell'inferno insieme ai suoi seguaci. E così furono create le premesse a tutte le guerre di religione successive.

Quattro secoli dopo, nel 1883, la beata suora Maria Serafina Micheli (1849-1911) si trovò a passare per Eisleben, in Sassonia, città natale di Lutero. Dove le apparve il suo angelo custode che le disse «*Voglio farti vedere il luogo dove Martin Lutero è condannato e la pena che subisce in castigo del suo orgoglio*». Dopodiché vide un'orribile voragine di fuoco, in cui venivano crudelmente tormentate un incalcolabile numero di anime. E nel fondo di questa voragine c'era un uomo, Martin Lutero, che si distingueva dagli altri perché era circondato da demoni che lo costringevano a stare in ginocchio mentre tutti, muniti di martelli, si sforzavano invano di conficcargli nella testa un grosso chiodo. [1]

C'è da domandarsi se, data l'eternità dell'inferno garantita per dogma, la condanna di Martin Lutero sia stata più severa di quella riservata ai demoni che passeranno l'eternità a cercare di ficcargli un chiodo nel cranio senza mai riuscirci, mentre nel frattempo i rapporti tra cattolici e lu-

---

1 Scritto da Don Marcello Stanzione, Pubblicato sul sito della Milizia di San Michele Arcangelo nell'ottobre 2017

terani si sono tanto ammorbiditi da far pensare che, presto o tardi, Lutero non sarà più all'inferno: solo perchè lui non sarà più considerato eretico dai cattolici.

Invece, quanto alla riforma protestante, il prof. Corrado Gnerre, Presidente della Confederazione Civiltà Cristiana, ha scritto così:

«Che la Chiesa del tempo non navigasse in buone acque, è vero. Era quello un periodo assai triste e non era raro trovare cardinali e prelati che preferissero la lettura di Orazio e Seneca piuttosto che delle Scritture. Ma Lutero era fin troppo intelligente per non poter capire che la possibile non santità degli uomini di Chiesa non compromette la santità della Chiesa stessa. Lo aveva capito San Francesco, certamente più sapiente di Lutero ma indubbiamente meno colto, figuriamoci se non lo poteva capire lui, il monaco che tradurrà l'intera Bibbia in tedesco moderno. Tanto lo poteva capire che quando nel 1510 andò a Roma, da novizio, non si scandalizzò della corruzione nei sacri palazzi e concluse così come dovrebbe saper concludere ogni cristiano: un conto è la fallibilità degli uomini, un altro la santità della Chiesa. Ma poi, dopo l'affissione delle 95 tesi, iniziò ad affermare che il Vescovo di Roma (cioè il Papa) era un "anticristo", e ciò indipendentemente dal comportamento, degno o indegno che fosse. Insomma, è Lutero stesso a dirlo: non faccio quello che faccio perché scandalizzato da monsignor Tizio o da monsignor Caio, ma perché la Chiesa così com'è non è la chiesa di Cristo.» [1]

Dopo lo scisma, le chiese protestanti abolirono la confessione. Invece la Chiesa Cattolica, dopo il Concilio di Trento (terminato nel 1563), anche per via del terribile contributo di papa Paolo IV Carafa, che con la Controriforma cercò di ribadire l'autorità del pontefice e della dottrina cattolica, la validità dei sette sacramenti, delle indulgenze e l'esistenza del Purgatorio (sempre dimenticando che nessuno l'aveva mai conosciuto). E, subito dopo, creò l'Indice dei libri proibiti, che procurò nel po-

---

1 Articolo Motivazioni e moventi veri di Lutero, da Totus Tuus del 3 nov. 2016

polo romano al papa un rancore tale che, dopo la sua morte, la sua statua in Campidogliofu decapitata. L'indice fu abolito quattro secoli dopo, nel 1966. O meglio, ne fu abolita solo la perdita del suo valore giuridico, poiché – si legge – «*l'Indice rimane moralmente impegnativo, in quanto ammonisce la coscienza dei cristiani a guardarsi, per una esigenza che scaturisce dallo stesso diritto naturale, da quegli scritti che possono mettere in pericolo la fede e i costumi*». Davvero pazzi, che misero all'indice persino Cesare Beccaria.

Quanto al Purgatorio, sembra abbastanza ovvio che molti cristiani ne abbiano immaginato l'esistenza, perché è difficile immaginare che non ci siano alternative tra un inferno di pena assoluta e un Paradiso di beatitudine. Tuttavia il dogma del Purgatorio, che risale al Concilio di Trento, suona così:

«Se qualcuno afferma che a qualsiasi peccatore pentito dopo che ha ricevuto la grazia della giustificazione, viene rimessa la colpa e cancellato il debito della pena eterna in modo tale che non gli rimane alcun debito di pena temporale da scontare o in questa vita o in quella futura in purgatorio, prima che gli siano aperte le porte del regno dei cieli: sia anatema»

Di conseguenza, chi non crede al Purgatorio, per dogma *è un eretico e va all'Inferno.*

Così spiegò la Chiesa Cattolica, con una buonafede maledettamente simile a una totale malafede, oppure in un tragico equivoco delle cui conseguenze nessuno evidentemente si rese mai conto. Forse, per una totale incapacità di capire cosa significasse lo scisma. Perché la faccenda più tragica fu lo scatenamento delle guerre di religione tra cattolici e protestanti, a incominciare dalla guerra dei trent'anni, uno dei conflitti più lunghi e distruttivi della storia europea, che coinvolse soprattutto il nord Europa, che incominciò nel 1614 e terminò nel 1648 dopo aver massacrato milioni di civili soprattutto in Centro Europa.

Una guerra iniziata tra gli Stati protestanti e quelli cattolici nel frammentato Sacro Romano Impero, ma pian piano sempre più generale, coinvolgendo la maggior parte delle potenze europee, perdendo sempre di più la connotazione religiosa, per diventare la continuazione della rivalità franco-asburgica per l'egemonia sulla scena europea. Da notare che la Francia, malgrado Armand du Plessis de Richelieu – suo primo ministro – fosse un cardinale cattolico, iniziò la sua partecipazione alla guerra appoggiando finanziariamente i principi protestanti, per cercare di indebolire gli Asburgo che controllavano la corona spagnola e quella imperiale e che possedevano direttamente molti territori nei Paesi Bassi e sul confine orientale francese: finché, più tardi, andò in appoggio ai principi protestanti per aumentare il potere dei Borbone di Francia.

Sembra evidente che la Chiesa – condizionata dal suo potere temporale, dal dover gestire uno Stato il cui papa era sovrano assoluto – non poteva tornare alle origini del Cristianesimo e men che meno alla predicazione di Yeshua. E che non pensasse neppure di poter fare qualcosa del genere.

Non è un caso che, per millenni, la Chiesa si sia imposta contro tutti i suoi pretesi nemici, condannando tutti i Giordano Bruno, i Galileo, gli Enrico VIII, i Voltaire, i Pascal e i Cavour che, per qualche motivo, di sentivano indipendenti, anche quando erano stati condizionati in modo così profondo da *"doversi convertire"*, magari solo in punto di morte e solo per «*salvare la propria anima*», qualunque cosa ciò volesse dire. Condizionando pesantemente tutti gli intellettuali in cui si è imbattuta e i Paesi cattolici sui quali ha esercitato il suo potere, a incominciare dall'Italia.

Si racconta che, all'inizio della controriforma, a Milano il cardinale arcivescovo Carlo Borromeo richiedesse che in occasione della comunità pasquale ogni singolo fedele lasciasse sull'altare un *"pollizzino"*, ossia una cedola di carta con il proprio nome, per individuare chi non si comunicava e chi non si confessava [1]. Ma non basta, perché si sa che all'inizio dell'Ottocento, in Piemonte, sotto il regno di Carlo Alberto, tra i documenti da allegare alla domanda per essere ammessi a un'università doveva esserci una dichiarazione di comportamento religioso ineccepibile, sottoscritta dal proprio parroco.

Le conseguenze di queste stranezze sono difficili da approfondire. E la Chiesa, dopo aver avuto papi libertini e forniti di figli più o meno bastardi, papi morti per incontinenza alimentare e per malattie veneree come la sifilide, finì per rimanere incastrata dal suo silenzio e dalla sua complicità con i preti pedofili, risalenti a chissà quando ma sempre accuratamente nascosti. Finché ha potuto, o almeno finché la pedofilia non ha incominciato a coinvolgere prelati troppo elevati da poter essere ignorati: non solo in Italia ma dappertutto. E finché un papa non fu costretto a prendere una posizione decisa.

Non stupisce che ai giorni nostri, per quanto sia ancora un sacramento della Chiesa Cattolica, la confessione non abbia più l'importanza del passato neppure nei paesi cattolici, rispetto a quando – in certi luoghi come la Spagna cattolica e lo Stato della Chiesa – senza una confessione regolare non si poteva lavorare e si rischiava il bando.

Incredibile che mai, prima d'ora, la Chiesa Cattolica sembri essersi posta davvero il problema di come cercare nuovamente l'ispirazione iniziale, invece di trincerarsi dietro i limiti delle proprie ristrettissime vedute.

---

1   da Roberto Rusconi, «*Ordini medievali del peccato*»

COPERNICO E L'INIZIO DELLE RIVOLUZIONI

LA RIVOLUZIONE COPERNICANA

Poi, a un certo punto, a scombinare ogni cosa arrivò Nikolaus Copernico: un incredibile genio matematico, con una curiosità scientifica e una capacità paragonabili a quella di Einstein, un uomo la cui vita si sviluppò in modo tale da impadronirsi della miglior cultura dei tempi.

Copernico, oltre ad essere un genio, aveva studiato astronomia all'università di Cracovia e poi anche all'università di Bologna dove fu allievo di Domenico Maria Novara, astronomo celebre. E, chissà perché, ad un certo punto riprese la teoria tolemaica eliocentrica proposta duemila anni prima da Aristarco da Samo. E, studiando come funzionasse il moto degli astri, capì che il concetto tolemaico della centralità della Terra nell'universo era sbagliato. E concepì un nuovo universo il cui centro era il sole, elaborando la sua teoria con una complessa costruzione matematica, pur senza poter portare nessuna dimostrazione sperimentale perché il cannocchiale non era stato ancora inventato. La conclusione fu un libro, «*De revolutionibus orbium coelestium*», in sei volumi, pubblicato il giorno della sua morte nel 1543. Un teologo luterano (Andrea Osiander) gli aveva scritto una prefazione nella quale affermava che qualcuno (ossia la Chiesa, che sosteneva il sistema Tolemaico), di fronte a questa novità, avrebbe potuto risentirsi: ma l'autore non aveva nulla da temere perché la sua era solo un'ipotesi non dimostrabile, non sostenuta da una verifica sperimentale e troppo difficile da capire da qualsiasi profano. Tanto che il libro non fu neppure messo all'indice.

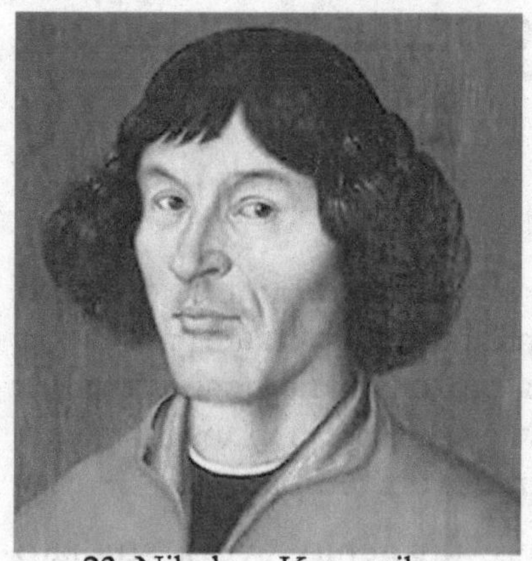

23. Nikolaus Kopernikus

Il fatto è che nel Cinquecento l'universo era ancora rappresentato dal Sistema Tolemaico per il quale ogni pianeta si muoveva su una sfera – l'epiciclo – il cui centro era trascinato dal moto circolare di un'altra sfera, detta deferente, indipendente e concentrica alla Terra, considerata immobile al centro dell'universo. Venere e Mercurio non si allontanavano mai oltre una certa distanza dal Sole, così i due pianeti si trovavano sempre sotto l'orbita solare. La sfera più esterna – detta anche firmamento – era quella delle stelle fisse, che giravano intorno alla Terra in 24 ore, tutte insieme e senza spostarsi mai, una rispetto all'altra: da cui la necessità che fosse fatta di materiale solido. E doveva avere un diametro piuttosto piccolo, perché altrimenti avrebbe dovuto ruotare intorno alla Terra ad una velocità tale da essere inconcepibile perfino per quei tempi. Incredibile che l'unica nostra finestra sull'infinito fosse considerata tanto piccola, solida e limitata, ma fu così fino a Giordano Bruno.

Invece la teoria di Copernico toglieva all'uomo il diritto di considerarsi al centro di tutto solo per motivi matematici, mentre si pretendeva che fosse per motivi di fede.

Anche se l'insieme, più complesso di quanto si potesse dedurre dalla Genesi, tutto sommato non la contraddiceva, tenuto conto della sua dose di mito. Quindi avrebbe potuto andare bene anche alla Chiesa. Anche se, all'esterno del firmamento e del «*primo mobile*» che teneva in movimento l'insieme, si credeva ci fosse l'Empireo, il più alto dei Cieli, perfetto e incorruttibile, «*composto di materia eterna, immutabile, unico e completo, senza spazio, né vuoto, né tempo al di là di esso*», dove alloggiavano il paradiso e Dio: un luogo trascendente degno di lui, della sua corte e dei suoi santi, al difuori e al disopra di tutti i mondi conosciuti.

E quando la scoperta dell'America dimostrò la sfericità della Terra, rendendo improbabile che la volta celeste vi si potesse appoggiare sopra e rendendo poco credibile che il sole e i pianeti potessero uscire e rientrare attraverso dei varchi privi di senso, curiosamente non ne derivò nessun ripensamento astronomico, anche se aveva fatto sparire l'empireo senza che nessuno si fosse offeso.

LA FILOSOFIA COPERNICANA DI GIORDANO BRUNO

L'apertura scientifica «*ante litteram*» di Copernico arrivò nel 1543, sessant'anni dopo la scoperta dell'America e ventisei anni dopo Lutero. Eppure la rivoluzione non fu tanto dovuta a lui, quanto a Giordano Bruno e a Galileo Galilei. Perché Copernico aveva avuto solo un'intuizione sostenuta da calcoli matematici: più o meno come ferà Einstein all'inizio del Novecento con la teoria della relatività (confermata nei fatti solo dopo decenni) e con quella delle onde gravitazionali (confermata nei fatti solo dopo un secolo).

Dunque, l'apertura di Copernico non fece scalpore anche perché la sua teoria, pubblicata in termini astratti nell'anno della sua morte, non era stata diffusa gran-

ché e non era stata presa sul serio. E Copernico, malgrado avesse capito che era la Terra a girare intorno al Sole e non viceversa, per prudenza aveva creato un modello in cui le stelle fisse si trovavano incastrate in una sfera di piccolo diametro, analoga a quella di Tolomeo.

24. Giordano Bruno

Solo che il valore della rivoluzione copernicana fu colto da Giordano Bruno, uno strambo italiano, un filosofo pazzoide, incredibilmente convinto del proprio diritto di pensare come gli pareva, pur essendo un frate domenicano in piena Controriforma. Ma Giordano Bruno non era interessato tanto al lavoro di Copernico, quanto alle conseguenze filosofiche della liberazione delle stelle. Perché, una volta capito che non era il firmamento a ruotare intorno alla Terra – visto che a ruot are era proprio la Terra – la rotazione del cielo diventava solo apparente e la posizione delle stelle fisse, insieme alla loro distanza dalla Terra, era qualcosa che non ci riguardava. E Bruno immagina un universo infinito, senza centro né confini né empireo, mentre la Terra diventa un pianeta qualunque e l'antropocentrismo diventa in un'illusione.

« L'autore, si voi lo conoscete, direste ch'ave una fisionomia smarrita: par che sii in contemplazione delle pene dell'inferno, par sii stato alla

pressa come le barrette: un che ride sol per far come fan gli altri: per il più lo vedrete fastidito e bizzarro, non si contenta di nulla, ritroso come un vecchio d'ottant'anni, fantastico com'un cane ch'ha ricevute mille spellicciate, pasciuto di cipolla ».

Nel 1584 Giordano Bruno, che scriveva in un italiano illeggibile ma proponeva un mare di idee originali, pubblicò *«De la causa, principio et uno, de l'infinito universo et mondi»* sostenendo l'infinità dell'universo *«in quanto effetto di una causa infinita».* Ed elaborò una teoria secondo la quale l'anima del mondo si identificava con la sua forma, la cui prima e principale facoltà era l'intelletto universale. Il quale, per Bruno, era il *«principio formale costitutivo de l'universo e di ciò che in quello si contiene »*, mrntre la forma era solo il principio vitale, l'anima delle cose.

Per Bruno, tutta la materia è vita e la vita è nella materia infinita. Quindi Dio non può essere al di fuori della materia, semplicemente perché non esiste nulla di *«esterno»* alla materia: dunque, essendo nella materia è anche dentro di noi. **Un concetto che fa equivalere vita e materia,** al punto che se invece di *«vita»* si leggesse *«energia»*, Bruno sembrerebbe un precursore di Einstein: perché solo con Einstein incominciò a sparire l'antica, assoluta certezza che materia ed energia fossero del tutto antitetiche e non trasformabili una nell'altra.

IL DIO DI GIORDANO BRUNO

Il Dio di Giordano Bruno supera ineffabilmente la natura, quindi è trascendente; ma nello stesso tempo è immanente, in quanto anima del mondo: così, Dio e Natura sono un'unica realtà panteistica di pensiero e materia, in cui dall'infinità di Dio si evince l'infinità del cosmo, e quindi la pluralità dei mondi, l'unità della sostanza, l'etica degli «eroici furori». Così Giordano Bruno ipotizza un Dio Natura sotto le spoglie dell'Infinito, essendo l'infinitezza la caratteristica fondamentale del divino. E nel dialogo «De l'infinito, universo e mondi», fa dire a Filoteo:

« Io dico Dio tutto Infinito, perché da sé esclude ogni termine ed ogni suo attributo è uno e infinito; e dico Dio totalmente infinito, perché lui è in tutto il mondo, ed in ciascuna sua parte infinitamente e totalmente: al contrario dell'infinità de l'universo, la quale è totalmente in tutto, e non in queste parti (se pur, referendosi all'infinito, possono esse chiamate parti) che noi possiamo comprendere in quello» [1]

25. George Abbot

Il povero pazzo Giordano Bruno era così convinto delle sue idee, da cercare di diffonderle viaggiando per l'Europa, incluse Oxford e Londra, inclusa la corte della Regina Elisabetta, la Francia, la Germania fino a Praga e la Svizzera. E ottenendo una mole incredibile di insuccessi: perché era troppo originale, quindi non fu capito da nessuno e fu scomunicato dalle confessioni europee, cattolica, calvinista e luterana. Perché Bruno ebbe il torto di sostenere Copernico al di là di Copernico stesso: tanto che a Oxford, dove Bruno aveva tenuto alcune lezioni su Copernico, nel 1604 il futuro arcivescovo di Canterbury George Abbot che lo aveva ascoltato, scrisse:

«Quell'omiciattolo italiano [...] intraprese il tentativo, tra moltissime altre cose, di far stare in piedi l'opinione di Copernico, per cui la Terra gira e i cieli stanno fermi; mentre in realtà era la sua testa che girava e il suo cervello che non stava fermo ».

------

1   *(Giordano Bruno, De infinito, universo et mondi)*

L'ottuso, ignorante, arrogante e presuntuoso arcivescovo di Oxford era anglicano e non cattolico, ma il problema toccava anche lui. E ciò che scrisse fu solo una pietra, basata sulla consueta confusione tra il credere e il sapere, ignobilmente scagliata contro Bruno, quattro anni dopo che era stato arso vivo, *«dimostrando»* a tutto il mondo di avere avuto un torto imperdonabile: quello di avere compreso una verità che tutti gli altri si ostinavano a negare.

LA TRAGEDIA DI GIORDANO BRUNO

Giordano Bruno, malgrado gli insuccessi raccolti in Europa, aveva numerosi allievi che credevano in lui. E nel 1592 uno di questi, il conte veneto Giovanni Francesco Mocenigo, lo aveva invitato a Venezia per imparare le sue tecniche sulla memoria. Ma dopo un paio di mesi di soggiorno a Venezia, quando Bruno decise di tornare in Germania per far stampare le sue opere, Mocenigo cercò di fermarlo e, non riuscendoci, lo denunciò all'Inquisizione accusandolo di blasfemia e di eresia, di non credere nella Trinità divina e nella transustanziazione, di credere nell'eternità del mondo e nell'esistenza di mondi infiniti, di praticare arti magiche, di credere nella metempsicosi, di negare la verginità di Maria e le punizioni divine.

GIOVANNI MOCENIGO CONTRO GIORDANO BRUNO

«Venezia, 23 maggio 1592. Giovanni Mocenigo all'Inquisitore di Venezia... Denuncio, per obbligo della mia coscienza e per ordine del mio confessore, di aver sentito dire a Giordano Bruno che è bestemmia grande quella dei cattolici di dire che il pane diventa carne; che lui è nemico della Messa; che nessuna religione gli piace; che Cristo fu un tristo figuro; e che faceva miracoli apparenti; e ch'era un mago. Ha detto che la Vergine non può aver partorito; che la nostra fede cattolica è tutta

piena di bestemmie contro la maestà di Dio; che bisognerebbe togliere la parola e i soldi ai frati perché imbrattano il mondo; che sono tutti asini; e che le nostre opinioni sono dottrine da asini... Di tutto questo ho voluto dar conto a Voi Padre Molto Reverendo perché giudichi del fatto, secondo prudenza e secondo la vostra santa mente....»

Bruno, durante il processo, ritrattò un poco, ma mai abbastanza. E, pur essendo solo un filosofo, fu trattato come un assassino perché in realtà era molto peggio: era un eretico, anzi un libero pensatore. Fu rinchiuso nelle carceri romane del Palazzo del Sant'Uffizio per sette (7!) anni, solo perché aveva espresso le sue idee. E, alla fine, dopo essere stato a un punto da ritrattare, ebbe un'ennesima crisi di follia e dichiarò di non avere nulla di cui doversi pentire, quasi condannandosi a morte da solo, come se il suo martirio potesse servire a qualcosa o a qualcuno. Tanto che, dopo la lettura della sentenza, disse in latino: *«Maiori forsan cum timore sententiam in me fertis quam ego accipiam»* (*«Forse tremate più voi nel pronunciare contro di me questa sentenza che io nell'ascoltarla»*). Ma lo disse a un tribunale di pazzi.

Giordano Bruno fu arso vivo a Roma, in piazza Campo dei Fiori, l'8 febbraio 1600. La sua fine fu atroce, oltre ogni immaginazione. Un orrore del quale il vertice della Chiesa non si curò neanche nei secoli successivi. Non lo trascriviamo qui per non trasmetterne il raccapriccio. Chi vuole, può trovare i dettagli su Internet.

La sua colpa era stata soprattutto di non aver negato ciò che pensava. E la Chiesa l'aveva affrontato con l'arroganza derivante dalla radicata convinzione di aver ragione, quali che fossero i suoi motivi di fede. E con l'altrettanto radicata convinzione di poter mettere sotto processo chiunque non rispettasse pedissequamente la sua linea di pensiero. E lo fecero di nuovo i gesuiti di Civiltà Cattolica, con altrettanta stupida arroganza, nel 1888 [1].

GALILEO E L'INIZIO DELL'ASTRONOMIA SPERIMENTALE

Dunque, nell'anno 1600, con Giordano Bruno la Chiesa aveva stravinto. Ma il caso volle che, appena dieci anni dopo, tutto sia stato messo di nuovo in discussione da Galileo Galilei che, quando fu informato dell'esistenza di un cannocchiale costruito in Olanda, ne acquistò uno e poi lo puntò sul cielo. Così nel 1610 ossia cinquantasette anni dopo la pubblicazione del libro di Copernico, osservando Giove con il suo cannocchiale, ne scoprì i satelliti fino a quando vide quelle che credeva fossero tre piccole stelle vicine a Giove e poi, la notte seguente, quando ne individuò una quarta e scoprì che le altre si erano spostate. Nelle notti successive notò che la loro posizione rispetto a Giove mutava continuamente: a volte precedevano Giove, a volte lo seguivano, ma sempre ad intervalli uguali e senza allontanarsi mai dal pianeta oltre un certo limite, caratteristico di ognuna di loro. Finché, dopo aver fatto 65 (sessantacinque!) osservazioni, concluse che si trattava di piccoli astri in orbita attorno al pianeta e ne dedusse che fossero satelliti di Giove. Galileo li chiamò *«Astri Medicei»* (in onore di Cosimo II de Medici) e riportò la notizia della scoperta nel suo *«Sidereus Nuncius»*.

E, quanto al resto, Galileo si era accorto che Venere – diversamente da Marte, Giove e Saturno – in certi momenti si vedeva pienamente illuminata dal Sole mentre più spesso si presentava come una falce, simile alle falci lunari: una falce che, a occhio nudo, non si poteva

---

1 Vedere allegato 1

vedere. A questo si dovevano aggiungere due altri fatti. Il primo era che Venere non si allontana mai più di tanto dal Sole, mentre gli altri pianeti spaziano per tutta l'eclittica. Il secondo era che, quando Venere era *«piena»*, sembrava più piccola di quando si mostrava come falce; e sembrava tanto più grande quanto più la falce era sottile, per poi scomparire a ponente e riapparire a levante: con la falce tanto più sottile quanto più Venere era lontana dal Sole, e sempre restando rivolta verso di esso in un modo del tutto simili alle fasi della luna, ma impossibile a spiegarsi con il sistema tolemaico.

La conclusione poteva essere una sola: sia la Terra che Venere girano intorno al Sole *«fisso nel cielo»*, ma Venere gira su un'orbita più piccola. E, quando si vede *«piena»* e piccola vuol dire che è *«dietro al Sole»* e quindi è molto lontana, mentre quando sembra una falce grande e sottile, vuol dire che è davanti al Sole e quindi è più vicina. Finché è tanto vicina al Sole da esserne nascosta, proprio come succede con la Luna.

Poi scoprì che la Via Lattea non era una nebulosa ma un ammasso di stelle e poi fece un'infinità di osservazioni sulla Luna, sulle fasi di Venere e su Giove, osservazioni che ribaltarono la cultura astronomica di quei tempi anche perché, da quel momento in poi, furono alla portata di chiunque possedesse un cannocchiale.

Galileo, alla fine delle sue ricerche, quando fu certo di non essersi sbagliato, l'11 dicembre 1610 annunciò la clamorosa scoperta a Giuliano de' Medici, ambasciatore toscano a Praga, mascherandola con un rompicapo in latino: *«Mater Amorum aemulatur Cinthyae figuras»*. Che vuol dire: *«La madre degli amori (cioè Venere) imita le forme di Cinzia (cioè la Luna)»*. In più, completò la frase con un anagramma: «*Haec immatura a me frustra leguntur oy*» (che significava «*Queste cose premature sono da me dette invano*»). Le due frasi confusero Giuliano dè Medici che le mandò a Keplero per farsi aiutare a decifrarle. Ma anche Keplero non ne venne a capo finché un paio di mesi dopo Galileo, sempre più convinto di avere ragione, li spiegò unendo anche i disegni che mostravano cosa aveva visto. E ciò significava che Venere girava intorno al Sole, al quale era più vicina di quanto non fosse la Terra.

Non era roba da poco, la faccenda fece scalpore, tutta l'Europa colta ne parlò. E, contrariamente a Giordano Bruno, che filosofeggiava partendo dalle intuizioni di Copernico, Galileo non fu deriso perché era noto come scienziato, oltre che come filosofo. E, soprattutto, portava la prova sperimentale che Copernico aveva ragione, anche se erano passati solo dieci anni dal rogo di Bruno e solo sei da quando Bruno era stato sbeffeggiato dall'arcivescovo di Canterbury.
Tanto bastò a far mettere all'indice il libro di Copernico e a processare Galileo per eresia, ma anche a demolire per sempre il sistema Tolemaico.

GALILEO DIFFONDE LE SUE SCOPERTE E SI METTE NEI GUAI

Naturalmente Galileo, per essere sicuro, aveva ripetuto le sue osservazioni molte volte, e solo dopo aveva osato rivelare le sue scoperta a qualcun altro, sapendo bene che rischiava un'accusa di eresia per aver contraddetto le Sacre Scritture, perché le sue osservazioni dimostravano che il centro dell'universo non era la Terra ma il Sole.

Il metodo di Galileo [1]

« Il metodo che seguiremo sarà quello di far dipendere quel che si dice da quel che si è detto, senza mai supporre come vero quello che si deve spiegare. Questo metodo me l'hanno insegnato i miei matematici, mentre non è abbastanza osservato da certi filosofi quando insegnano elementi fisici... Per conseguenza quelli che imparano, non sanno mai le cose dalle loro cause, ma le credono solamente per fede, cioè perché le ha dette Aristotele. Se poi sarà vero quello che ha detto Aristotele, sono pochi quelli che indagano; basta loro essere ritenuti più dotti perché hanno per le mani un maggior numero di testi aristotelici[...] Che una tesi sia contraria all'opinione di molti, non m'importa affatto, purché corrisponda alla esperienza e alla ragione. »

Ovviamente, la scoperta di Galileo allarmò la Chiesa, anche perché poteva dar valore alle follie di Giordano Bruno, quelle che sperava di avere eliminato per sempre col rogo di Campo de' Fiori. E così la Chiesa processò Galileo, malgrado nel frattempo fosse diventato papa – col nome di Urbano VIII – proprio il cardinale Maffeo Barberini, vecchio amico e grande estimatore di Galileo. Finché, nel maggio 1616, il cardinale gesuita Roberto Bellarmino gli scrisse come *«la dottrina attribuita al Copernico,... contraria alle Sacre Scritture, ... non si può difendere né tenere »*.

La condanne di Galileo e la statua di G. Bruno

Il nocciolo del problema era che la Chiesa sosteneva la *«verità indiscutibile»* di una frase scritta nella Bibbia e rifiutava qualunque ragionamento basato su scoperte sperimentali. E, di fronte alle sacre scritture, rinunciava a priori di usare ogni logica. Così, alla fine la Chiesa finì per condannare Galileo, costringendolo a rimangiarsi le

---

1 Introduzione di Galileo all'Università di Pisa. Tratta da Pio Paschini, *«Vita e Opere di Galileo Galilei»*, Città del Vaticano, Casa Editrice Herder, 1965

proprie scoperte. E facendo insieme tre tragici errori.

- Il primo fu quello di credere che le ritrattazioni di Galileo avrebbero tolto valore alle sue scoperte scientifiche, senza capire che, una volta che queste erano state divulgate, qualcun altro le avrebbe prese come punto di partenza per i suoi studi: in altre parole, ormai il «*danno*» era fatto e non poteva più essere riparato. Perché veniva da una sperimentazione. E, poco più di un secolo dopo la scoperta dell'America, questa era la seconda volta che il «*sapere*» sperimentale prevaleva sul «*credo*» religioso.
- Il secondo fu quello di credere che le verità scoperte da Galileo potessero essere annullate d'imperio, come se la colpa di averle scoperte fosse di Galileo, mentre era del cannocchiale. In altre parole, visto che ormai il cannocchiale esisteva e funzionava, era ovvio che si sarebbe diffuso e sarebbe stato migliorato, permettendo osservazioni sempre più precise.
- Il terzo era che nessuna religione, impegnata a diffondere un messaggio di amore per duemila anni, poteva permettersi di punire un uomo capace di battersi per le sue scoperte, tanto più se queste erano serie e documentate.

La vicenda, finita nel modo più tragico per Bruno, si concluse meglio per Galileo, condannato dopo la morte di Bellarmino che aveva capito e l'aveva assolto. Galileo ritrattò in parte le sue conclusioni e finì in una sorta di ergastolo domiciliare – assistito da una figlia monaca finché visse – fino a quando morì nel 1642. Anche se l'abiura che fece Galileo nel 1633, umiliato in ginocchio e vestito di sacco, fa davvero rabbrividire. Bellarmino era morto da tempo, nel 1621, ma papa Urbano VIII morirà 7 anni dopo, nel 1640. Quindi l'ottusità istituzionale della Chiesa, che condannò Galileo nonostante ogni evidenza scientifica, ricade totalmente su di lei.

L'ABIURA DI GALILEO

Io Galileo, fig.lo del q. Vinc.o Galileo di Fiorenza, dell'età mia d'anni 70, constituto personalmente in giudizio, e inginocchiato avanti di voi Emin.mi e Rev.mi Cardinali, in tutta la Republica Cristiana contro l'eretica pravità generali Inquisitori; avendo davanti gl'occhi miei li sacrosanti Vangeli, quali tocco con le proprie mani, giuro che sempre ho creduto, credo adesso, e con l'aiuto di Dio crederò per l'avvenire, tutto quello che tiene, predica e insegna la S.a Cattolica e Apostolica Chiesa. Ma perché da questo S. Off.o, per aver io, dopo d'essermi stato con precetto dall'istesso giuridicamente intimato che omninamente dovessi lasciar la falsa opinione che il sole sia centro del mondo e che non si muova e che la terra non sia centro del mondo e che si muova, e che non potessi tenere, difendere ne insegnare in qualsivoglia modo, ne in voce ne in scritto, la detta falsa dottrina, e dopo d'essermi notificato che detta dottrina è contraria alla Sacra Scrittura, scritto e dato alle stampe un libro nel quale tratto l'istessa dottrina già dannata e apporto ragioni con molta efficacia a favor di essa, senza apportar alcuna soluzione, sono stato giudicato veementemente sospetto d'eresia, cioè d'aver tenuto o creduto che il sole sia centro del mondo e imobile e che la terra non sia centro e che si muova; Pertanto volendo io levar dalla mente delle Eminenze V.re e d'ogni fedel Cristiano questa veemente sospizione, giustamente di me conceputa, con cuor sincero e fede non finta abiuro, maledico e detesto li sudetti errori e eresie, e generalmente ogni e qualunque altro errore, eresia e setta contraria alla S.ta Chiesa; e giuro che per l'avvenire non dirò mai più ne asserirò, in voce o in scritto, cose tali per le quali si possa aver di me simil sospizione; ma se conoscerò alcun eretico o che sia sospetto d'eresia lo denonziarò a questo S. Offizio, o vero all'Inquisitore o Ordinario del luogo, dove mi trovarò.

Il cardinale Roberto Bellarmino nel 1627 divenne oggetto di un lunghissimo processo di santificazione, che si concluse con nel 1930, dopo tre secoli, durante il pontificato di Pio XI, il papa del Concordato tra Chiesa e Stato italiano. E tre anni dopo, nel 1933, gli fu dedicata la parrocchia di piazza Ungheria, a Roma, nel cuore del quartiere Parioli. É la parrocchia di cui divenne

26. Giordano Bruno il monumento

titolare Jorge Mario Bergoglio, anche lui gesuita, da quando fu nominato cardinale il 21 febbraio 2001.

Ma su Giordano Bruno ci fu ben altro, perché alla fine dell'Ottocento qualcuno propose di costruirgli una statua in bronzo e di collocarla in Piazza Campo dei Fiori, nella zona del rogo. E, incredibilmente, papa Leone XIII, dopo tre secoli dai fatti, si battè per evitare la costruzione di un monumento che considerava un oltraggio al cattolicesimo. Tanto che, al momento dell'inaugurazione (il 9 giugno 1889) rimase un giorno intero a digiunare inginocchiato davanti alla statua di San Pietro, costernato per *«la lotta ad oltranza condotta contro la religione cattolica»*. Tanto che, pochi giorni prima, il papa aveva minacciato di abbandonare Roma per rifugiarsi in Austria, di provata fede cattolica, qualora la statua fosse stata scoperta al pubblico. E il Primo Ministro italiano Francesco Crispi gli fece sapere: *«Se Sua Santità dovesse andare via dall'Italia non potrà più tornare»*.

In seguito, il papa fece un discorso ai cardinali, criticando duramente le *"celebrazioni bruniane"* tenutesi in molte città, che erano *«incoraggiate e favorite dagli stessi uomini di Governo, non ad altro ordinate che ad insultare, sotto i nostri occhi, la Chiesa, ad esaltare la ribellione della ragione alla fede e ad aizzare l'odio più satanico contro la divina istituzione del Papato»*, senza capire quanto inaccettabile fosse stato ciò che la Chiesa aveva fatto a Giordano Bruno, che si era limitato a pensare come voleva, senza chiedere il permesso a nessuno. E in allegato pubblichiamo quanto scritto dalla Civiltà Cattolica dei gesuiti nel 1888, per distruggere in tutti i modi Giordano Bruno e chi stava cercando di ricordarlo.

Ancora più incredibile che nel 1929, quando si stavano scrivendo i Patti Lateranensi tra Benito Mussolini e Pio XI, qualcuno della Chiesa abbia chiesto di nuovo la rimozione della statua e l'erezione al suo posto di una cappella di espiazione al Sacro Cuore di Gesù, tanto erano infastiditi da un monumento capace di ricordare per sempre quanto indegno fosse stato il comportamento della Chiesa verso Giordano Bruno. Ma non l'ottennero. Mentre più tardi furono eretti molti altri monumenti, un po' dappertutto e non solo in Italia.

LE STRANE ASSOLUZIONI POSTUME

Negli scorsi decenni la Chiesa cattolica, quasi quattro secoli dopo i fatti, decise di rivedere la propria posizione sia su Galileo, sia su Giordano Bruno.

Tuttavia papa Giovanni Paolo II, nel 2000, non solo non assolse Giordano Bruno, ma anzi fece un curioso distinguo tra l'entità del reato e quella della pena. Perché scrisse che:

> *«anche se la morte di Giordano Bruno costituisce oggi per la Chiesa un motivo di profondo rammarico, tuttavia questo triste episodio della storia cristiana moderna non consente la riabilitazione dell'opera del filosofo nolano arso vivo come eretico, perché il cammino del suo pensiero lo condusse a scelte intellettuali che progressivamente si rivelarono, su alcuni punti decisivi, incompatibili con la dottrina cristiana».*

Una curiosa frase che, esprimendo a parole il rammarico per la morte di Bruno, sembra ignorare la responsabilità della Chiesa che continua a condannare il pensiero di

Bruno, ignorando la propria pretesa di tenerlo in carcere per sette anni e, quindi, di bruciarlo vivo. Come se la condanna al rogo non fosse indegna e orrenda in ogni caso, pur essendo avvenuta nel Seicento. Quasi che le scelte intellettuali di Giordano Bruno fossero tutt'ora più incompatibili con la dottrina cristiana di quanto sia stato il comportamento della Chiesa Cattolica che lo processò e lo massacrò solo per il suo pensiero.

E l'assoluzione postuma di Galileo, decretata anch'essa da Giovanni Paolo II nel 1992, 360 anni dopo la condanna, contiene il curioso commento *«che questa fu dovuta alla sua ostinazione nel non voler accogliere l'invito della Chiesa a considerare le sue scoperte come semplici ipotesi non comprovate e, d'altra parte, alla mancanza di perspicacia»* [1].

Come se Galileo non fosse stato abbastanza ostinato a credere nelle conseguenze logiche di ciò che aveva visto e controllato mille volte e che, secondo la Chiesa, avrebbe dovuto passare *«come semplici ipotesi non comprovate»*, ma fosse stato anche colpevole di non essersi fatto capire da preti ottusi e privi di perspicacia.

Infatti, nel 1992 la Chiesa affermò che *«il giudizio pastorale che richiedeva la teoria copernicana era difficile da esprimere nella misura in cui il geocentrismo <u>sembrava</u> far parte dell'insegnamento stesso della Scrittura. Sarebbe stato necessario contemporaneamente vincere delle abitudini di pensiero e inventare una pedagogia capace di illuminare il popolo di Dio »* [2].

Dunque Galileo, per non essere condannato, avrebbe dovuto *«inventare una pedagogia capace di illuminare il popolo di Dio»*: e Giovanni Paolo II, invece di manife-

---

1 Da wikipedia e altri
2 Discorso di Giovanni Paolo II ai partecipanti alla sessione plenaria della Pontificia Accademia delle Scienze, Sabato, 31 ottobre 1992

stare il pentimento per la persecuzione indegna a cui la Chiesa lo aveva sottoposto, lo critica per non essere stato capace di farsi capire dai suoi accusatori, che ha la pretesa di chiamare *«popolo di Dio»*.

E la Chiesa non capì che il suo errore non fu tanto nella conclusione del processo, quanto nell'idea di metterlo sotto processo, come aveva fatto con Giordano Bruno.

E' qui che inciampa l'ottimismo di Benedetto XVI a proposito di fede, ragione e illuminismo: perché le frasi di Giovanni Paolo II (quello che, quando morì, il popolo di Dio voleva *«santo subito»*), relative a Giordano Bruno e a Galileo Galilei sono del Duemila, non del Seicento. E solo papa Francesco sembra aver scoperto, per primo in qualità di papa, il problema dell'arroganza intellettuale e della prepotenza dogmatica ignorato dei suoi predecessori: perché sua è la frase del 17 gennaio 2016: *«La violenza dell'uomo sull'uomo è incompatibile con qualunque religione, tantomeno con le tre grandi fedi monoteistiche. La vita è sacra»*.

Una frase che, applicata a Giordano Bruno e a Galileo Galilei, li assolverebbe senza distinguo.

IL MISTERO DI DIO NEGLI SPIRAGLI SCIENTIFICI

Il risultato fu che, con l'astronomia e malgrado l'ottusità dei preti del Sant'Uffizio, nel Seicento era nata la scienza moderna, quella che pian piano ha eliminato dai territori della filosofia e delle religioni tutto ciò che può essere rivelato con la conoscenza sperimentale.

Però, ai tempi di Bruno e di Galileo, queste cose non si sapevano. E, naturalmente, chi aveva il potere si ri-

27. Cartesio

bellava violentemente a chiunque suggerisse idee nuove, che potevano disturbare qualche equilibrio culturale.

E il fatto più curioso e rilevante è che, pur avendo eliminato innumerevoli Credo fasulli e pur avendo immensamente aumentato la nostra conoscenza della realtà, le scoperte scientifiche non ci hanno affatto aiutati a ricollocare il Divino nella nuova realtà che si palesava.

Anche se, tra le infinite scoperte scientifiche e parascientifiche, quelle che più toccano il nostro rapporto col Divino sono proprio quelle che più direttamente hanno a che fare col nostro rapporto col trascendente: ossia, l'astronomia, la psicologia del profondo, le ricerche sulla vita dopo la morte e quelle relative al rapporto tra materia ed energia.

A questo punto ci è sembrato di riprendere la nostra storia dal momento in cui la Chiesa, malgrado le prime smagliature e le prime critiche, malgrado Cartesio, Copernico, Giordano Bruno e Galileo – dai quali sembrava essersi difesa piuttosto bene – malgrado Lu-

28 Oliver Cromwell

tero, malgrado il distacco dell'Inghilterra da Roma e malgrado il Concilio di Trento (terminato nel 1563) e la Controriforma che ne era derivata ma che non aveva cambiato nulla perché aveva confermato nei dettagli tutto ciò che la Chiesa aveva predicato per 1500 anni, facendo sembrare che la Chiesa uscisse vincitrice da ogni critica.

Solo che proprio a questo punto accaddero alcuni imprevisti che cambiarono tutto. Un po' per colpa di Colombo e dei suo emulatori, un po' per colpa di Cartesio che iniziò a filosofare partendo dal principio di non accettare mai nessuna cosa per vera, se non può evidentemente essere riconosciuta per tale. E un po' per colpa di qualche persona intelligente, sebbene ignorata perché sconosciuta.

Il primo di questi imprevisti, nel '600 fu la nascita della libertà di stampa: in Inghilterra, dove l'anglicanesimo per oltre un secolo aveva rischiato di essere sopraffatto dal cattolicesimo a causa di un paio di re ottusi, iniziando con Carlo I Stuart che nel 1632, in piena Rivoluzione puritana, impose la censura preventiva scatenando l'accesa reazione del poeta John Milton, che nel 1644 pubblicò l'"*Areopagitica*", rivolta al Parlamento inglese. Un problema che terminò con il processo e con la decapi-

29. John Milton

tazione di Carlo I, perché aveva vinto il puritano Oliver Cronwell col quale Milton collaborava.

John Milton (1608 - 1674), uno dei maggiori poeti inglesi del 600, in "*Paradiso perduto*" narra la storia della disobbedienza di Adamo ed Eva mettendo in luce il problema del libero arbitrio opposto alla predestinazione e cercando di capire se gli umani abbiano il diritto di fare le loro proprie scelte o se siano costretti a subire il loro "*fato*". Offrendo a questo modo una prima definizione della libertà di espressione del tutto opposta alle idee di una Chiesa che per 1500 anni aveva cercato di imporle a chiunque, perchè se ne era arrogata il diritto.

Invece Milton affermò il diritto innato dell'uomo a farsi guidare dal proprio intelletto, nonché il valore della discussione per sviluppare la propria virtù e della libera circolazione delle idee a mezzo stampa per far progredire la società. Anche se Newton, professore a Cambridge, quando scrisse la sua radicale critica alla Trinità dispose che questa venisse pubblicata dopo la sua morte (avvenuta nel 1726) perché "*non si sa mai cosa può succedere*", forse memore di Galileo.

Ma Milton sosteneva che i libri non fossero '*cose morte*', bensì "*cose contenenti 'in sé una potenza di vita che li rende tanto*

30. Guglielmo d'Orange e Maria Stuart

attivi quanto quello spirito di cui sono la progenie'. Ragione per cui la soppressione di un libro, ai suoi occhi, equivaleva a un assassinio: *'È quasi uguale uccidere un uomo che uccidere un buon libro. Chi uccide un uomo uccide una creatura ragionevole, immagine di Dio; ma chi distrugge un buon libro uccide la ragione stessa, uccide l'immagine di Dio nella sua stessa essenza'*.

Poco più tardi la monarchia inglese fu sospesa per qualche anno quando, tra il 1649 e il 1653, fu sostituita dalla repubblica che Cromwell governò da dittatore. Finché, quando morì nel 1658, suo figlio si rivelò inadatto a prenderne il posto. Tanto che, due anni dopo, il parlamento decise restaurare la monarchia incoronando nel 1661 Carlo II (1630-1685), di nuovo cattolico, il secondo re ottuso a cui abbiamo accennato, tanto cocciuto che nel 1662 ripristinò la censura.

Perché il parlamento inglese nel 1679 aveva varato la

famosa legge dell'Habeas corpus, **il secondo degli imprevisti** a cui abbiamo accennato, uno dei più efficienti sistemi di salvaguardia della libertà individuale contro detenzioni arbitrarie in base alla quale nessun cittadino poteva essere imprigionato senza una precisa disposizione del giudice. Tanto che il re si affrettò a sciogliere il Parlamento e che poi provò a governare senza di esso. Finché alla sua morte fu sostituito da Giacomo II suo fratello, più estremista di lui, tanto che fece rinchiudere nella Torre di Londra sette vescovi anglicani, tra i quali l'arcivescovo di Canterbury, il primate della Chiesa d'Inghilterra.

Solo che a questo punto gli oppositori del re ne ebbero abbastanza e decisero che era giunto il momento di un nuovo cambio di dinastia. E, così, nel 1689 il trono venne offerto a Guglielmo d'Orange, che in quel momento era lo Stathouder d'Olanda, oltre che marito di Maria, figlia di Giacomo II.

Finché, insieme alla sua elezione, arrivò **il secondo degli imprevisti che cambiarono tutto: e fu il Bill of Rights** votato **nel 1689** che seguì **all'Habeas Corpus. Un imprevisto fondamentale** perché garantiva ogni libertà di parola e opinione vietando al re di abolire leggi o imporre tributi senza il consenso del Parlamento, facendo diventare costituzionale la monarchia inglese e concludendo così la Gloriosa Rivoluzione del 1688-89.

Come si vede, per passare dal dominio totale della fede e dell'assolutismo all'apertura mentale della quale partecipiamo ancora oggi, ci vollero 57 anni includenti, la decapitazione di un re cattolico, la restaurazione di un secondo re cattolico e infine l'eliminazione quasi traumatica di un terzo re cattolico. Incredibile che l'ostinazione a voler reintrodurre a tutti i costi la religione cattolica in

31. Una cinquantina di illuministi francesi del 1755 riuniti intorno al busto di Voltaire nel quad
Anicet Lemonnier "le Salon de Madame Geoffrin a rue Saint-Honoré", esposto alla Malmais

Inghilterra abbia condotto alla decapitazione di un re e
alla destituzione di un altro re, incapaci di usare il proprio
cervello a difesa di se stessi e del buon senso.

**Il terzo imprevisto di questa evoluzione fu l'illumini-
smo:** un passo del tutto mentale, una conseguenza del Bill
of Rights e dalle idee di John Milton e dalla vittoria sui i
monarchi convinti di avere il diritto di imporre le regole della
Chiesa Cattolica fino a farsi cacciare per sempre.

126

32. John Locke

Non a caso l'illuminismo partì dall'Inghilterra, primo Stato europeo a dare a ognuno il diritto di esprimere il proprio pensiero, che rapidamente si estese a tutta l'Europa.

In Inghilterra il primo illuminista fu John Locke, il quale nel 1690 pubblicò i suoi due Trattati sul Governo. Nei quali sostenne che *"Carlo II, abusando della prerogativa e di altri poteri, si era comportato come un monarca assoluto e quindi aveva dissolto il regime, cosicché tutti i suoi poteri, inclusi quelli del Parlamento, ritornavano al popolo"*. *Perché la radice ultima di ogni potere è la volontà del popolo ed ogni governo non può che fondarsi, per questo, su un patto fiduciario. Conclude Rawls, "quando tale patto fiduciario è violato, il potere costituente del popolo ritorna nuovamente in gioco"*.

Ma poi, nel Settecento l'Illuminismo dilagò in Francia dove si diffuse, da Voltaire a Diderot e Rousseau, molto più di quanto facessero immaginare le illiberali leggi francesi dell'epoca, perché si estendeva genericamente a qualunque forma di pensiero di tipo razionalista che volesse *"illuminare"* la mente degli uomini, ottenebrata dall'ignoranza e dalla superstizione, servendosi della critica, della ragione e dell'apporto della scienza [1].

Ed è interessante che la rivoluzione dell'Illuminismo,

---

1 Nel quadro "le Salon de Madame Geoffrin a rue Saint-Honoré", di pag. 123 si possono riconoscere tutti gli illuministi dei tempi, tra i quali Rousseau, Montesquieu, Diderot e d'Alembert e Buffon. Tutti gli altri possono essere trovati in Internet.

33. Voltaire

per liberarsi dai Credo dominanti, non sia mai finita dopo diversi secoli. Perché allora ci si scontrava con alcune millenarie *verità di fede* tanto insensate quanto potenti. Mentre, ancora oggi, la capacità di affrontare il mondo con l'approccio disincantato dell'Illuminismo è tuttora limitato a piccole minoranze di persone di libero pensiero: perché la maggior diffusione della cultura non è bastata. Col risultato che ogni *"verità"* fasulla, finita in soffitta per insostenibilità dimostrata, è stata via via sostituita da altre *"verità"* più aggiornate, ma tutte altrettanto discutibili e tutte regolarmente prese per oro colato da qualcuno.

Ogni volta condannando chiunque non osi *pensare* a modo suo, a passare dalla schiavitù di una fede a quella di un'altra, politica, filosofica, psicologica o para-religiosa che sia: ma sempre, in ogni caso, basata su qualche dottrina. Una dottrina discutibile che, al solito, ha affrontato alcuni aspetti inconoscibili della vita – magari intuendo qualche pizzico di verità e mescolandolo con qualche opinione passata per rivelazione – per poi diffondere le proprie conclusioni, contando sulla certezza di trovare un numero adeguato di proseliti forniti di buone ragioni per credere senza discutere, e disposti a non cambiare idea una volta convinti.

È questa delega a rendere ardua la nostra liberazione dai

34. Diderot

Credo: una liberazione che potrebbe venire dalla capacità di ragionare, resa a sua volta possibile dal coraggio di mettere in discussione le proprie certezze, ossia dal coraggio di dubitare. Ma spesso non viene perché la capacità di ragionare è rara e troppi, che pure la possiederebbero, si tirano indietro: magari solo per non ammettere che non sanno. Un terrore tale da provocare stati d'animo così sgradevoli da rendere preferibile una fede campata in aria, purché sia fede.

Si potrebbe obiettare che non è vero, che a pensare e a ragionare siamo abituati perché *"pensare e ragionare"* sono la base delle indagini scientifiche da secoli. E, invece, no. Perché la nostra razionalità è molto più modesta di quel che crediamo. Perché tendiamo a dare retta molto più al *"sentire"* che al *"pensare"*. Perché, come scrive qualcuno, siamo più sensibili alla *"pancia"* che alla *"testa"*. Così come si vede in ogni momento della vita, in ogni grado dei rapporti tra individui e tra gruppi, nel lavoro di qualunque parlamento, di qualunque politico e di qualunque assemblea di condominio.

E persino l'indagine scientifica deve combattere le resistenze di chi pretende di imporle limiti: oggi come secoli fa, e sempre per ragioni di fede. Un tempo i divieti riguardavano il moto degli astri e la morale corrente, oggi se la prendono con le bio-tecnologie, con l'uso delle cellule staminali, con le clonazioni, con le inevitabili sciagure ambientali e con l'idiozia dell'intelligenza artificiale.

Le resistenze di chi impone limiti al pensiero sono le ragioni che fanno procedere anche la scienza per dogmi successivi: dogmi da smantellare ogni volta, soltanto quando emergono nuovi e prepotenti brandelli di verità. Al punto che solo a causa di questi smantellamenti hanno successo certi *quantum jump* concettuali della fisica, della medicina e della chimica.

Dopo la Rivoluzione francese, solo l'ottusità generale ha permesso il successo di Marx, della Rivoluzione d'Ottobre, delle Grandi di lo Shah di Persia, con Khomeyni, delle Brigate Rosse, di Donald Trump e di mille altri. Ma **resta il fatto che l'illuminismo è stato il movimento dal quale sono partiti tutti i movimenti innovatori i cui risultati stiamo ancora vivendo.** Ed è tutt'altro che finito, pur essendo stato abbondantemente inquinato da correnti di pensiero insensate, come il marxismo-leninismo, come i calcoli apocalittici che, nati con Newton e con Malthus, sono diventati la base per gli incubi sugli apocalissi ambientali, come le idiozie appena iniziate sull'intelligenza artificiale che non esiste e non esisterà mai, semplicemente perchè non è intelligenza: tutte cose che con l'Illuminismo non hanno nulla a che fare, mentre hanno molto a che fare con la semplice mancanza di buon senso degli idioti. Perché il massimo errore che si può fare è trattare l'irrazionale e l'ignoto come se fossero razionali e conosciuti: perché questo non è illuminismo ma follia pura, così come lo è stata quella di Hitler. la cui idiozia non è mai stata riconosciuta proprio in casa sua, malgrado le intelligenze di cui era circondato.

Infine, il quarto passo arrivato tra il Seicento e il Settecento, quello che cambiò davvero tutto, fu la nascita del motore (prima motore a vapore e poi tutti gli altri che sono arrivati) con tutti i suoi sviluppi. Perchè fu il primo dispositivo capace di sostituire una sorgente di energia in un meccanismo che si muove, opera e marcia senza far uso di energia animale, inclusa quella umana.

Perché il motore ha davvero cambiato il mondo anche se noi, che ci abbiamo fatto l'abitudine, non ce ne accorgiamo più. E non ci ricordiamo che Leonardo, che si dilettava a disegnare le più improponibili soluzioni guerresche (quale il carro armato spinto da buoi) che non servirono se non ad aumentare la sua fama, non fu mai sfiorato dall'idea che potesse esistere un motore, anche se questo nacque pochi anni dopo la sua morte. Perché ne mancava completamente il concetto. Perché il motore — pur esistendo da sempre i motori a vento e ad acqua, conosciuti come mulini — nacque in sordina, nel 600, solo per pompare acqua fuori da alcune miniere scozzesi, finché James Watt — un ingegnere scozzese — nel 1765 trasformò un modello malfunzionante dell'università di Glagow nel primo vero motore a vapore, l'antenato di quello che conosciamo e di quello che non fu capito da Napoleone (che respinse la proposta di Robert Fulton che nel 1803 poteva fornirgli navi mosse dal motore per invadere l'Inghilterra, ma non fu ascoltato) mentre colpì la fantasia di scrittori e poeti.

E fu dall'illuminismo e dal motore in poi, che il mondo cambiò davvero. Perchè ne derivarono la capacità di volare e tante altre cose, a partire dall'energia atomica e dalle attuali preoccupazioni per il futuro, che hanno la stessa consistenza delle ansie di sempre.

35. James Watt

Mentre tutti coloro che si sentono offesi da un potere che li opprime dovrebbero ricordare che prima di loro arrivò Diderot, convinto che il successo del cattolicesimo dipendesse solo dall'idiozia umana, proprio come è successo più tardi con Mussolini, con Hitler, con Marx e con Pol Pot. Per non parlare di Rousseau che sentenziò sul buon selvaggio, poi seguito dal buon operaio da Marx. E nel pessimo comunismo di Lenin e successori. E per non parlare di Donald Trump

Perché non c'è dubbio che gli Illuministi a suo tempo abbiano espresso per la prima volta un incredibile volume di pensiero innovativo, che poi si è trasferito a tutti noi che spesso ci limitiamo a trasferire ai nostri tempi il loro modo di guardare alla realtà. Così come continuiamo ad usare i miglioramenti tecnologici dovuti al loro modi di pensare senza sentirci mortificati: perché ci fanno comodo e perché non ci siamo nepure accorti che stiamo vivendo ancora nell'Illuminismo, anche se ne è stata decretata la fine.

Non c'è da preoccuparsi se in una parte del modo il valore di certi credo sta scomparendo. C'è solo da augurarsi che spariscano da tutto il mondo anche i credo residui, ancora troppo diffusi e resistenti.

SCARSO SAPERE, DOTTRINE E CONFUSIONI

LO SCARSO SAPERE E YESHUA

Dopo ciò che abbiamo scritto sulle incomprensioni tra i fedeli più assurdi e coloro che hanno cercato di pensare con la propria testa nei secoli passati, spesso tirandosi addosso guai tanto terribili quanto prevedibili, non stupisce più di tanto che sia sempre più importante la preoccupazione che il cristianesimo stia per finire, insieme alla sua spiritualità. E questo mi ha indotto a cercar di capire quanto questa preoccupazione sia ragionevole, ma anche quanto dipenda da come il cristianesimo è arrivato a questa situazione e da come possa andare a finire. Pur prendendo le distanze tra la figura del Cristo che ci è stata proposta per duemila anni e quella che potrebbe essere stata in realtà, visto che potrebbe essere stata molto più grande e importante di quella che ci è stata fatta conoscere, rovinandola con la pretesa che fosse Dio. Basata sulla pretesa di poter conoscere Dio.

Perché proprio questa pretesa lo ha banalizzato, consentendo alla Chiesa di dirne tutto il bene possibile mentre ne forzava la statura morale umana e forniva interpretazioni contortamente singolari dei suoi insegnamenti.

Una statura che, vista come quella di un Dio figlio di Dio, mostra ben più di qualche lacuna. Mentre, vista come quella di un uomo, mostra un personaggio davvero eccezionale, tanto da non essere stato capito neppure dallo stesso cristianesimo.

La preoccupazione che il cristianesimo stia per finire è dovuta alla nostra cultura e ai nostri modi di vivere la religione, alquanto diversi da quelli dei nostri progenitori. Perché la nostra cultura, per quanto imperfetta, è pur sempre figlia dell'Illuminismo e ci induce a mettere in dubbio le verità dogmatiche, anche quando non lo facciamo per non perdere tempo su questi argomenti.

Ma non c'è dubbio che qualche perplessità possa aver sfiorato chiunque abbia dedicato un po' di tempo a considerare con serenità il modo in cui Yeshua divenne Dio, a pensare al concetto di Trinità, al modo in cui certe verità di fede divennero tali per via dei dogmi emessi dopo una ventina d'anni di concili religiosi all'inizio del cristianesimo, a pesare il valore della confessione per quello che diventò, oltre a considerare l'importanza che venne data al culto della Madonna e dei santi.

Non è un caso che tutti gli scismi che hanno caratterizzato lo sviluppo del cristianesimo siano dovuti soprattutto al pensiero soggettivo di preti o di filosofi cattolici. Gli stessi che sperano di spaventarci dicendo che il cristianesimo sta per finire: ma perché non si fanno i fatti loro?

COME, QUANDO E PERCHÉ YESHUA DIVENTÒ DIO

Eppure c'è da domandarsi per quale motivo un ebreo come Yeshua possa avere pensato di creare una religione estesa a tutta l'umanità non ebraica, della quale non sapeva nulla salvo qualcosa degli invasori romani. Un mistero tale da far pensare che l'estensione del cristianesimo al resto dell'umanità sia stata voluta non da lui ma da qualcun altro, fornito di una cultura e di una visione del tutto diversa dalla sua. Perché anche la famosa frase «*Io a te dico: tu sei Pietro e su questa pietra edificherò la mia Chiesa e le potenze degli inferi non prevarranno su di essa* [1]», a un profano suona stonata come se

---

1 Matteo 16:18

fosse stata inventata. Perché non si capisce cosa intendesse Yeshua quando parlava di Chiesa (estesa a chi? Solo agli ebrei o anche ai romani che conosceva solo per fama e per sentito dire, o a tutto il resto del mondo che ignorava totalmente?) nè cosa intendesse sulle potenze degli inferi, che in realtà diverse volte sono arrivate molto vicine a prevalere su di noi anche se, finora, non ci sono riuscite. Perchè non disse mai nulla di programmatico o di istituzionale e perché, dopo di lui, la Chiesa dipese dalle iniziative personali dei discepoli, che la fecero crescere a modo loro.

E, infatti, quando arrivarono i suoi successori, furono loro – a incominciare da Paolo – a mettere il massimo impegno nel divulgare «la *lieta novella*» per lanciare il cristianesimo. Senza mai aggiungere nulla di concettuale a ciò che era stato predicato da Yeshua – anche perché obiettivamente non era facile – ma aggiungendo un mare di regole, di imposizioni e di dogmi, a incominciare dalla imprescindibile divinizzazione del Cristo.

I motivi di questa divinizzazione si possono intuire. Ma la spiegazione più ovvia è che tutto dipendesse da ciò che si credeva di Dio a quei tempi, in una società dominata da una Roma che deificava i propri imperatori. Perché assegnare a Yeshua lo stesso livello degli imperatori era il minimo indispensabile per far rispettare lui e, insieme, i capi della Chiesa (e non solo). Perché, affermando che Yeshua era figlio di Dio e citando la resurrezione, i primi cristiani pensavano e dicevano di lui qualcosa di straordinario. Anche perché il Dio di quei tempi probabilmente rassomigliava al *"Dio biblico, gigantescamente umano, enorme, muscoloso, dai poteri sovrumani, e dalle passioni terrene"*[1], un Dio maledettamente simile a quello dipinto da Michelangelo sulla volta

---

1 Da un articolo di Alfonso Berardinelli del 4 giugno 2022

36. Origene Adamanzio

della cappella Sistina. Ma del tutto diverso dal Dio ispiratore del mondo che riesco ad immaginare io.

Tutto ciò induce a pensare che già al concilio di Nicea del 325 d.C., ossia tre secoli dopo il Calvario, la divinità di Yeshua non dipendesse da una *«conoscenza superiore»* né tantomeno da una *«rivelazione del Divino»*, ma solo dalla vittoria di una maggioranza, ovvero dall'imporsi di un'opinione. Come al solito confondendo il *«credere»* con il *«sapere»*. E lo stesso accadde nel 381 d.C. quando lo Spirito Santo ottenne a Tessalonica il suo certificato di piena divinità.

Nel 543 d.C., a conclusione del Concilio II di Costantinopoli, l'imperatore Giustiniano – con l'approvazione di Papa Vigilio – stabilì che l'inferno è eterno, contrariamente a quanto era stato suggerito da Origene Adamanzio in uno dei suoi scritti. Ma che cosa ne sapesse Giustiniano, non si saprà mai. Mentre se ne capisce bene il motivo: perché l'inferno era materia gestita dalla Chiesa, che ci poteva mandare chi voleva, e che si era creata il diritto di essere creduta per dogma, ossia per potere.

Secondo Origene, alla fine dei tempi verrà la redenzione universale e tutte le creature saranno reintegrate nella pienezza del divino, compresi Satana e la morte. Da questo punto di vista le pene infernali, per quanto lunghe, avrebbe-

37. Giustiniano

ro un carattere non definitivo ma purificatorio. I dannati esisterebbero, ma non per sempre, poiché il disegno salvifico non si potrà compiere neppure se manca una sola creatura. Ma questa opinione di Origene, chissà perché, non fu accettata da altri eminenti prelati: non perché avessero ragione loro, ma solo perchè la temevano. Forse solo perché l'influenza di Origene sul pensiero di altri autori cristiani, fino al VII secolo, era stata enorme e aveva dato vita al movimento origenista e quindi a diverse controversie teologiche.

Origene Adamanzio da Alessandria (185-254 d.C.) era stato un teologo e filosofo, considerato uno tra i principali scrittori e teologi cristiani dei primi tre secoli e protagonista di affermazioni radicali, come queste che elenchiamo indipendentemente da ciò che possiamo pensarne noi [1]:

- la *creazione ab aeterno*: mentre la cristianità sostiene la creazione *in initio temporis*;

- la *Subordinazione delle Persone Divine*: che sarà definitivamente negata dal Concilio di Nicea del 325 d.C.;

- la *temporaneità* delle pene infernali.

---

1 ovviamente non ci sentiamo di entrare nel merito per stabilire chi avesse torto oppure ragione: ai nostri fini ci basta confrontare le contraddizioni, soprattutto quando si parla di faccende di cui non sappiamo nulla perché appartengono al trascendente, del quale possiamo solo credere di sapere qualcosa

Finché il Concilio di Costantinopoli II, pose termine alle controversie, tagliando corto con una scomunica: «*Se qualcuno dice o ritiene che il supplizio dei demoni o degli uomini empi è temporaneo e avrà fine..., costui sia scomunicato*[1]». Il solito dogma che, come tale, non impegna il pensiero di chi cattolico non è e che, quindi, sull'inferno – e non solo – ha il pieno diritto di pensarla come vuole. E non impegna neppure i cattolici che si sono stufati di doverla pensare come si vorrebbe che facessero.

Mentre, con questo dogma, la dottrina si è caricata di una nuova pretesa "*Verità*", passata per divina come tante altre che erano soltanto dovute a decisioni dei gruppi di potere che potevano imporre i loro «*credo*». E la Chiesa si caricò anche dei miti che ne derivavano. Con buona pace per ciò che aveva scritto Paolo ai Corinzi: «*Dio non è un Dio di confusione, ma di pace* ».

Origene era stato uno scrittore colto, che accettava solamente i quattro Vangeli canonici perché la tradizione non ne ammetteva altri. Scrisse migliaia di opere ed era un sostenitore del libero arbitrio, tanto che Erasmo da Rotterdam – tredici secoli dopo di lui – affermava di imparare più filosofia da una pagina di Origene che da dieci di Agostino. Per quale motivo molti lo accettassero e perchè molti lo avversassero non mi è dato sapere. Ed è curiosa che tra le cinque eresie proclamate da Origne, secondo San Gregorio, ci fosse l'esistenza di innumerevoli universi che si succedono l'uno all'altro in eterno, quasi che avesse una cultura astronomica aggiornata ai nostri tempi.

E qui viene fatto di proporre un'idea davvero curiosa e inedita: ossia, che Yeshua esprimesse concetti, idee

---

1 Da «*L'inferno visto dai santi*», di Padre Antonino M. di Monda - Associazione Cattolica Gesù e Maria – Via Oreto 192 – 90127 Palermo.

e prospettive troppo sottili ed elevati per essere capiti e persino trascritti dagli uomini di allora, inclusi i discepoli, tutti troppo ignoranti, rozzi e condizionati dai loro pregiudizi religiosi ebraici per poter seguire la visione di Yeshua. Il quale esorta a lasciare ogni ricchezza, quasi parlasse a futuri anacoreti, e raccomanda l'amore per il prossimo come se parlasse solo a persone d'anima nobile, senza calcolare che la stragrande maggioranza degli umani non lo sono. E cerca di combattere il peccato come se fosse possibile, dando incarico ai suoi discepoli di confessare i peccatori per poi assolverli, senza calcolare quanto inadatti a questo compito potessero essere quasi tutti i suoi successori.

Forse sarà il caso di approfondire. Ma bisognerà farlo tenendo conto almeno della seconda guerra mondiale e delle tragedie innescate dai nazisti nonché di quelle volute da Stalin, per non parlare delle avventure dei russi in Ukraina e dei cinesi con Taiwan proprio ai nostri giorni. Tenendo conto dell'immenso numero di umani insensati che sembrano vivere di guerra e che, della predicazione del Cristo, non hanno mai saputo cosa fare, come è dimostrato anche da troppi sviluppi del cristianesimo.

COMPLICATI SVILUPPI DEL CRISTIANESIMO

Quanto a cercare di dare qualche risposta a coloro che temono la fine del cristianesimo, considerando il crescente disinteresse per la fede mostrato anche dalla sempre minore partecipazione di popolo ai riti, non mi è affatto chiaro perché il cristianesimo dovrebbe finire oggi e non avrebbe dovuto farlo negli anni delle crociate o durante le guerre del Seicento, quando l'idiozia e la follia toccarono il massimo. Sebbene la risposta potrebbe essere che, a quei tempi, la Chiesa aveva un potere politico smisurato che usava a colpi di minacce, di ricatti e di scomuniche, insegnando ciò che voleva a persone ignoranti che non si ponevano certi problemi, che erano abituate ad obbedire e che potevano essere guidate da promesse relative alla propria anima e all'aldilà: promesse che oggi non sarebbero credute da nessuno. Perché siamo diventati troppo saccenti, troppo autonomi e anche troppo presuntuosi.

E non c'è dubbio che nell'ultimo secolo molte cose siano accadute, oltre ad una generale maggior diffusione della cultura. Anche se dovrebbe essere considerato il valore delle riflessioni dei troppi milioni di individui obbligati (!?) a combattere e a morire per guerre delle quali non conoscevano nè lo scopo né le ragioni.

Per la chiesa cattolica, in particolare, è possibile che abbia influito in modo negativo la decisione di dire le messe in lingue locali, e questo è possibile per almeno due ragioni.

- La prima ragione è che le messe in latino aiutavano a far sentire a casa sua chiunque frequentasse una chiesa in qualunque parte del mondo e sentisse parlare la stessa lingua a cui era abituato per tradizione.

- La seconda ragione è che la pretesa che qualcuno possa capire cosa si dice durante una messa sembra folle, mentre il suono del latino era solo un invito alla devozione, e certe pretese di semplificare – come quella di rivolgere il sacerdote verso i fedeli anziché nella direzione opposta, o di umanizzare il rapporto tra i fedeli con la stretta di mano ai vicini – sembrano superflui.

Mentre l'insistenza su certi fenomeni da cronaca nera – come quelli relativi ai casi di abusi sessuali ai danni dei minori commessi da sacerdoti o quelli relativi ad imbrogli di tipo economico – non sono certo fatti per attirare i fedeli. Soprattutto per i reati di pedofilia, anche perché la Chiesa per molto tempo ha cercato di insabbiare tutto e perché gli scandali peggiori sono emersi nella loro dimensione solo da una ventina d'anni.

Ma la faccenda più strana riguarda l'incredibile fraintendimento dell'insegnamento di Yeshua, fin dall'inizio. Perché, per capirlo, basterebbe leggere la prima lettera di Giovanni, dove sta scritto *«Sappiamo anche che il Figlio di Dio è venuto e ci ha dato l'intelligenza per conoscere il vero Dio»* [1].

Il suo insegnamento ci è servito a conoscere il vero Dio? Noi? Scherziamo? Ma chi di noi ha mai provato a conoscere il vero Dio nei fatti e non nelle illusioni? E il Cristo avrebbe fatto questo?

La Cristianità si è evoluta in un modo tanto goffo, quanto imprevedibile, essenzialmente a causa della sempliciotteria degli apostoli, così devoti a Yeshua da considerarlo identico al Dio di cui lui parlava continuamente, quello che lui chiamava Padre e di cui loro non capivano nulla. Tanto da far dire a loro, in mare su una barca quando Yeshua fece fermare il vento per togliere il pericolo: *«Davvero tu sei Figlio di Dio!»* [2], come se sapessero cosa dicevano, come se avessero un'idea di cosa significasse dire *«Figlio di Dio!»*. Dunque un equivoco, dal quale derivarono tutti gli altri su di lui, e dal quale derivò anche la relativa facilità con cui il cristianesimo si diffuse, anche se – un po' più tardi – Maometto riuscì a diffondere l'Islam, pur senza mai esserne considerato nulla più di un profeta.

E va notato come anche Yeshua abbia avuto delle in-

---

1 Prima lettera di Giovanni 5:20
2 Matteo, 14:33

genuità, come quella di proclamare la sua certezza che si fosse (allora!) molto vicini al Regno di Dio che invece, nei duemila anni successivi, non arrivò mai: una previsione che, se fosse stato Dio, non avrebbe mai fatto. Ma poi accaddero altre cose, perché arrivarono altri sacerdoti teologicamente più preparati degli apostoli, che portarono nel cristianesimo i propri convincimenti, che con gli insegnamenti del Cristo non c'entrano nulla. Così come accadde col famoso Atanasio di Alessandria.

IL DOMINIO MORALE SULLE ANIME

A questo punto del nostro racconto, dovrebbe essere evidente la durezza non solo dogmatica con cui il cristianesimo fu imposto, almeno dopo l'editto di Tessalonica del 380 d.C., quando diventò religione di Stato e quando il paganesimo fu condannato in tutte le sue forme.

Il cristianesimo fu una religione arbitraria, imposta da un potere ottuso e di solito incapace di capire il messaggio di Yeshua per il suo reale significato. Ma aveva avuto il pregio di indottrinare un numero crescente di fedeli in una sorta di unità dottrinale. E si dice che gli imperatori che la sostennero e si impegnarono a diffonderla, per quanto non avessero alcun interesse nel messaggio del Cristo, ne avessero capito l'elemento suggestivo e aggregante: un po' come capiterà venti secoli dopo con il comunismo, il nazismo, il fascismo e non solo.

Il popolo spelacchiato dei poveri tedeschi, sconfitti ma ancora disposti ad adorare un Hitler più morto che vivo, mostrato dai cinegiornali tra il 1944 e il '45, è la dimostrazione del potere aggregante di un'idea forte e originale. Ed è evidente l'acume mostrato dai nostri imperatori di venti secoli fa e dei sacerdoti che predicavano il bene e l'altruismo facendo il proprio interesse.

Perché il messaggio vero di Yeshua, anche all'inizio, è stato capito e applicato solo da alcuni eletti del tutto speciali per carattere e per dimensione umana. Mentre, per il popolo più semplice, il cristianesimo diventò un'arma pericolosa, quando cadde nelle mani di personaggi di potere, incuranti del prossimo e motivati solo dalla ricerca del potere.

Perché il guaio del cristianesimo fu nelle elaborazioni di comodo dei vangeli, dei loro contenuti e delle altre informazioni chiave, dovute più a convinzioni personali che a reale sapere.

Perché lo *"scarso sapere"* è stato davvero gigantesco, laddove i vescovi dei vari concili avrebbero potuto distinguere meglio tra la loro conoscenza e ciò che consideravano utile alla diffusione della religione, ma non lo fecero. E, una volta passati dalle discussioni alle decisioni, le imposero nei principi e nelle dottrine con mezzi persuasivi come fossero verità assolute, per condizionare tutti i *"credenti"*, così come faranno più tardi altre religioni e, ancora più tardi, i politici che affascineranno i popoli con le loro dottrine.

E, quanto al termine *"dottrina"*, dai religiosi questo non è mai stato usato come «*complesso di cognizioni apprese con lo studio* [1]» come dovrebbe essere, ma piuttosto come «*complesso di informazioni*» vere, ma divulgate non tanto per il loro valore quanto per .la loro utilità pratica, usando spesso la suggestione e la manipolazione.

Anche perché, quanto allo strano ruolo giocato dalla

---

1   da Treccani

religione, al solito – per non essere confusi dalla legge di Pope – occorrerebbe conoscere i misteri dell'inconoscibile. E, siccome l'inconoscibile non può essere conosciuto, anche i suoi misteri finiscono per essere molto più psicologicamente suggestivi che seriamente culturali.

E qui si deve comprendere come funzioni l'abilità di creare una dipendenza ossessiva negli altri, cercando di limitare il loro sapere ad alcuni concetti, suggeriti quando non imposti per limitare ogni libero pensiero.

La tecnica consiste nel parlare in modo avvincente, nel proporre alcune idee abbastanza affascinanti e nel negare tutto ciò che può contrastarle. Una tecnica da sempre esercitata dalle religioni, ma anche dai partiti politici. In questo Mussolini era abilissimo ma Hitler lo superava e, tra i suoi più abili collaboratori, emerse Goebbels, il ministro più bugiardo mai esistito. Senza la cui abilità di mentire non si spiegherebbe il successo della Germania nazista con un regime e con una guerra tanto folle quanto inutile e dannosa.

La tecnica è stata ripresa negli ultimi mesi da Putin, l'ultima incarnazione degli zar di tutte le Russie, capace di sterminare un popolo solo per smania di potere, capace di giocare non su un solo ideale ma su due, del tutto diversi e contrastanti tra loro: il cristianesimo dei russi e il loro residuo comunismo ideologico. Al punto da far pensare che, alla fine di questa vicenda folle e paradossale, gli umani capaci di sopravvivere forse saranno alquanto vaccinati contro gli effetti dirompenti dello scarso sapere. Un po' come sembra successo ai tedeschi e ai giapponesi che hanno perso la guerra dopo esserne stati massacrati. Mentre gli italiani, che l'hanno sofferta meno tragicamente, sembrano non aver ancora capito il messaggio in modo altrettanto profondo.

Senza l'abilità di creare una dipendenza ossessiva negli altri, non si spiegherebbero le follie dovute alle dottrine religiose, né le guerre seguite allo scisma protestante, né quelle tra cristiani e turchi, né gli attuali estremismi dei talebani in Afghanistan. Nè si spiegherebbe la follia di chi si batte contro i vaccini nè quella dei terrapiattisti, nè quella dei fedeli di Trump, sempre dominati dalle sua fandonie.

IL CRISTIANESIMO E IL SUO SUCCESSO SUI POPOLI

E' probabile che il successo iniziale del cristianesimo sia dovuto all'abilità di spiegare ai pagani quali fossero i vantaggi che si offrivano, partendo dalla certezza di salvare la propria anima dopo la morte. Anche se, ovviamente, dell'anima non si sapeva nulla, proprio come oggi, ma si giurava di saperne tutto e l'idea poteva essere affascinante. E poi c'erano i concetti della bontà e dell'equalitarismo che faranno una gran quantità di fedeli dopo duemila anni e dopo averlo chiamato comunismo. Ma che, a quei tempi, erano una novità. Tantopiù che le professioni più diffuse erano la coltivazione dei campi e la schiavitù, ossia quelle dei ceti meno abbienti e fornite delle peggiori prospettive per il proprio futuro. L'eresia dei catari la dice lunga sul peso che certi concetti possono avere sulle persone semplici.

A questo va aggiunto che il cristianesimo veniva diffuso da sacerdoti forniti di un'aulica certezza su ciò che dicevano e che era appoggiato da riti come la messa, che facevano partecipare le masse anche con l'eucaristia: altre novità assolute per quei tempi.

Più tardi sono intervenute le immagini e le musiche sacre e, infine, le architetture. Che, peraltro, non erano una novità mentre, col passaggio da una religione all'altra, quelle antiche furono distrutte. E, infine, dopo quattro secoli, arrivarono i dogmi, gli obblighi e le sanzioni. Incluse le prediche dal pulpito, i monologhi che *"cadono dall'alto"* perché sono *"espressioni di verità"*, imponendo la mancanza di libertà di opinione e di parola, e l'ostracismo verso chiunque non rispetti le regole imposte.

L'IMPORTANZA DELLA RELIGIONE AI NOSTRI TEMPI

A questo punto vale la pena di sintetizzare ciò che abbiamo scritto finora, per provare a trarre qualche conclusione utile. Perché il cristianesimo che abbiamo tratteggiato è alquanto diverso da quello che siamo abituati a considerare. Perché è fatto di almeno tre o quattro diversi cristianesimi mescolati tra loro in modo incredibilmente profondo e inestricabile.

Uno di questi è il cristianesimo cresciuto su opinioni di sacerdoti nati almeno tre secoli dopo Yeshua. Un cristianesimo fatto di inferno, purgatorio e paradiso inventati e di pagani costretti a diventare cristiani spesso con la forza. Dove il peccato più grande è l'eresia, dove emergono l'inquisizione, il divieto di leggere da soli i libri sacri, anzi tutti i libri, dove fu creato l'indice dei libri proibiti eliminato solo alla fine del Novecento. E dove l'obbligo di confessarsi si basa sui peccati codificati dalla Chiesa.

Poi c'è il cristianesimo del potere dei papi, del loro regno tanto assoluto quanto discutibile, con la follia delle crociate, con quella delle continue beghe, ripicche, scomuniche, vittorie e sconfitte, ivi compresi gli otto sacchi di Roma avvenuti durante il cristianesimo, gli scismi dei cattolici d'oriente, dei luterani, degli inglesi, dei calvinisti e così via, delle guerre contro i turchi (compresa la battaglia di Lepanto). Il cristianesimo delle guerre di religione, dell'alleanza con gli imperi e con i regni cattolici forti. Quindi ci fu il cristianesimo dei guerrieri, dei cavalieri, dei combattenti: basti ricordare i Cavalieri di Malta e l'ordine dei Templari.

Poi ci fu il cristianesimo dei filosofi, dei dottori e dei teologi. Ne abbiamo contati una sessantina, almeno una decina dei quali santificati, a partire da Agostino d'Ippona (354-430) con la patristica a Tommaso d'Aquino (1225-1274) e il loro lavoro di approfondimento del rapporto possibile tra il cristianesimo e la filosofia greca, in particolare con il pensiero di Platone e Aristotele. Per non parlare di quelli più recenti, da Marsilio Ficino (1433–1499) a Giovanni Pico della Mirandola (1463–1494) a Erasmo da Rotterdam (1469–1536), il primo a fare una critica molto pesante ai difetti della Chiesa Cattolica dei suoi tempi, tanto da essere accusato di luteranesimo. E quindi da René Descartes (Cartesio) (1596–1650) considerato il padre della filosofia moderno a Blaise Pascal (1623–1662), per arrivare a Joseph Ratzinger.

Da notare che, in generale, questi personaggi accettarono tutte le regole e i dogmi del cattolicesimo, come se non avessero nè la capacità di informarsi né quella di riflettere. Ed è anche qui che nascono le perplessità sulla fede di un numero così grande di persone colte e informate: perché è ben difficile che non conoscessero le peripezie culturali attraverso cui il cristianesimo era passato dall'inizio fino alla fine dell'Ottocento e che non si rendessero conto delle differenze tra i risultati teologici e la predicazione di Yeshua, che era quanto di più semplice e serio si potesse immaginare. Non a caso abbiamo raccontato le storie di alcuni pazzoidi come Giovanna la

38. Alice A. Bailey

Pazza, come Giordano Bruno e Galileo, che rovinarono le proprie vite per aver osato pensare come volevano.

Poi ci fu il cristianesimo dei santi, ma anche quello degli anacoreti, degli eremiti e dei fondatori di ordini religiosi, senza dimenticare le masse di coloro che vi hanno partecipato in buona fede per tutta la vita.

E, infine, c'è il cristianesimo delle masse e dei semplici, quelli che si sono limitati a credere e ad esercitare il loro dovere/diritto di culto quotidiano.

QUALCHE ESPERIENZA PERSONALE

Avendo un padre del tutto agnostico, da giovane mi ero convinto che le prassi e la teologia cattolica non facessero per me, finché ho fatto il primo e unico tentativo serio per avvicinarmi. Ma sono subito inciampato in un giovane confessore spagnolo che, inopinatamente, mi ha messo di fronte a una domanda incredibile: *«Quante volte con le mani e con la bocca?»*. Sono rimasto basito, l'ho mandato al diavolo e ho concluso l'esperimento. Ma il bisogno di capire qualcosa di più dei misteri della

39. Djwal Khul

nostra psiche, dell'aldilà e del modo per avvicinarcisi, se possibile, mi era rimasto.

Così un anziano amico – che fungeva anche da indebito e occulto confessore pur non avendone la qualifica (ma aveva il doppio dei miei anni ed era amico di mio padre) – non mi convinse ad avvicinarmi alla Self Realisation Fellowship fondato da Paramahansa Yogananda.

E così lavorai con loro per un po' anche se il libro più importante del fondatore ("*Autobiografia di uno Yogi*") descriveva troppi avvenimenti così incredibili da sembrare fantasiosi. Andai avanti finché un gruppo di iniziati della SRF arrivò in Italia dove tenne una serie di conferenze. Col risultato che, mettendo insieme le cose incredibili che si raccontavano con le manifestazioni di fede irragionevole, sia degli italiani come degli americani, conclusi che per me non c'era nulla di buono. E lasciai perdere.

Più tardi – ancora su consiglio di un altro confessore (non è difficile trovarne, soprattutto se si cerca una strada spirituale personale e se non si è abbastanza colti, come accadde a Tolstoi che ne scrisse sul suo libro "*Confessione*") – mi avvicinai alla School for Esoteric Studies fondata insieme alla Scuola Arcana da Alice A. Bailey, scrittrice anglo-americana che aveva scritto più di venticinque libri sotto la dettatura telepatica del maestro Tibetano Diwal Khul. Un lavoro che le aveva occupato più di metà della vita. [1]

E sui libri della Bailey non si narrano strani avvenimenti improbabili accaduti in India, ma cose molto serie con suggerimenti altrettanto seri [2]. Perché i princìpi e gli scopi su cui si basa la School for Esoteric Studies sono profondi, ancorché improbabili per la loro natura idealistica e per la pretesa di sostituire la scienza con la cultura esoterica in tutti i casi possibili, come quelli di:

- *Formare dei nuclei di fratellanza universale;*
- *Incoraggiare lo studio comparato delle religioni, filosofie e scienze;*
- *Investigare le leggi della Natura e le capacità latenti dell'uomo.*
- *Trasportare la cultura esoterica nelle scienze e nella psicologia.*

I temi trattati dalla Bailey sono soprattutto di natura psicologica, teologica e sociale. E consistono sempre nelle rivelazioni del Tibetano, che sa tutto sul mondo, su Dio e su ogni altra cosa.

La serietà del Lucis Trust, il lascito più importante della Bailey, era avallata dal fatto che più tardi diventò un membro del Consiglio economico e sociale delle Nazioni Unite. E tra i titoli dei libri, per coloro che non

---

1 Per maggiori dettagli sull'esoterismo della New Age, vedere nota a pag. 283
2 Il libro di Tolstoi è autobiografico, fa parte delle sue opere morali che, scritto nel 1882, e fu subito sequestrato per il suo contenuto blasfemo. Nella Confessione Tolstoj respinge il misticismo, negando il valore dei sacramenti (definiti *«Il maggior nemico del vero cristianesimo è la chiesa organizzata»*) e dell'ortodossia cristiana. Il suo incipit suona così: *«Sono stato battezzato e educato nella fede cristiana ortodossa. Me la insegnarono fino dall'infanzia e durante tutto il periodo della adolescenza e della prima giovinezza. Ma quando, a diciotto anni, abbandonai l'università al secondo corso, io non credevo ormai più a nulla di quello che mi avevano insegnato»*

li conoscono, vanno ricordati anche *"I problemi dell'umanità"*, *"Il Destino delle Nazioni"*, *"L'illusione quale problema mondiale"*, *"L'Anima e il suo meccanismo"*, *"L'Educazione nella Nuova Era"*. La cosa sembrava importante, e gli insegnamenti si aggiungevano a quelli della Blavatsky e della Società Teosofica [1].

Il *«Trattato dei sette raggi»*, in cinque volumi, tratta di psicologia esoterica, di astrologia esoterica, di guarigione esoterica e delle iniziazioni, tema già introdotto nel libro *«Iniziazione umana e solare»*. Ma altri argomenti fondamentali sono quello dell'educazione nella New Age, quello della meditazione occulta, quello della magia bianca e dei problemi dell'umanità.

Dunque mi iscrissi al loro corso per corrispondenza con la sede di New York, che frequentai per anni, finché incominciarono le perplessità. Che arrivarono quando mi resi conto che troppe delle informazioni fornite da loro sembravano discutibili dal punto di vista scientifico: come quando si pretendeva che nella materia fisica esistono sette livelli di densità [2], tra i quali l'eterico e il super-eterico, che per la fisica moderna non esistono.

Ma anche dove si prevede che il mondo cambierà a

---

1 Che l'ONU sia un'istituzione permeata da un esoterismo di non chiara natura lo dimostra comunque anche la cosiddetta Sala di Meditazione, una piccola stanza a forma triangolare sconosciuta ai più e presente nella della sua sede al Palazzo di Vetro di New York: al suo interno si trovano soltanto un enorme cubo nero di magnetite e un dipinto raffigurante linee e forme geometriche. L'apparente asetticità di tale stanza, che dovrebbe fungere da "tempio" per tutte le religioni senza discriminazione di sorta, nasconde in verità secondo i più attenti analisti simboli di chiara origine cabalistica e massonica.(scritto da Paolo Carcanoe e l il 20 settembre 2017 da Maurizio Blondet (noto complottista per l'attentato alle Torri Gemelle di New York dell'11 settembre 2001 Secondo qualcuno (si trova su Internet) Lucis Trust è l'ufficio di satana all'Onu. Mentre Alice Bailey è uno strumento di satana. Chissà perché.

2 Arthur E. Powell, *«Il corpo eterico»*, Alaya, Milano 1950

causa della precessione degli equinozi e si scrivono settecento pagine di astrologia esoterica, dando per veri un mare di concetti astrologici che continuavano a sembrarmi privi di ogni base scientifica. Ed anche dove si prevede una Nuova Era (il famoso e luminoso New Age) durante la quale ogni cosa cambierà, dimenticando che anche la Nuova Era ha una base astrologica e che il regno di Dio sulla Terra non è ancora arrivato, malgrado la profezia di Yeshua di duemila anni fa, ben nota a tutti i cristiani.

O come quando si collegano i sette raggi – un concetto apparentemente concreto ma abbastanza curioso e indimostrabile, che dovrebbe insegnarci nuovi significati della nostra vita – a elaborati insieme a incomprensibili quanto improbabili complessi astrologici.

Per non parlare del fatto che i Maestri ispiratori dell'esoterismo non li conosce nessuno [1], nemmeno di fama, neppure dopo due secoli dal primo contatto con la Blavatsky, mentre sembra di capire che solo la Bailey ne abbia incontrato uno. E si legge che alcuni di loro vivono a Shambala, nel deserto di Gobi, un luogo che sembra scelto apposta per essere il più inaccessibile del mondo.

Finché conclusi che, per me, le pratiche di meditazione alle quali mi ero dedicato a lungo e con perseveranza erano state una pura perdita di tempo, e incominciai a sospettare che lo fossero persino per coloro che conoscevo e che manifestavano tutto il loro interesse per i risultati che (secondo loro) la meditazione li aiutava a trovare. Oltre ad alcuni individui che chiaramente si vantavano di questi risultati solo per ragioni di autovendita. Così mi staccai, perché avevo incontrato per-

---

1 Anche se ne circolano alcune fotografie, sulla cui autenticità si può dubitare

plessità simili a quelle che mi erano state provocate dalle evidenti incongruenze del cristianesimo cattolico, delle quali ho parlato così tanto.

Fortunatamente, prò, ormai ero stato vaccinato dalle precedenti esperienze para-religiose. Cosicché, quando qualcuno mi propose di avvicinarmi a Scientology, dopo essermi informato rifiutai. Non perché questo strano nuovo culto, di cui non sapevo nulla, mi spaventasse, ma perché non volevo correre nessun ulteriore rischio di farmi condizionare ancora, da qualcuno vestito da saggio.

Perché ormai avevo capito quanto fosse facile incontrare un preteso saggio – ma anche un illuso – abbastanza abile da convincere coloro che crederanno in lui.

E avevo imparato a diffidare da chiunque sembri affascinante, perché è proprio tra questi personaggi che si celano i più occulti diffusori di false certezze, siano o non siano sacerdoti, cardinali o semplici pensatori capaci di convincere gli ingenui che li avvicinano.

Naturalmente non tutti sono in malafede. Però quasi tutti quelli che ho incontrato, nell'entusiasmo di convincermi a condividere la loro verità, si mostrarono sempre sicuri e privi di ogni dubbio. Quindi, malgrado la simpatia che avevo provato per qualcuno di loro, quando scoprii che il loro sapere era troppo discutibile per soddisfare la mia ricerca, mi staccai e continuai a cercare da solo.

Perché ormai, forse, dovevo imparare a camminare senza appoggi, anche se non l'ho mai trovato facile. Perchè, per riuscirci, occorre credere in se stessi, oppure essere molto arroganti o del tutto pazzi.

Chi vuole saperne di più sull'esoterismo, può trovare qualcosa in appendice.

Tuttavia mi è rimasta radicata una delle ragioni per le quali non capisco coloro che, pur essendo riconosciuti pubblicamente come filosofi e come persone colte, hanno accettato il cristianesimo dell'editto di Tessalonica. Tantopiù se ci si ricorda che Ipazia fu assassinata poco dopo l'editto.

Perché non capisco cosa abbia a che fare questa religione con Yeshua, quello che detestava i farisei perché erano ipocriti, ma certo non peggiori di milioni di *"cristiani"* dopo Tessalonica. Nè di qualche migliaia dei loro vescovi.

Perché Yeshua era quello che suggeriva la comprensione e l'amore umano, quello che suggeriva di mettersi all'ultima fila di posti quando si andava a un banchetto, che suggeriva di porre l'altra guancia ai nemici per non reagire al male con il male, che suggeriva di dare a Cesare quel che è di Cesare e a Dio quel che è di Dio. Oppure no? Dunque, mi è sembrato corretto porre alcune questioni che possono sembrare retoriche ma non lo sono.

DIECI DOMANDE SEMI-RETORICHE

1. *Che senso hanno le profonde disquisizioni teologiche da parte di personaggi coltissimi, di santi e dottori della Chiesa da allora in poi, convinti di questa religione strampalata, ancora a discutere — dopo duemila anni — delle solite idee inconsistenti che tanto piacquero a filosofi famosi, come quelle di Aristotele, di Platone, di Kant e di Marx a cui ho già accennato?*

2. *Che senso hanno i ragionamenti filosofici su un concetto trinitario del tutto superfluo, inventato a tavolino e imposto dopo trent'anni di discussioni solo perché un imperatore decise così? Possibile che questi personaggi fossero tutti in malafede, opportunisti o così ignoranti di ciò che era successo, da prendere le decisioni di Nicea e di Tessalonica per Verità degne di essere studiate, approfondite e diffuse alle masse, dimenticando che sono state prese da un centinaio di preti insieme a un paio di imperatori?*

3. *Che senso ha l'avere usato il sacramento della confessione per costringere tutti a credere nelle decisioni di Tessalonica, trattando da eretici chiunque osasse pensare a modo suo?*

4. *Che senso ha aver trattato la regina Giovanna d'Aragona come una pazza e averla rinchiusa alla Tordesillas per cinquant'anni solo per il comodo di suo padre Ferdinando e di suo figlio Carlo V che pretesero di regnare al suo posto, dopo averle rubato il regno, solo perché lei non era tanto ipocrita da subire i sacramenti e soprattutto la confessione. E perché si era opposta alla bigotteria cattolica dominante nella Spagna dei suoi tempi e perché aveva litigato, con parolacce [1] "indegne del suo ruolo", con sua madre, la regina Isabella la Cattolica che voleva impedirle di tornare con suo marito e che pretese di sequestrare figlia appena nata?*

5. *Che senso ha avere inventato le crociate, guerre sanguinarie sempre avallate dal papa di turno, per liberare la "terra santa" da un occupante non cattolico, come se costui facesse danni seri a qualcuno, con lo scopo di versare sangue infedele? Massacrando un mare di persone senza troppo sottilizzare sulla loro religione? Ma erano diventati tutti matti?*

6. *Che senso ha aver creato l'Inquisizione con la folle pretesa di voler conoscere ila vera fede degli inquisiti al di là delle apparenze, e di aver chiuso un occhio sulle canagliate fatte dagli inquisitori, oltre ad aver condannato al rogo Giordano Bruno solo perché aveva idee personali (giuste o sbagliate che fossero) a proposito del Creato e di Dio sotto l'influsso delle scoperte di Copernico. Che senso ha aver condannato all'ergastolo domiciliare Galileo Galilei solo per aver scoperto che una certa frase della Bibbia sulla rotazione del sole intorno alla terra era una pura invenzione?*

7. *Che senso ha che nel 2000 Papa Giovanni Paolo II [2] abbia scritto l'assoluzione di Giordano Bruno «perché la sua morte costituisce oggi per la Chiesa un motivo di profondo rammarico, tuttavia questo triste episodio della storia cristiana moderna non consente la riabilitazione dell'opera del filosofo nolano arso vivo come eretico, perché il cammino del suo pensiero lo condusse a scelte intellettuali che progressivamente si rivelarono, su alcuni punti decisivi, incompatibili con la dottrina cristiana». Dimenticando che la sua eresia è stata uno scherzo, in confronto al rogo con cui la Chiesa lo uccise: ma scherziamo?.*

---

1 La famosa Isabella di Castiglia che aveva appoggiato e aiutato Cristoforo Colombo nella sua avventura attraverso l'Atlantico

2 Il papa celebrato a furor di popolo come "Santo subito" quando morì

E dimenticando che papa Leone XIII, a fine Ottocento, digiunò un giorno intero davanti alla statua di San Pietro per condannare l'onta di aver costruito un monumento a Giordano Bruno, martire dell'Inquisizione. Come se la Chiesa avesse sempre ragione, anche quando è stato dimostrato senza alcun dubbio che aveva torto.

8. *Che senso ha che nel 1992 lo stesso papa abbia assolto Galileo Galilei scrivendo però che Galileo, per non essere condannato, avrebbe dovuto «inventare una pedagogia capace di illuminare il popolo di Dio»? Ma che pretesa è? E se il popolo di Dio non ha abbastanza umiltà e buon senso da pensare di illuminare se stesso spontaneamente, che popolo di Dio è? E Einstein, per far capire la teoria della relatività al popolo di Dio, cosa avrebbe dovuto fare se fosse vissuto nel Seicento?*

9. *Che senso ha che negli ultimi cento anni siano emersi i delitti di innumerevoli preti colpevoli di atti pedofili nei confronti di ragazzi di ambo i sessi, conosciuti e avallati dalla pratica della confessione e tenuti nascosti per non danneggiare l'immagine della Chiesa?*

10. *Che senso ha che il vescovo di Verona Giuseppe Zenti – dimissionario per limiti d'età ma ancora in carica perché non è stato ancora nominato il suo successore – abbia licenziato Marco Campedelli, già parroco nel centro di Verona, da 22 anni professore di religione presso il liceo Maffei di Verona, per aver criticato il suo invito a votare in un certo modo? E che senso ha che in Italia l'insegnamento della religione sia limitato al solito catechismo dottrinale della sola Chiesa Cattolica?*

E poi bisogna dare risposte coerenti ai fedeli comuni, quelli che non hanno mai avuto un grande interesse per faccende così complicate, delle quali non sanno quasi nulla. Quelli che considerano Dio una sorta di protezione per la loro vita, tanto da dire «*Se Dio vuole*» o «*Se Dio mi aiuta*», come se Dio volesse davvero occuparsi dei fatti nostri. Anche se ci sono buone ragioni per pensare che questo non sia vero, sebbene qualche ipotesi si possa fare.

Prima di tutto perché c'è da supporre che la fedeltà ad una religione sia nel nostro DNA, indipendentemente dalla religione di cui si parla: non è un caso che, dopo Tessalonica, molti *"pagani"* abbiano dovuto diventare *"cristiani"* con la forza.

E, poi, in fondo non conta molto quale sia la nostra religione, se questa ha buoni argomenti per farsi essere convincente. E la Chiesa Cattolica, tra messe, processioni, confessioni, comunioni, rosari, Madonne e Santi, ha tutto il materiale necessario. Senza contare le omelie prive di contraddittorio, che i celebranti donano ai fedeli ad ogni messa, probabilmente senza mai cambiare gli argomenti.

E, come tutti sanno, le abitudini radicate sono numerose: la prima è quella di andare a messa la domenica, perché *«senza la messa la domenica non sembra neppure domenica»*, anche se si va a messa solo per guardare le ragazze, come faceva il mio amico Dionigi Galletto 65 anni fa. Anche se aveva un cervello matematico così prodigioso da diventare professore al Politecnico di Torino ma, sulla Chiesa, non aveva nulla da dire. Non stupisce che questa abitudine sia sempre più limitata agli anziani.

Poi ci sono gli inni sacri, col loro contenuto suggestivo. E ci sarebbe la messa in latino, abolita un po' di anni fa, malgrado il suo contenuto altrettanto suggestivo. Per non parlare delle processioni, che fino a qualche decina d'anni fa erano molto frequenti e che ora sono un po' diminuite, sia per numero che per partecipazione.

E infine ci sono le architetture, le pitture e le sculture: opere d'arte prodotte per duemila anni, molte delle quali celebrate per il loro contenuto e per la bravura del loro autori. Pensare a San Pietro e a Notre-Dame non più

39. Isaac Newton

chiese non è ammissibile. Eppure Notre-Dame, durante la rivoluzione francese, fu sconsacrata e devastata: dopo che nell'ottobre del 1793, per ordine della Comune di Parigi tutti gli oggetti in metalli preziosi vennero inviati alla zecca per essere fusi, e tutte le statue della facciata, sia quelle della galleria dei Re, sia quelle dei portali, furono distrutte, inclusa la famosa guglia chiamata flèche. La cattedrale a questo punto era così disprezzata, come tale, che nel 1793 il filosofo Claude-Henri de Saint-Simon – fondatore del movimento politico-religioso detto Sansimonismo – aveva intenzione di acquistarla per poi abbatterla: perché delle sue tradizioni e dei suoi pregi architettonici non importava nulla a nessuno, così come era successo dopo Tessalonica a molti tra i più belli templi pagani. Poi non se ne fece nulla, anche perché Pierre-Gaspard Chaumette, nonostante fosse uno dei promotori del terrore, trasformò la chiesa nel tempio della Ragione; e Notre-Dame, in seguito, dal 1798, ospitò gli uffici del clero costituzionale. Finché, dopo il concordato del 1801, firmato il 15 luglio da Napoleone Bonaparte e papa Pio VII, la cattedrale tornò alla Chiesa cattolica e, dopo un sommario restauro, ripartì. La prima messa vi fu celebrata il 18 aprile 1802 alla presenza di Napoleone e del legato pontificio Giovanni Battista

Caprara. Era rimasta sconsacrata per quasi dieci anni. E fu seriamente restaurata soltanto dopo altri cinquanta.

Ma i malintesi di fede sono stati numerosi, tanto che qualche anno fa, perfino Giovanni Paolo II, poi proclamato santo, davanti a una folla di quasi un milione di fedeli disse che l'opera di Giordano Bruno non poteva essere riabilitata perché conteneva idee rivelate incompatibili con la dottrina cristiana. E lo disse senza accorgersi che questa riabilitazione non era stata chiesta proprio da nessuno, perché Giordano Bruno era stato processato e condannato al rogo solo per aver manifestato una libertà di pensiero considerata inaccettabile dalla Chiesa.

E infine non va dimenticato che solo lo scisma luterano ha avuto il merito di chiarire, una volta per tutte, quanto sia importante il diritto di pensare come si vuole, anche se questo diritto è stato inteso in modo molto diverso nei Paesi di ortodossia cattolica e negli altri.

Non è un caso che Newton abbia scritto ciò che pensava sulla Trinità nel Settecento quando dallo scisma luterano del 1517 erano passati meno di due secoli. Non è un caso che l'Illuminismo sia nato verso la fine del Seicento proprio in Inghilterra. Non è un caso che con l'Illuminismo si sia sviluppata una cultura del tutto nuova basata sulla ragione, una cultura che favorì la crescita delle scienze della natura, basate su ricerche razionali indipendenti dai credo religiosi. Anche perché, nel frattempo, erano arrivati liberi pensatori come Montaigne, Erasmo, Lutero, Zwingli, Calvino, Bruno, Copernico, Galileo e, nel Seicento, Bacone, Cartesio, Hobbes, Spinoza, Locke, Berkeley, Pascal, Leibniz, Newton, per citare solo i maggiori. E si sa bene quanto l'Illuminismo contribuì a far crescere il distacco tra i maggiori intellettuali e gli improbabili insegnamenti della Chiesa. Mentre dovremmo sempre ricordarci che l'ateismo è solo una fede, mentre a noi dovrebbe bastare la capacità di usare il cervello.

Finché, nell'Ottocento, arrivò Marx il quale, come ogni tanto accade ai filosofi, quando si accorse delle misere condizioni di coloro che lavoravano per altri, preoccupato per loro, pensò come fare per aiutarli a contare e a guadagnare di più. E, invece di inventare un banale sindacalismo, creò il comunismo, elucubrando una teoria che partiva dalla convinzione che una massa di operai ignoranti potesse creare le stesse imprese create dai loro capi e imprenditori o addirittura a scalarle per guadagnare di più.

Perché Marx prese per leggi fondamentali della società umana le sue opinioni personali, e non fece filosofia ma cercò di creare una fede rivoluzionaria simile a quella della Chiesa, con i suoi dogmi, con i suoi editti e con le sue scomuniche.

Tanto da produrre un *"Credo del Comunismo"*, concorrente a quelli delle religioni, puntando all'esaltazione del banale e inventandosi eccessi punitivi contro coloro che lo osteggiavano, con i risultati ben noti. Soprattutto tra i salariati incapaci di trovare alcunché per migliorare la propria posizione personale, perché privi di cultura e di tempo per ragionare, nonché di personalità.

Perché Marx ed Engels, vedendo ciò che succedeva ai loro tempi, immaginarono che, se non fossero intervenuti loro, la vita dei proletari sarebbe solo peggiorata, per via della brutale speculazione dei capitalisti, senza capire che qualcosa sarebbe necessariamente cambiato da solo.

Perché Marx ed Engels evidentemente non capivano nulla di produzione, di organizzazione e di marketing, di pensiero e di ragione e perfino di equità e di borghesia, malgrado Engels fosse il figlio di un industriale.

Perché Marx ebbe la faccia tosta di scrivere che **«il proletariato si servirà della sua supremazia politica per strappare gradualmente il capitale alla borghesia, per accentrare tutti gl'istrumenti di produzione nelle mani dello stato, cioè del proletariato organizzato in classe dominante»,** ma si guardò bene dallo spiegare che cosa avrebbe fatto fare a questa massa produttiva dominante, visto che **«il lavoro sarà obbligatorio per tutti».**

Perché partirono dal concetto che la proprietà privata ha reso gli imprenditori ottusi e unilaterali. E che, di conseguenza, per comprendere e trarre da sé la sua ricchezza interna, intima, l'essenza umana dovrà essere ricondotta a un'assoluta povertà: ma pensa un po'.

Come se la proprietà privata fosse un'invenzione del Settecento e non un modo di vivere, tipico non solo degli umani ma di tutte le specie viventi che devono usare una qualche proprietà privata per sopravvivere, a partire dalle api e dalle formiche, per arrivare agli scoiattoli e ai criceti.

E Marx mise sotto accusa l'Illuminismo borghese che si era occupato di alcuni problemi gravi dell'umanità, come se l'oggetto delle filosofie di tutto il mondo fosse quello di rimediare una volta per tutte agli errori commessi dall'umanità, dimenticando che i rimedi arrivano solo per gradi e che l'Illuminismo si era accorto per primo del modo indegno con cui era stata sempre applicata la giustizia in ogni parte del mondo. Perché l'Illuminismo cercò di ripensare tutto ciò che era stato deciso e im-

41. Karl Marx

posto nei tempi da persone che non avevano usato la ragione, religioni incluse.

Va considerato che l'opera più corrente di Marx, il «**Manifesto del partito Comunista**», di gran lunga anteriore al «**Capitale**», contiene alcune frasi del tutto folli: come quando scrive che «**la borghesia spogliò della loro aureola, con paura, tutte le professioni considerate sino allora venerabili e venerate. Essa fece del medico, del giurista, del prete, del poeta, dello scienziato, altrettanti operai salariati**» Senza che lui si sia accorto di quanti siano stati i giuristi, i poeti, i romanzieri, vissuti proprio mentre lui scriveva *"Il Capitale"*. Come se non avesse mai sentito parlare di Dickens, di Malo, di Goethe, di Verdi, di Semmelweis o di Pasteur, Darwin, e del dott. Koch, mentre da anni predicavano Mazzini, Foscolo e Beccaria suoi contemporanei. Ma lui non se ne accorse, oppure li prese per operai salariati.

Come quando scrive che «**la borghesia annegò l'estasi religiosa, l'entusiasmo cavalleresco, il sentimentalismo del piccolo borghese, nelle acque ghiacciate del calcolo egoista**»: come se l'estasi religiosa e l'entusiasmo cavalleresco fossero dovuti alla borghesia e non ai trovatori che li cantavano, quando la borghesia era

42. Friedrich Engels

al servizio dell'aristocrazia, quando cucinava per i nobili, quando faceva le loro scarpe e i loro abiti, quando ferrava i loro cavalli, quando costruiva e puliva le loro abitazioni e i loro giardini.

O come quando scrive che **«gli operai non sono soltanto gli schiavi della classe borghese, del governo borghese, ma pure giornalmente ed a tutte le ore, gli schiavi delle macchine, del direttore e del padrone della fabbrica».** E aggiunse persino che **«la borghesia sottomise la campagna alla città. Essa costruì città immense; essa aumentò prodigiosamente la popolazione delle città a spese di quella delle campagne; ed in tal modo essa preservò una grande parte della popolazione dall'idiotismo della vita dei campi»,** come se il trasferimento progressivo dalle campagne alle città fosse dovuto ad un ghiribizzo della borghesia anziché al fatto, molto più semplice, che i quando incominciò a nascere un barlume di industria, i contadini incominciarono a preferire al lavoro di braccianti agricoli quello di operai salariati e quindi, quando occorreva, si trasferivano in città con le loro famiglie.

Senza accorgersi e senza capire che i creatori delle prime industrie dell'Ottocento reclutavano la loro manodopera dove la trovavano (come sempre), ossia soprattutto tra i braccianti agricoli che vivevano (molto male) dappertutto e che evidentemente preferivano lavorare come operai che come braccianti. Forse perché faticavano meno ed erano più sicuri del loro guadagno, anche se venivano pagati il minimo possibile: ma questo accadeva solo perché chi paga ha sempre cercato di spendere il meno che poteva, anche ai nostri giorni quando la stessa sorte tocca agli immigrati più poveri.

Senza accorgersi e senza capire che i creatori di nuove idee forti e capaci di creare un'impresa e di farla funzionare nascevano dove volevano, anche ai suoi tempi. Facendo cose alle quali non tutti sono adatti, per cultura e per temperamento, così come è stato dimostrato ampiamente nei settant'anni di vita dell'Unione Sovietica. E senza capire che un simile passaggio di potere da un gruppo all'altro, invece di produrre nuove idee imprenditive costruttive, poteva soffocare quelle che invece nascevano e crescevano da qualche altra parte del mondo.

E Marx non tentò neppure di immaginare se, nel futuro, ci sarebbero stati proletari diventati imprenditori per aver puntato su un'idea di successo. Senza poter supporre, nella seconda metà dell'Ottocento, quante fossero le nuove idee che stavano per nascere e per esplodere: dal telegrafo alle auto, agli aerei, ai computer ecc. E quanti giovani, tra i futuri imprenditori, fossero incoraggiati a lavorare sulle proprie idee, come Guglielmo Marconi che inventò il telegrafo senza fili a fine Ottocento, come Nicola Tesla, uno dei maggiori inventori dell'Ottocento figlio di un prete e di una casalinga analfabeta, come Steve Jobs allevato da un meccanico per auto, il quale dopo due mesi di lavoro alla Atari decise di mettersi in proprio usando come sede il garage di casa e lanciando la Apple dopo essere

43. Adam Smith

stato finanziato da un industriale.

Se avesse letto e apprezzato "*La Ricchezza delle Nazioni*", scritta da Adam Smith cinquant'anni prima di lui, Marx forse ne avrebbe notato una frase poi diventata celebre "**Non è certo dalla benevolenza del macellaio, del birraio o del fornaio che ci aspettiamo il nostro pranzo, ma dal fatto che essi hanno cura del proprio interesse.**" Con la quale Adam Smith aveva svelato l'arcana armonia sociale del mercato, tracciando la strada del pensiero economico sino ai giorni nostri, mettendosi contro Jean-Jacques Rousseau, il più banale e tradizionalista degli illuministi, quello che aveva proposto di mettere al bando il lusso dalla natìa Ginevra, in risposta alla crescente produzione di prodotti frivoli: perché Smith aveva fatto notare a Rousseau che anche il consumismo di lusso, sebbene frivolo, ha un ruolo molto serio nella società: perché genera la ricchezza, quel surplus che permette di prendersi cura dei membri più deboli.

Tanto che le società borghesi, malgrado la loro conclamata superficialità, di solito non lasciano bambini e vecchi morire di fame, perché possono permettersi ospedali e assistenza ai poveri.

Ma Marx ragionava come Rousseau (che, però, si li-

mitava ad esporre come grandi verità le sue ubbie da
post-cattolico e da post calvinista), e non considerò che i
creatori di nuove idee forti, capaci di creare un'impresa e
di farla funzionare, nascevano dove capitava e mai dove
si sarebbe previsto, facendo cose alle quali non tutti sono
adatti, per cultura e per temperamento, così come è stato
dimostrato ampiamente nei settant'anni di vita dell'Unione Sovietica. E Marx non si rese conto che un passaggio
di potere – come quello dalla libera iniziativa a quello del
comunismo proposto da lui – invece di produrre nuove
idee imprenditive, poteva soffocare le idee originali che
nascevano e crescevano da qualche altra parte del mondo.
Così come accadde. E come verificai di persona quando,
già negli anni Sessanta, mi capitò di vedere quante caset-
te fossero rimaste vuote, nella campagna pavese, perché
abbandonate dagli antichi braccianti che avevano trovato
più interessante lavorare nell'industria.

Perché Marx fu un comunista centralista che pretendeva il trionfo dell'eguaglianza economica e sociale, attraverso la potenza dello Stato e attraverso la dittatura di
un governo dispotico, cioè attraverso la negazione della
libertà. Senza capire che il suo comunismo era solo una
livellazione verso il basso. Perché l'egualitarismo, l'anti-
liberalismo e la spinta verso il totalitarismo e verso l'eliminazione di ogni libertà propugnati di Marx muovono
dal presupposto di un intransigente organicismo che
non lascia nessun margine di autonomia all'individuo.

Infatti Marx scrisse che «**il proletariato si servirà
della sua supremazia politica per strappare gradualmente il capitale alla borghesia, per accentrare tutti**

gl'istrumenti di produzione nelle mani dello stato, cioè del proletariato organizzato in classe dominante », ma si guardò bene dallo spiegare che cosa avrebbe fatto questa massa produttiva dominante, visto che «**il lavoro sarà obbligatorio per tutti**», così come scrisse. Ma chi avrebbe fatto il contadino, il meccanico, l'elettricista, l'avvocato? E quanti sarebbero stati i contadini, i meccanici eccetera? E chi avrebbe deciso cosa fare, cosa inventare cosa copiare, e che cosa avrebbe dovuto fare? E, se la decisione fosse stata dello Stato, chi avrebbe proposto di sviluppare l'elettricità, i computer e le automobili? Avrebbe dovuto essere un dirigente dello Stato, un burocrate privo di esperienza imprenditiva ma anche di fantasia, digiuno di elettricità, di computer e di automobili? Stupisce che l'URSS non sia riuscita a combinare nulla di buono, che abbia distrutto la borghesia russa e abbia lasciato morire milioni di contadini per i suoi errori di gestione e che abbia dovuto mandare in giro eserciti di spie per copiare ogni nuova idea di successo realizzata da qualcun altro?

E poi Marx aggiunse che tra le misure da applicare (ovviamente da parte dello Stato comunista) ci sarà *un'imposta fortemente progressiva*, senza spiegare chi avrebbe dovuto pagarla. Perché se gli operai sono per definizione tutti eguali e livellati verso il basso guadagnano tutti lo stesso mentre chi guadagnava di più erano i loro capi i quali, sempre per definizione, sono dirigenti statali. In nome dell'equità.

Per questo ho chiamato *"elucubrazioni"* le trovate di Marx ed Engels, anche perché leggendo Marx si può concludere che la diversificazione tra capitalisti e proletari sia un'invenzione recente, mentre non lo è. A meno che queste non siano state solo scuse, per giustificare ogni reazione, anche la più violenta, da parte dei proletari oppressi da borghesi schiavisti, tirannici e sciocchi.

Ma avrei potuto parlarne molto peggio: perché trovo Marx noiosissimo e suppongo che lui ed Engels soffrissero di allucinazioni che li spingevano a trovare nella realtà sociale dei loro tempi un mare di spiegazioni di comodo, tutte in linea con le loro idee preconcette. Proprio come aveva obiettato Bakunin a Marx nella conferenza della Prima Internazionale di Londra del settembre 1871, in cui Bakunin predisse che con la collettivizzazione della proprietà, il risultato sarebbe stato il dominio esercitato sulla grande maggioranza del popolo da parte di una minoranza di privilegiati. Una minoranza che non sarebbe stata di lavoratori ma di ex lavoratori che, una volta diventati rappresentanti o governanti del popolo, cessano di essere lavoratori perché diventano capi. E la conclusione arrivò con Lenin che usò il Manifesto solo come guida pratica ma passò subito alla forza bruta, più tardi applicata su metà del genere umano da Stalin e da Mao, provocando sciagure tali da far dimenticare ai popoli che Lenin fu solo il primo despota: anche se visse meno e fu oscurato proprio dai suoi epigoni.

Anche se, più difficili di capire delle incongruenze di Marx che le ha scritte, sono quelle dei suoi seguaci che non sembrano essersene accorti, a incominciare da Lenin. Perché non sarebbe stato difficile accorgersene. A meno che... a meno che se ne fossero accorti, ma avessero comunque bisogno di un'idea rivoluzionaria a cui attaccarsi per giustificare una sovversione. Considerando che pochissimi dei loro associati avrebbero letto qualcosa, e pochissimi di quelli che avevano letto qualcosa avrebbero capito i trucchi dei fondatori. Tanto è vero che il comunismo fece innumerevoli proseliti che non si accorsero di quanto fossero fragili le sue basi.

E le rivoluzioni comuniste sono state relativamente poche e limitate a paesi secondari, salvo Russia e Cina. Ma dappertutto sono state caratterizzate dalla persecuzione e dalla fuga dei *"borghesi"*, dall'istituzione di autoritarismi tanto inaccettabili quanto superflui. E non è un caso che la Russia abbia realizzato la sua rivoluzione comunista solo per merito della Guerra Mondiale che ne aveva minato i poteri tradizionali delle classi dirigenti e della borghesia, dopo averle eliminate, senza riuscire a cambiare di una virgola le condizioni di lavoro della classe operaia. Salvo esaltare le virtù *"patriottiche"* degli stakanovisti che si ammazzavano di lavoro solo per migliorare la loro personale, triste condizione umana.

La rivoluzione avrebbe potuto essere evitata da una semplice evoluzione della cultura e della distribuzione della ricchezza, come accadde in tutto il mondo industrializzato a furia di scossoni e di risultati parziali e come aveva previsto Bakunin: perché si trattava di realizzare un'evoluzione della natura e della cultura umana, senza pretendere di porre tutta l'umanità sotto il dominio di una classe sociale – il proletariato – che non possedeva né la cultura né la forza per imporsi. Col risultato che, dappertutto, il comunismo fu imposto da borghesi convinti di essere comunisti, contro tutti gli altri borghesi considerati sfruttatori, e usando allo scopo le masse proletarie che si pretendeva di far vivere meglio, anche se queste dappertutto si limitarono a subire, restando sempre masse inerti.

Tanto che, secondo il filosofo Peter Sloterdijk, *"il comunismo reale è nato come utilizzo delle risorse d'energia di masse rurali che, a quel tempo, non potevano avere nessun motivo di rancore verso il capitalismo"*. Perché nel proletariato la cultura era assente anche se aveva la forza dei numeri, che tuttavia non servì a farlo progredire, ma solo a dare il massimo potere

a una classe di politici che lo spremettero badando solo
ai propri interessi; così come fecero i dirigenti sovietici da
Lenin in poi e quelli cinese da Mao in poi, proprio come
aveva previsto Bakunin.

Adam Smith aveva scritto, nel 1755, che *"per condurre uno
stato dalla più infima barbarie al più alto grado di opulenza serve
ben poco, se non la pace, una tassazione leggera ed una ragionevole
amministrazione della giustizia. Viceversa, quando un governo cerca
di sviare questo corso naturale, forzando le cose in un diverso canale
o sforzandosi di arrestare in un punto particolare il progresso della
società, questo è innaturale e, se vorrà perpetuarsi, sarà obbligato ad
essere oppressivo e tirannico"*. Tanto è vero che nessun Paese
comunista, finora, è stato rovesciato da rivoluzioni proletarie. La storia ha confermato che aveva ragione lui, anche se
era soltanto un illuminista.

Ma più la faccenda più sbalorditiva è stata la tenuta bimillenaria della Chiesa che, con Marx, non ha mai avuto
a che fare. La Chiesa che ha subito attacchi di ogni tipo,
comprese le chiusure di chiese e di conventi, comprese le
prigionie dei papi e le fughe dei papi da Roma. La Chiesa
che è riuscita a fare accordi perfino con i fascisti e con i
nazisti, che nell'Ottocento perdette il suo Stato Pontificio e se ne lamentò finché, dopo decenni, qualche papa
finì per riconoscere che tutto sommato era stato un bene.
Perché la Chiesa è riuscita a sopravvivere al comunismo
ateo e, tuttora, in molti luoghi gestisce scuole di un valore
riconosciuto molto superiore a quello delle scuole statali
di ogni tipo. Perché la Chiesa ha perso vocazioni ed ha
dovuto ridurre il numero dei religiosi, mentre è probabile
che quelli residui – il cui numero resta tutt'altro che trascurabile – abbiano in media un valore molto più alto di
quello che li hanno preceduti. E perché quindi la Chiesa,
a parte gli scandali finanziari e pedofili, tutto sommato

riesce a riscuotere un successo morale notevole, in paragone a quello della media dei politici e dei potenti. [1]

E questa tenuta, misurata anche come stima personale da parte dei laici verso i religiosi, sembra non soffrire più di tanto della modernità, della libertà dei costumi e del pensiero, e non sembra minimamente compromessa da critiche di tipo teologico come quelle che ho fatto io finora. Perché, malgrado tutto, le feste religiose sono sempre in voga, così come i treni che viaggiano verso Lourdes, anche se – più o meno dappertutto – diminuiscono i fedeli che vanno alla messa della domenica.

LA RESPONSABILITÀ DI MARX VERSO LE ALTRE DITTATURE

In un certo senso la battaglia di Marx per lanciare le rivoluzioni di tipo comunista ha lanciato nel mondo la moda delle dittature di stampo ideale, ovvero dei fascismi: quello italiano, quello spagnolo e quello tedesco. Perché fino al Novecento non erano mai esistite dittature dovute a ispirazioni "idealistiche", ma solo passaggi di poteri di tipi tradizionale: incluso quello che trasferì al popolo il governo di uno Stato (rivoluzione francese) e quelli di un generale che diventa il capo di un governo (come si è verificato da sempre, incluso il caso dei due Napoleoni).

Ma, nel caso dei fascismi molti sono stati gli aspetti davvero spaventosi, dalla volontà di opprimere il mondo a quella di soggiogare vari popoli, solo per il proprio interesse brutale. Hitler, a questa sua volontà, diede anche la forma di un suo libro (*"Mein Kampf"*), ma Mussolini non fece neppure questo. Ed entrambi si imposero con

---

1 l'Allegato 4 a pg. 245 non è altro che il Manifesto del Partito Comunista, scritto da Marz ed Engel nel 1847. E leggerlo è utile per capirci qualcosa.

la forza delle armi, approfittando del grande numero di reduci armati ritornati dal fronte e privi di aspettative positive. L'Italia si dissanguò in due guerre inutili (la guerra di Spagna per aiutare il generale Franco che voleva conquistare un potere di stampo fascista e la guerra di Etiopia per conquistare un impero, senza che Mussolini si sia mai reso conto di quanto assurdo sia stata dall'inizio alla fine) mentre la Germania passò diversi anni a conquistare pezzi di Europa fino a quando, avendo aggredito la Polonia scatenò la seconda guerra mondiale. Ma tanto l'Italia quanto la Germania avevano creato dittature oppressive, che limitavano la libertà e obbligavano a vivere in un modo imposto dall'alto. Finché riuscirono a scatenare una guerra che le distrusse danneggiando soprattutto le loro popolazioni.

E Mussolini, nelle sue ultime lettere scritte alla Petacci, si lamentò della propria depressione per aver perso l'impero a cui era tanto affezionato (lo aveva conquistato mandando in Africa 350.000 soldati, fece 270.000 morti tra gli etiopi) ed era durato solo quattro anni, ma non spese una parola di rammarico per aver causato all'Italia tutti i morti e i danni di cui ebbe la colpa per la guerra mondiale scatenata insieme ad Hitler.

Non siamo qui a parlare della seconda guerra mondiale, ma ne abbiamo pagato tutti le conseguenze, così come quelle delle dittature che l'hanno provocata, anche se è restato qualcuno ancora nostalgico per il potere di chi ha creato solo danni. A tutti.

E qui viene voglia di immaginare in che modo la nascita del cristianesimo sarebbe stata affrontata con i criteri di un direttore di marketing attuale, dotato di poteri simili a quelli di Dio. Perché un uomo di marketing, innanzitutto, non penserebbe neppure per un istante di far morire Yeshua così giovane, a poco più di trent'anni. Perché penserebbe che avesse ancora tanto da dire e da insegnare.

Naturalmente, la crocifissione a fine vita può starci, perchè è un elemento abbastanza forte da colpire le fantasie dei popoli e da restare nella memoria a lungo: basti pensare a Giordano Bruno. A settant'anni – più o meno – morirono Maometto, il Buddha e Confucio.

E trent'anni di predicazione in più avrebbero consentito di ampliare il messaggio di Yeshua – il messaggio dell'amore per tutti, inclusi i nemici, insieme a quello del non reagire mai ai torti subiti per non peggiorare i rapporti umani, e a quello dell'amore – che fu incredibilmente sintetico, e che avrebbe meritato di essere spiegato bene e diffuso meglio, mentre così come fu passato poteva lasciare un segno molto profondo solo in chi ne era toccato direttamente.

E, infatti, il messaggio dell'amore non ha lasciato tracce se non nei cristiani più colti e di animo più nobile, una minoranza assoluta che lo poteva mettere in pratica perché lo sentivano dentro di sé, mentre la massa dei suoi successori e dei suoi fedeli – quelli che lo consideravano un campione di marketing promozionale – ne parlarono molto, lo usarono per magnificare il valore del cristianesimo mentre facevano i propri interessi, a volte in maniera davvero turpe.

In più, un briciolo di cultura di marketing avrebbe aiutato Yeshua a migliorare la scelta dei discepoli, selezionati all'inizio per il buon carattere, per la devozione, l'onestà e la disponibilità, ma senza alcuna attenzione alla loro cultura. Col risultato che nulla è stato discusso a fondo con loro, che hanno capito poco e non hanno mai scritto nulla fino a quando arrivò Paolo, certamente il più colto ancorché fuori tempo.

Trent'anni di predicazione in più avrebbero permesso di trascrivere tutto ciò che Yeshua diceva e faceva. Tantopiù se è autentica la frase di Yeshua che manifesta l'intenzione di fondare una Chiesa (ma fondarla su cosa, visto che all'epoca non sembra ci fosse un progetto, un'idea, un piano e neppure un'area geografica?): «*tu sei Pietro e su questa pietra edificherò la mia Chiesa e le potenze degli inferi non prevarranno su di essa. A te darò le chiavi del regno dei cieli: tutto ciò che legherai sulla terra sarà legato nei cieli, e tutto ciò che scioglierai sulla terra sarà sciolto nei cieli*» [1].

E Pietro chi fu, oltre ad essere un eletto e un chiamato? Di che cosa dimostrò di essere capace, dal punto di vista organizzativo e pratico? Non fu capace di nulla, dunque perché appoggiarsi a Pietro? E perché dire agli apostoli frasi come : «*Ricevete lo Spirito Santo. A coloro a cui perdonerete i peccati, saranno perdonati; a coloro a cui non perdonerete, non saranno perdonati*» [2] senza fornire la minima spiegazione sul "*come fare*"? E infatti cercarono di farlo a modo loro, combinando guai.

Trent'anni di predicazione in più avrebbero permesso di evitare gli equivoci di Nicea, di Costantino e di Teodoro il Grande: detti "*grande*" solo per l'aiuto che diedero ai vescovi nel trovare le soluzioni pratiche, a incominciare dal Credo e dalla Trinità. E avrebbero permesso di adattare il deuterinomio, ossia il quinto libro del Pentateuco,

---

1 Matteo, 16::18/19
2 Giovanni, 20:22/23

alla visione di Gesù Cristo, senza bisogno di interpretare il suo pensiero al di là del buon senso.

Perché va considerato quanto peso abbia il Deuterinomio (una cinquantina di pagine dettate da Mosè, ben oltre i famosi 10 comandamenti che ne sono solo una sintesi.

Dal Deuterinomio, una pagina sul diritto di famiglia,

Se andrai in guerra contro i tuoi nemici e il Signore, tuo Dio, te li avrà messi nelle mani e tu avrai fatto prigionieri, se vedrai tra i prigionieri una donna bella d'aspetto e ti sentirai legato a lei tanto da volerla prendere in moglie, te la condurrai a casa. Ella si raderà il capo, si taglierà le unghie, si leverà la veste che portava quando fu presa, dimorerà in casa tua e piangerà suo padre e sua madre per un mese intero; dopo, potrai unirti a lei e comportarti da marito verso di lei e sarà tua moglie. Se in seguito non ti sentissi più di amarla, la lascerai andare per suo conto, ma non potrai assolutamente venderla per denaro né trattarla come una schiava, perché tu l'hai disonorata. Se un uomo avrà due mogli, l'una amata e l'altra odiata, e tanto l'amata quanto l'odiata gli avranno procreato figli, se il primogenito è il figlio dell'odiata, quando dividerà tra i suoi figli i beni che possiede, non potrà dare il diritto di primogenito al figlio dell'amata, preferendolo al figlio dell'odiata, che è il primogenito. Riconoscerà invece come primogenito il figlio dell'odiata, dandogli il doppio di quello che possiede, poiché costui è la primizia del suo vigore e a lui appartiene il diritto di primogenitura. Se un uomo avrà un figlio testardo e ribelle che non obbedisce alla voce né di suo padre né di sua madre e, benché l'abbiano castigato, non dà loro retta, suo padre e sua madre lo prenderanno e lo condurranno dagli anziani della città, alla porta del luogo dove abita, e diranno agli anziani della città: "Questo nostro figlio è testardo e ribelle; non vuole obbedire alla nostra voce, è un ingordo e un ubriacone". Allora tutti gli uomini della sua città lo lapideranno ed egli morirà. Così estirperai da te il male, e tutto Israele lo saprà e avrà timore. Se un uomo avrà commesso un delitto degno di morte e tu l'avrai messo a morte e appeso a un albero, il suo cadavere non dovrà rimanere tutta la notte sull'albero, ma lo seppellirai lo stesso giorno, perché l'appeso è una maledizione di Dio e tu non contaminerai il paese che il Signore, tuo Dio, ti dà in eredità.

E il Corano fece la stessa cosa del Deuterinomio, ma per un numero di pagine (77) dettate dall'arcangelo Gabriele quasi doppio. Anche perché per Maometto, commerciante, il marketing e le leggi erano nel suo mestiere.

Dal Corano, una pagina sul diritto di famiglia,

Ma se poi decidono il divorzio, in verità Allah ascolta e conosce. Le donne divorziate osservino un ritiro della durata di tre cicli , e non è loro permesso nascondere quello che Allah ha creato nei loro ventri, se credono in Allah e nell'Ultimo Giorno. E i loro sposi avranno priorità se, volendosi riconciliare, le riprenderanno durante questo periodo. Esse hanno diritti equivalenti ai loro doveri, in base alle buone consuetudini, ma gli uomini sono superiori. Allah è potente, è saggio. Si può divorziare due volte. Dopo di che, trattenetele convenientemente o rimandatele con bontà; e non vi è permesso riprendervi nulla di quello che avevate donato loro, a meno che entrambi non temano di trasgredire i limiti di Allah. Se temete di non poter osservare i limiti di Allah, allora non ci sarà colpa se la donna si riscatta . Ecco i limiti di Allah, non li sfiorate. E coloro che trasgrediscono i termini di Allah, quelli sono i prevaricatori. Se divorzia da lei [per la terza volta] non sarà più lecita per lui finché non abbia sposato un altro. E se questi divorzia da lei, allora non ci sarà peccato per nessuno dei due se si riprendono, purché pensino di poter osservare i limiti di Allah. Ecco i limiti di Allah, che Egli manifesta alle genti che comprendono. Quando divorziate dalle vostre spose, e sia trascorso il ritiro, riprendetele secondo le buone consuetudini o rimandatele secondo le buone consuetudini . Ma non trattenetele con la forza, sarebbe una trasgressione e chi lo facesse mancherebbe contro se stesso. Non burlatevi dei segni di Allah. Ricordate i benefici che Allah vi ha concesso e ciò che ha fatto scendere della Scrittura e della Saggezza, con i quali vi ammonisce. Temete Allah e sappiate che in verità Allah conosce tutte le cose. Quando divorziate dalle vostre spose, e sia trascorso il termine, non impedite loro di risposarsi con i loro mariti, se si accordano secondo le buone consuetudini. Questa è l'ammonizione per coloro di voi che credono in Allah e nell'Ultimo giorno. Ciò è più decente per voi, e più puro. Allah sa e voi non sapete. Per coloro che vogliono completare l'allattamento, le madri allatteranno per due anni completi . Il padre del bambino ha il dovere di nutrirle e vestirle in base alla consuetudine.

Nessuno è tenuto a fare oltre i propri mezzi. La madre non deve essere danneggiata a causa del figlio e il padre neppure. Lo stesso obbligo per l'erede . E se, dopo che si siano consultati, entrambi sono d'accordo per svezzarlo, non ci sarà colpa alcuna. E se volete dare i vostri figli a balia, non ci sarà nessun peccato, a condizione che versiate realmente il salario pattuito, secondo la buona consuetudine. Temete Allah e sappiate che in verità Egli osserva quello che fate. E coloro di voi che muoiono lasciando delle spose, queste devono osservare un ritiro di quattro mesi e dieci [giorni]. Passato questo termine non sarete responsabili del modo in cui dispongono di loro stesse, secondo la buona consuetudine. Allah è ben informato di quello che fate. Non sarete rimproverati se accennerete a una proposta di matrimonio, o se ne coltiverete segretamente l'intenzione . Allah sa che ben presto vi ricorderete di loro. Ma non proponete loro il libertinaggio : dite solo parole oneste. Ma non risolvetevi al contratto di matrimonio prima che sia trascorso il termine prescritto. Sappiate che Allah conosce quello che c'è nelle anime vostre e quindi state in guardia. Sappiate che in verità Allah è perdonatore, magnanimo. Non ci sarà colpa se divorzierete dalle spose che non avete ancora toccato e alle quali non avete stabilito la dote . Fate loro comunque, il ricco secondo le sue possibilità e il povero secondo le sue possibilità, un dono di cui possano essere liete, secondo la buona consuetudine. Questo è un dovere per chi vuol fare il bene. Se divorzierete da loro prima di averle toccate ma dopo che abbiate fissato la dote, versate loro la metà di quello che avevate stabilito, a meno che esse non vi rinuncino o vi rinunci colui che ha in mano il contratto di matrimonio. Se rinunciate voi, è comunque più vicino alla pietà. Non dimenticate la generosità tra voi. In verità Allah osserva quello che fate. Siate assidui alle orazioni e all'orazione mediana e, devotamente, state ritti davanti ad Allah. Ma se siete in pericolo, [pregate] in piedi o a cavallo. Poi, quando sarete al sicuro, ricordatevi di Allah, ché Egli vi ha insegnato quello che non sapevate. Quelli di voi che moriranno lasciando delle mogli, [stabiliscano] un testamento a loro favore, assegnando loro un anno di mantenimento e di residenza. Se esse vorranno andarsene, non sarete rimproverati per quello che faranno di sé in conformità alle buone consuetudini . Allah è potente e saggio. Le divorziate hanno il diritto al mantenimento, in conformità alle buone consuetudini . Un dovere per i timorati. Così Allah manifesta i Suoi segni affinché possiate capire.

E' naturale che Yeshua, ebreo, conoscesse il Deuterinomio, ma più tardi i sacerdoti cristiani pretesero di imporre
ai profani i valori della Bibbia, vietandone la lettura libera e
perfino la sua traduzione nelle lingue correnti, per evitare
interpretazioni non autorizzate. Mentre il cristianesimo si
diffuse in Paesi abituati da secoli al diritto Romano, elabo-
rato con criteri del tutto diversi da quelli degli ebrei.

E il vero problema restò nella difficoltà di comunicare.
Perché Yeshua, che dialogava continuamente con Dio,
non era un mistico e non si limitava a diffondere qualcosa in cui credeva: era uno che conosceva, ossia uno che
Sapeva. Dunque non aveva bisogno di intellettuali che
scrivessero di lui, ma di apostoli che credessero in lui:
di qui la scelta di circondarsi di persone semplici. Per le
quali, la sua capacità di fare i miracoli più incredibili era
la sola garanzia di credibilità.

Ma, ai fini della comunicazione, i miracoli non ba-
starono, tanto che lui accusava i suoi apostoli di essere
uomini di poca fede, senza capire quanto la fede sia uno
stato d'animo basato quasi sul nulla. Infatti i discepoli si
squagliarono subito prima del processo e probabilmente persero ogni fede dopo aver sentito la famosa ultima
frase pronunciata da Yeshua prima di morire: «*Dio mio,
Dio mio perché mi hai abbandonato*». Salvo ricredersi dopo
mille dubbi quando ebbero la certezza che era resusci-
tato. Finché andarono in Galilea, sul monte che Gesù
aveva loro indicato. *E quando lo videro, si prostrarono. Essi
però dubitarono* [1]. E continuarono a dubitare fino alla
fine. Tutti, salvo le donne, chissà perché.

Il tutto, tenendo conto che i comandamenti di Yeshua
erano troppo nobili per poter essere inseriti in qualunque codice, a incominciare dall'elenco delle beatitudini:

---

1   Tutte le citazioni dell'ultima mezza pagina suno tratte dal vangelo di Matteo

in altre parole, gli umani che potevano comprenderli ed attuarli sul serio erano un'infima minoranza.

Yeshua predicò molto, risanò moltissimo, fece infiniti miracoli, dimostrò in tutti i modi di essere una persona del tutto speciale, ma non fece filosofia. Testimoniò in tutti i modi l'esistenza di Dio, si proclamò suo figlio, usò frasi semplici come quelle del sermone della montagna per indurre un modo di vivere nobile, come se fosse possibile farlo solo perché convinti da lui. E fu un grande esempio. E infine creò l'eucaristia in un modo che gli fu fatale, perché durante l'ultima cena *«prese il calice, rese grazie e lo diede loro, dicendo: «bevetene tutti, perché questo è il mio sangue dell'alleanza»*. E probabilmente questa frase bastò a farlo condannare dal popolo giudeo che lo aveva accolto con gli osanna e invece scelse di assolvere Barabba dopo che Giuda, presente alla cena, informò i sacerdoti che Yeshua si era macchiato dell'orrenda blasfemia di suggerire di bere il suo sangue, cosa assolutamente vietata dall'ebraismo tradizionale. E, quindi, dopo che i sacerdoti ne informarono il popolo.

In ogni modo va ribadito che Yeshua non creò nessuna dottrina, col risultato che, dopo di lui, si crearono almeno due correnti del cristianesimo. La prima fu quella che condurrà al monachesimo, la seconda quella che condurrà alla struttura della Chiesa.

Quanto al monachesimo, vale la pena di ricordare la raccomandazione di Yeshua al giovane ricco che aveva osservato tutti i comandamenti della Bibbia ma gli chiese *«che cosa devo fare di buono per avere la vita eterna?»*. E si sentì rispondere *«Se vuoi essere perfetto, va', vendi quello che possiedi, dallo ai poveri e avrai un tesoro nel cielo; e vieni! Seguimi!»*. Come dire che la vita eterna è riservata agli anacoreti, e questo ovviamente non può essere vero.

Il giovane ricco non seguì il folle consiglio, che tuttavia

fu alla base della conversione di tutti gli anacoreti e di tutti i monaci creati dal cristianesimo, quelli che rinunciarono ad ogni ricchezza materiale per dedicarsi allo spirito, da San Francesco a Santa Chiara e dai religiosi appartenenti ai loro ordini. Anche se vi fu qualche eccezione, visto che perfino Papa Giulio II della Rovere, ordinato nei frati minori conventuali e più tardi sifilitico per ragioni sue, non fece nè una vita nè una morte da anacoreta.

In parallelo, la filosofia del cristianesimo fu sviluppata da innumerevoli predicatori, tutti convinti di conoscere Dio e le sue leggi, fino a fare l'impossibile per divulgare ciò che avevano capito, anche se non avevano capito nulla: forse perché capire certe cose è davvero arduo. Senza dimenticare i dottori della chiesa che scrissero un mare di libri partendo da un Credo arbitrario e folle per quanto obbligatorio, come se fosse Verità, senza mai esprimere dubbi, evidentemente senza capire ciò che stavano facendo. Quindi totalmente sciocchi in quanto incapaci di capire, oppure totalmente ipocriti in quanto avevano capito che, per catturare un brandello di fama, dovevano appoggiare le incredibili idee dei vescovi che si erano considerati le fonti della verità mentre erano soltanto i veicoli dell'imbroglio: un imbroglio durato duemila anni e non ancora messo in discussione.

Invece gli intellettuali colti, dall'Illuminismo in poi, ogni tanto capirono quanto sia profonda la differenza fra il credere, il sapere e lo scarso sapere, e quindi faticarono a credere in chiunque cercasse di divulgare le proprie certezze. Anche se neppure loro potevano conoscere ciò che non si può sapere.

Forse perché, come ha scritto proprio oggi Alfonso Berardinelli: *«Ci sono poi i filosofi teologizzanti, più volgarmente definibili "snob estremisti" della filosofia perché, così come lo snob ama la nobiltà e si appassiona a frequentarla, così il filosofo snob frequenta il più alto e nobile dei soggetti filosofici: cioé Dio. Ma l'onestà [1] impedisce al mistico di tradurre Dio in parole, perché sa che la sproporzione fra Dio e le parole, perfino quelle delle scritture, è incommensurabile.»*

Ma i sacerdoti che scrissero di Dio a Nicea e a Tessalonica, non sapevano di essere teologizzanti, nè raffinati estremisti. Su Dio inventarono e scrissero ciò che poterono, avviando i problemi del cristianesimo che ci afflissero da allora in poi. Inducendo i fedeli ad un rincretinimento assurdo, mentre trasformavano sempre più il Dio di Amore in un mito privo di senso.

Solo i semplici fedeli vissero una vita completamente diversa. Nel passato, di solito analfabeti, educati da preti quasi altrettanto ignoranti e abituati dall'infanzia a seguire riti incomprensibili anche perché espressi in lingue, come il latino, che non conoscevano. E seguiti solo per abitudine e buona educazione. Finché col tempo, dopo molto tempo, arrivarono le critiche di chi osò pensare con la propria testa. Bisognò aspettare l'Illuminismo e le rivoluzioni, perché qualcosa potesse cambiare: senza tuttavia cambiare nulla della posizione dogmatica della Chiesa, rigida e inflessibile fino ai giorni nostri.

E va riconosciuto che abbiamo vissuto un autentico miracolo, perché con la politica del Credo di Nicea e con il sistematico rincretinimento degli esseri umani, c'era da attendersi che nulla di nuovo potesse essere immaginato o scoperto, e invece no.

Il perché non è noto, ma si può immaginarlo: la diffusione della cultura, la facilità di muoversi e di avere contatti con culture nuove e sconosciute, il crescente fascino del magico aiutato dall'uso di droghe, l'arrivo di innumerevoli sette create da persone di grande carisma, alcune dovute

---

1   e non soltanto l'onestà

al desiderio di migliorare la razza umana anche se troppe erano condizionate da un altrettanto grande desideri di migliorare le proprie ricchezze e le proprie pretese di fama e di riconoscimenti. Il tutto unito alla considerazione che il Dio, nel cui culto siamo stati educati, potrebbe non essere stato interessato a noi, nonostante ciò che ci è stato fatto credere.

Si potrebbe concludere che Dio, con il marketing, non ha nessun rapporto costruttivo. Ma anche che Dio non può che avere un assoluto disprezzo per i nostri tentativi di capire e di indagare su di lui partendo da presupposti razionali. Perché nulla di ciò che accade al mondo è razionale, a meno che la razionalità consideri periodi di tempo così lunghi e popoli così assortiti da renderci assolutamente incapace di comprendere alcunché.

MITI, DOGMI E PAROLE

IL MITO DEL DIO AMOREVOLE E QUELLO DEL DEMONIO

D'altra parte, è impossibile capire come il nostro Dio non abbia voluto evitare che in due guerre mondiali si scannassero decine di milioni di «*innocenti*» che non ci entravano nulla, senza fornire la minima spiegazione. Per non parlare delle centinaia di migliaia di civili giapponesi finiti sotto le bombe atomiche americane: mentre Truman e i grandi capi militari americani morirono molti anni dopo nel loro letto.

Secondo una vulgata corrente, dopo la guerra sembrò che l'unico americano, a pagarne le conseguenze, fosse stato il comandante dell'Enola Gay, la superfortezza volante di Hiroshima, ossia il colonnello Paul Warfield Tibbets Jr., che viceversa fece carriera e diventò generale, finché andò in pensione e morì novantenne. E, a proposito di Hiroshima, gli fu attribuita la seguente frase, detta pochi anni prima di morire «*Non sono orgoglioso di aver ucciso 80.000 persone, ma sono orgoglioso di essere partito dal niente, di aver organizzato l'intera operazione e di aver eseguito il lavoro perfettamente. La notte dormo bene*». Temo che avrei detto le stesse cose. E vuoi vedere che la storia dell'impazzimento è stata inventata da qualcuno che stava cercando un intervento divino da qualche parte?

É anche vero che, alla fine, alcuni nazisti – oltre a Hitler e Mussolini – fecero una pessima fine; ed è possibile che Dio non abbia permesso che, nella gara per arrivare alla bomba atomica, i tedeschi arrivassero prima degli americani. Ma quanto a stabilire se sia stato Dio, se sia stato il caso (ovvero, ancora Dio sotto mentite spoglie) o se sia stata la stupidità di Hitler, che ha fatto fuggire dalla Germania i suoi migliori scienziati, solo perché erano ebrei, non si saprà mai. Così come nessuno saprà mai per quale motivo ad Hitler sia stato negato il piacere di scaraventare su Londra una bomba atomica che, tra l'altro, avrebbe fatto molto più chiasso di quella di Hiroshima, massacrando qualche milione di inglesi, compresi il loro re e Churchill: si può immaginare in che modo parleremmo oggi della Bomba di Londra, se fossimo diventati fedeli sudditi del Terzo Reich?

Ma la confusione tra miti e realtà potrebbe essere estesa ad ogni genere di malfattori, inclusi i più noti e potenti, in barba a qualunque divinità. Perché Al Capone, come si sa, fece una brutta fine, mentre Lucky Luciano, che non era meglio di lui, fu scarcerato per ragioni belliche, così venne in Italia dove continuò a commerciare in stupefacenti finché, quando suonò la sua ora, morì d'infarto proprio come un qualunque ragionere Lucania, tutto casa e famiglia.

E poi c'è il mito del demonio, che per l'essere umano medio è poco più di una parola, magari buona per essere inserita in una bestemmia colorita, ma che per i preti e i fedeli è un'altra cosa. Il cardinale austriaco Christoph Schönborn, 71 anni, arcivescovo di Vienna dal 1995 e presidente della Conferenza episcopale austriaca dal 1998, il 9 ottobre 2015 scrisse che «*Il demonio è una realtà. Penso che pochi Papi abbiamo parlato tanto del diavolo come fa Francesco. È una realtà che per esempio ci fa cadere nella tentazione di opporci, di fare partiti, come se ci fossero dei partiti politici. Di entrare nella logica della divisione. Il diavolo, (diáballo) è alla lettera colui che divide, che provoca confusione. Anche Yeshua disse che dobbiamo avere paura di questo. Però senza lasciarci condizionare*».

Però, come al solito, anche lui parlava da una cattedra, partendo da una *"verità di fede"* mai dimostrata e confondendo la realtà con la sua opinione, dando per «*vero e conosciuto*» qualcosa in cui credeva, proprio come faceva Bellarmino nel '600, quando contestava Galileo Galilei.

Perché affermare che «*il demonio è una realtà*» basta a farci supporre che si tratti di un'entità immaginata. E, poi, non si capisce perché scomodare il demonio, quando è così facile vedere il male negli esseri umani: affermare che Hitler e i suoi seguaci erano indemoniati servirebbe solo ad attribuire la loro malvagità ad un'entità alla quale sarebbero stati soggetti. Strana mentalità, considerati coloro che rifiutarono di assolvere Giordano Bruno perché lo consideravano succube del demonio.

Nel Seicento, troppe sono state le donne arse vive solo perché erano definite streghe possedute dal demonio (arse vive? ma c'è qualcuno capace di immaginare cosa significhi? C'è qualcuno capace di mettere d'accordo gli insegnamenti del Cristo con la brutalità dei giudici cristiani contro le streghe, la cui streghitudine non fu mai dimostrata anche se bastava un sospetto per arrivare al rogo?). Ma i tempi neri non sono remoti né superati, basti ricordare Putin. E anche questo libro potrebbe essere considerato un'opera del demonio da qualunque sacerdote di cattivo umore ma di solida fede in chissà che cosa.

IL MITO DEI SANTI, I DELEGATI DI DIO

E poi ci sono i santi, che non sono un mito ma una collezione di miti, per via degli innumerevoli delegati di

Dio creati nei millenni, ciascuno con la sua specialità. Centinaia di santi, di ogni livello, oltre alla Madonna che, nella schiera, ha molti posti di rilievo tutti suoi. Senza che nessuno cerchi di capire in quale modo questi ex-esseri, privi di corpo fisico, possano proteggerci o solo comunicare con noi, salvo che lo facciano attraverso sogni o ispirazioni al limite dell'illusione. E dell'allucinazione.

É come se la Chiesa, attraverso i santi, avesse cercato di rispondere in qualche modo alle sollecitazioni di un Divino semplificato da parte dei fedeli che, nei santi, trovano una risposta simile a quella che i loro lontani antenati cercavano negli Dei dell'Olimpo, ma anche nei lari e nei penati forniti degli stessi poteri e degli stessi compiti.

Qualcuno potrebbe immaginare che il modello di Dio dei cattolici abbia dovuto delegare la sua immanenza a personaggi minori, perché senza di loro i fedeli l'avrebbero sentito un po' troppo lontano, o perché avrebbero rischiato di sentirsi in soggezione, magari per motivi ereditari. Visto che tanto Lui quanto Yahweh si sono sempre mossi in un modo alquanto ruvido, persino quando lo hanno fatto tramite i loro profeti. E non c'è dubbio che l'intermediazione dei santi abbia reso tutto più facile, perché costoro sono stati esseri umani, molti di loro hanno sofferto, hanno sbagliato e, alla fine, hanno conquistato il paradiso con la forza. E, quindi, con loro è possibile un rapporto più confidenziale. Un rapporto che permette alle fedeli napoletane, arrabbiate per il miracolo che tarda, di trattare San Gennaro da «*faccia gialla*». Quel rapporto che, ancora nell'Ottocento, permetteva a una signora di Loano di dire che la Madonna dell'altra confraternita del paese era «*una poco di buono* ».

Un rapporto molto diverso da quello, tradizionale e

diretto, che esisteva tra i profeti ebrei e Yahweh, anche se non risulta che i fedeli di allora avessero nessun rapporto personale, né con lui né con qualche suo intermediario. Un rapporto abbastanza diverso da quello tra i musulmani e l'Allah del 2000. Quello dal quale i suoi seguaci hanno tratto la convinzione di essere sempre nel giusto, tanto da sentirsi autorizzati a decapitare, uccidere e massacrare quelli che non la pensano come loro.

Poi è successo persino che alcuni santi siano stati considerati tali per tradizione, senza che nessuno si sia preso la briga di verificarne la santità e nemmeno l'esistenza, quasi che queste fossero solo incidenti di percorso. Ma il mito è così radicato che perfino alcuni dei santi *«desantificati»* dalla Chiesa – quali che siano le ragioni – sono rimasti sul calendario con i loro nomi ed hanno ancora le loro chiese con i dipinti che ne descrivono le avventure. A incominciare da San Giorgio che, avendo trafitto un drago improbabile ed essendo morto il 23 aprile 303, protegge tanto Genova quanto l'Inghilterra. Sebbene nel 1969 la Chiesa cattolica lo abbia declassato nella liturgia a una memoria facoltativa, perché la devozione dei fedeli è continuata come prima.

In parallelo a tutto ciò emergono i grandi santi che hanno soprattutto cercato di applicare l'insegnamento di Yeshua nella vita pratica, da San Francesco a Santa Caterina, a Filippo Neri e a innumerevoli altri che hanno contribuito a tenere alti i valori del cristianesimo.

IL MITO E I DOGMI DELLA MADONNA

Il mito della Madonna nasce tardi, ma cresce e si sviluppa nei secoli. Incomincia male per via del maschilismo dei tempi, tale che nel vangelo di Tommaso si narra come a un certo punto Simon Pietro abbia detto: «*cacciate via Maria, perché le donne non sono degne della vita*», mentre Yeshua la difese dicendo «*Io le insegnerò a diventare maschio perché anche lei possa diventare uno spirito vivo simile a voi maschi. Poiché ogni femmina che si farà maschio entrerà nel regno dei Cieli* ». Mostrando che, secondo la solita vulgata, anche lui sembrava convinto dell'inferiorità di sua madre in quanto femmina, mentre la difendeva in quanto sua madre. Incredibile che qualcuno abbia messo questa frase in bocca al figlio di Dio.

Il vangelo di Tommaso è apocrifo e queste frasi forse non sono mai state pronunciate, come del resto chissà quante altre frasi dei Vangeli: tuttavia sono lo specchio di una mentalità. In ogni modo, nei vangeli, Maria, madre di Yeshua, non brilla né per originalità né per cultura. Tanto che non ne viene tramandata nessuna frase degna di nota, salvo la famosa risposta all'arcangelo Gabriele [1].

Secondo l'interpretazione canonica, Maria rimase vergine tutta la vita, anche se l'idea di verginità della religione cattolica sembra proprio una mania. Secondo altre versioni, una volta partorito Yeshua, Maria ebbe altri figli da Giuseppe suo marito, perdendo la verginità con lui. Con una curiosa situazione, prima di madre vergine e poi di sposa normale dopo aver partorito il figlio dello Spirito Santo. Peccato che, passando dalla prima alla seconda versioni, nella sostanza non cambi nulla.

Dunque resta da chiedersi il perché di questo mito, forse dovuto al raccapriccio di immaginare che un figlio di Dio possa essersi incarnato in un atto così carnale, banale, lascivo e privo di dignità quale una volgare for-

---

1 vedi la prossima pagina

nicazione tra uomo e donna. E di accettare che sia nato in un modo così cruento, doloroso e disgustoso come un comune parto di una donna qualunque. Si noti che Maria stessa, per quanto vergine, aveva idee chiare su come si concepiscono i bambini, e fu così sbalordita dall'annuncio del concepimento e della nascita verginale fattole dall'arcangelo Gabriele da chiedergli «*come potrà avvenire questo se io non conosco uomo?*» E l'angelo le rispose dicendo «*Lo Spirito Santo verrà sopra di te e la potenza dell'Altissimo ti coprirà della sua ombra*».

L'intera storia è così opinabile da aver convinto qualche infame bestemmiatore che si sia trattato nientemeno di uno stupro, visto che Maria venne informata che la potenza dell'Altissimo la coprirà della sua ombra, da un angelo che si guardò bene dal chiederle cosa ne pensi e che potrebbe essere una visione ma anche un'allucinazione. Con un'imposizione molto più tipica della società romana (dove, a quanto sembra, i potenti non si facevano troppi problemi a farsi una ragazzina senza chiedere il suo parere) che non della società ebraica.

Al di là del blasfemo, l'episodio non sembra aggiungere nulla alla figura di Maria, mentre serve a far nascere altri due miti: quello della Vergine e quello dello Spirito Santo.

Per il primo sono state date alcune interpretazioni, tutte insoddisfacenti. Per il secondo, il mistero è anche più fitto, perché il concetto dell'onnipotenza di Dio basterebbe da solo a spiegare ogni prodigio, senza bisogno di uno Spirito Santo che, di Dio, sembra solo un attributo.

Durante la sua vita, l'unico merito di Maria sembra quello di essere stata la madre amorevole di Yeshua. Ma, più tardi, l'interesse popolare si concentrò sulle avventure della Sacra Famiglia, dalla nascita di Yeshua alla fuga in Egitto. Tutte faccende che col Divino non hanno nulla a che fare, ma che hanno aggiunto un tono «*privato*» alla vita di Yeshua, altrimenti concentrata solo sulla sua predicazione, sui miracoli e sulla sua tragica fine.

Il risultato fu un crescente interesse popolare per la figura della Madonna e della sua famiglia. Che, a sua volta, ha indotto legioni di prelati a commissionare innumerevoli opere artistiche di pregio che altrimenti non sarebbero state mai create, rendendo famosi pittori, scultori e architetti che sarebbero rimasti sconosciuti.

E tutti ne produssero immagini totalmente fantasiose, proprio come quelle di Yeshua. Perché anche di Maria non si ha né un ritratto né una descrizione fatti da contemporanei. Mentre la sua popolarità può dipendere molto dal suo rappresentare l'aspetto femminile del divino (il motto di papa Giovanni Paolo II era «*Totus Tuus*»), con la comprensione, il perdono, e l'aiuto («*Santa Maria, Madre di Dio, prega per noi peccatori, adesso e nell'ora della nostra morte*»), sempre più importanti per i fedeli.

Resta il fatto che nei Vangeli non si trova il minimo accenno alla sua cultura, al suo valore, alla sua capacità di pensare e di esprimersi mentre, più tardi, diventò il quarto elemento della Trinità trasformata in una sorta di *Tetranità* senza mai usare questa parola.

Dopodiché le sono stati attribuiti un mare di meriti: di aiuto ai peccatori e ai malati, di aiuto ad andare in Paradiso, ma anche di consigli sporadici a piccoli gruppi di fedeli, di solito scelti tra i bambini e soprattutto tra le bambine. In conclusione, pian piano, la maggioranza delle chiese cattoliche sono state dedicate ad una o all'altra immagine della Madonna, perché queste immagini sono innumerevoli e dipendono solo da fantasie locali. Mentre Maria divenne

Madre di Dio in conseguenza di un dogma.

IL DOGMA DELLA MADONNA MADRE DI DIO

«Al Concilio di Efeso dell'anno 431, su istanza del famoso vescovo Cirillo di Alessandria, si dichiarò solennemente Maria come madre di Dio, adottando l'espressione tradizionale di Théotokos (Colei che partorisce Dio). Maria madre di Dio, questo è il titolo del primo dogma. Difatti, il Concilio Vaticano II afferma a proposito della maternità divina che "Maria vergine, la quale all'annunzio dell'angelo accolse nel cuore e nel corpo il Verbo di Dio e portò la vita al mondo, è riconosciuta e onorata come vera madre di Dio e Redentore" (LG, n°53). Questa affermazione sottintende che Maria è ineluttabilmente la madre di Dio, per il fatto che permise liberamente, nel suo corpo e nella sua anima, al Verbo di Dio di farsi carne per venire al mondo ».

Il risultato fu che, nella Chiesa Cattolica, al posto di Dio e di Yeshua che non ci parlano proprio mai, da allora è stata delegata a parlarci sempre più spesso la Madonna, il cui privilegio di dire banalità, di fare promesse e profezie tanto «*credibili*» quanto futili e di mettere in guardia i popoli per le inevitabili punizioni che li attendono «*se faranno il male*» sembra inarrestabile. Compresa la famosa terza profezia di Fatima

Tanto che a Lourdes, a Fatima, a Medjugorje la Madonna ha conquistato una popolarità crescente, senza che si possa capire quanto sia basata su che cosa e quanto lo sia su candide credulità di tanti romantici della fede.

Finché – tra la metà dell'Ottocento e quella del Novecento – furono creati altri due miti, basati su altri due incredibili dogmi: quello dell'Immacolata Concezione, voluto da papa Pio IX nel 1854 e quello dell'Assunta, voluto da papa Pio XII dopo un secolo, nel 1950.

Secondo il dogma dell'Immacolata Concezione, Maria

fu concepita senza peccato originale in vista dei meriti del suo futuro figlio: perché fu «*preredenta*», ossia redenta prima di essere concepita. Un mito tanto strano da non essere condiviso né da protestanti né da ortodossi, e comprensibile solo nella logica di Pio IX che lo promulgò nel 1854, sei anni dopo la prima guerra di indipendenza italiana.

Questo mito fu seguito da un altro, ancora più recente e incomprensibile: il dogma dell'Assunta promulgato nel 1950 da papa Pio XII, col quale si dà come verità un altro fatto tanto miracoloso quanto improbabile e soprattutto inutile, a meno che lo abbia fatto per scrollarsi di dosso le critiche che gli erano state fatte per il suo presunto comportamento con i nazisti e per i suoi pesanti interventi politici nel dopoguerra: la Madonna assunta in cielo, abiti compresi, con un miracolo alla misteriosa maniera di Gustavo Rol (vedi pag. 51). A parte che la nostra idea di cielo non ha nulla a che vedere con quella che sembrava ragionevole fino a Galileo.

IL DOGMA DELLA MADONNA ASSUNTA

«Dichiariamo e definiamo essere dogma da Dio rivelato che: l'immacolata Madre di Dio sempre vergine Maria, terminato il corso della vita terrena, fu assunta alla gloria celeste in anima e corpo».

Nel caso dell'Assunta, il contrasto con le leggi della fisica potrebbe dipendere dalla pretesa di affermare l'importanza di un soprannaturale di cui non si sa nulla, per chiunque si senta costretto a scegliere fra fede e scienza.

Carl Gustav Jung, figlio di un pastore protestante e psicanalista post-freudiano, affermò che questo dogma, pur essendo una «*petra scandalo*» per una «*mente non psicologica*», invece aveva un senso «*per una «mente psicologica*» . Si vede che gli piaceva il contenuto simbolico del dogma, che trasformava in «*Tetranità*» l'originale Trinità maschile [1], senza rendersi conto di quanto importante sia stato il culto mariano nel Cattolicesimo in tutto il suo secondo millennio e di quanto sia cresciuto negli ultimi secoli, così come si vede anche dall'iconografia, perché almeno l'ottanta per cento della pittura sacra, dal Medioevo in poi, sembra incentrata proprio sulla figura della Madonna.

Notevole, per la sua incredibile e quasi comica durezza, il tono usato da Pio XII nel concludere la sua comunicazione ufficiale con l'assoluto divieto a mettere in discussione il dogma [2]. Forse perchè, essendo romano di nascita, poteva immaginare i commenti al dogma di altri romani

Incredibile per come Pio XII manifestò la pretesa di sapere cos'è che fa davvero indignare Dio, nonché i suoi apostoli Pietro e Paolo che non ha mai incontrato: «*Perciò, se alcuno, che Dio non voglia, osasse negare o porre in dubbio volontariamente ciò che da Noi è stato definito, sappia che è venuto meno alla fede divina e cattolica. A nessuno dunque sia lecito infrangere questa Nostra dichiarazione, proclamazione e definizione, o ad essa opporsi e contravvenire. Se alcuno invece ardisse di tentarlo, sappia che incorrerà nell'indignazione di Dio onnipotente e dei suoi beati apostoli Pietro e Paolo*» [3].

---

1   Carl Jung, Answer to Job, a cura di R.F.C. Hull, New York, Pantheon Books, 1958, p. 464

2   Nella teologia cristiana, la verità dogmatica può solo discendere dalla rivelazione divina, in modo diretto o indiretto. Essa ha la funzione di fornire indicazioni di fede chiare e certe una volta per tutte su di un certo argomento, pur non trattandosi necessariamente di verità scientificamente o storicamente dimostrabili, che devono quindi in tal caso essere accettate solo per fede.
    Coloro che non accettano verità di fede definite come dogma si autoescludono dalla comunità ecclesiale e vengono definiti eretici.

3   E' la conclusione della Bolla dogmatica data a Roma da papa Pio XII presso S. Pietro, nell'anno del massimo giubileo 1950, 1° novembre, festa di tutti i santi.

Le Chiese cristiane hanno costruito – nei millenni – incredibili castelli di miti corredati da informazioni, da immagini, da simboli forti, da propositi e da scopi che hanno finito per integrarsi in modo indissolubile con il nostro modo di vivere la religione.

Col risultato che non mettiamo in discussione mai nulla, perché basta dubitare di qualcosa – incluso il dogma dell'Assunta – per sentirsi traditori della propria gente e delle sue tradizioni, sebbene ogni cosa relativa a Dio e al suo rapporto con noi, dal punto di vista scientifico e razionale, continui ad essere del tutto inconsistente.

Perché, alla base di ogni cosa, si trovano solo parole, destinate a rendere i miti sempre più forti. Parole dette, scritte, imposte. Rese più accettabili, di volta in volta, da esibizioni di moralità, da espressioni severe, da promesse e da minacce.

E, per capire qualcosa, dobbiamo partire da queste parole. Con serenità e senza voler andare troppo controcorrente. Perché, ormai, dovremmo aver capito che la loro importanza va ben oltre l'aspetto magico attribuito in altri tempi a certe frasi sintetiche come le maledizioni, le benedizioni e la bestemmia.

Troppe parole hanno modificato i nostri misteri esistenziali, spingendo l'Italia nella Grande Guerra e nel fascismo. Abbiamo letto o ascoltato le parole di Hitler e Mussolini, D'Annunzio e Pasolini, Churchill e Roosevelt, De Gaulle e Berlusconi. Ognuno di loro capace di influenzare le nostre vite in modo assurdo.

I nostri quotidiani, 60 pagine, sono 30 volte più pesanti di quelli pubblicati subito dopo la guerra. Negli Stati Uniti

44. Albert Einstein

sono dieci volte più pesanti dei nostri, alla faccia di ogni rispetto dell'ambiente. E siamo alluvionati da oceani di parole, distribuite senza risparmio da tutte le televisioni del mondo. Eppure sembriamo non esserne ancora immunizzati e così continuiamo ad essere tendenzialmente succubi di chiunque riesca a farsi ascoltare, qualunque cosa dica.

E' interessante che, a proposito di Dio e di parole, papa Ratzinger abbia parlato di «*ragione creatrice*» *come quella che può veramente mostrarci la via* «*aperta a tutto ciò che è veramente razionale*» [1], anche se il problema sta nell'identificare ciò che è razionale da ciò che produce solo incubi dovuti proprio alla mancanza di razionalità di troppi, convinti di avere diritto di ragionare su ciò che non sanno e che non conoscon abbastanza. Nella sua lectio magistralis tenuta a Ratisbona il 12 settembre 2006 su «*Fede, ragione e università*», *ha insistito sulla necessità di allargare l'Illuminismo e di agire secondo ragione per non opporsi alla natura di Dio, che lui interpreta come* «*un Dio razionale secondo i canoni umani, che possa quindi essere interpretato dalla ragione*» [1], contrapposto a «*un Dio completamente oscuro e trascendente il cui operato non può essere riportato all'esperienza degli uomini, i quali devono accettare le sue azioni solo attraverso la fede* » [1]. E chiede all'Occidente di tornare a una visione della natura umana e della razio-

---

1 Da Lectio magistralis di Papa Benedetto XVI su «Fede, Ragione e università» del 12 set 2006

nalità in cui non si escluda la dimensione religiosa.

Perché in questo modo – e forse soltanto così – si potrà evitare un conflitto tra le civiltà, trasformandolo invece in un «*dialogo fra le civiltà*». Anche se qualcuno sembra convinto che le pratiche della meditazione forniscano risultati tantomeno interessanti quanto più razionale è il soggetto meditante, come se la ragione impedisse l'estasi e il contatto tra la nostra mente e il proprio Spirito.

L'Europa delle Culture secondo Ratzinger

«Il 1° aprile 2005, il Cardinale Joseph Ratzinger (che divenne Papa Benedetto XVI pochi giorni dopo) parlò della religione cristiana come della «religione del Logos»: « Il cristianesimo deve ricordarsi sempre che è la religione del «Logos». Esso è fede nel Creator spiritus, nello Spirito creatore, dal quale proviene tutto il reale. Proprio questa dovrebbe essere oggi la sua forza filosofica, in quanto il problema è se il mondo provenga dall'irrazionale, e la ragione non sia dunque altro che un «sottoprodotto», magari pure dannoso, del suo sviluppo, o se il mondo provenga dalla ragione, ed essa sia di conseguenza il suo criterio e la sua meta» .
E poi aggiunse che «la fede cristiana propende per questa seconda tesi, avendo così, dal punto di vista puramente filosofico, davvero molte buone carte da giocare, malgrado questa sia la prima tesi ad essere considerata oggi da tanti la sola «razionale» e moderna. Ma una ragione scaturita dall'irrazionale, alla fin fine è essa stessa irrazionale, e quindi non costituisce una soluzione ai nostri problemi. Soltanto la ragione creatrice, e che nel Dio crocifisso si è manifestata come amore, può veramente mostrarci la via. Quindi, nel dialogo così necessario tra laici e cattolici, noi cristiani dobbiamo stare molto attenti a restare fedeli a questa linea di fondo: a vivere una fede che proviene dal «Logos», dalla ragione creatrice, e che è perciò anche aperta a tutto ciò che è veramente razionale».

Così scrisse papa Ratzinger, a dimostrare che l'atteggiamento della Chiesa Cattolica – almeno ai nostri tempi e ad un certo livello – è profondamente cambiato rispetto al passato. Perché ciò che abbiamo raccontato fin qui testimonia un'incredibile diffusione dell'irrazionalità e un uso della parola tutto teso ad appoggiarla. E perché la Chiesa ha combattuto perfino l'Illuminismo.

La mentalità e il modo di vivere la chiesa di papa Benedetto XVI, molto apprezzabili, sembrano molto diversi non solo da quella di Pio IX ma anche da quella di Leone XIII, di Pio XII e da certi loro atteggiamenti da Medio Evo. Tuttavia, quanto a «vivere «*una fede che proviene dal Logos, dalla ragione creatrice*», è evidente che Papa Ratzinger attribuisce al termine «*ragione*» un significato alquanto originale: perché far equivalere il «*Logos*» alla «*ragione creatrice*» è pur sempre un Credo, ossia una fede che, come sempre, non ha nulla a che fare con la ragione. Perché la ragione prende le mosse dalla conoscenza, non dai Credo, che non sono mai conoscenza.

Così, pretendere di ricevere e trasmettere la parola di Dio rassomiglia a un tentativo di trasformare Dio in qualcuno con cui si possa dialogare, ricavandone consigli e certezze: per quanto scarsa sia la credibilità di chiunque abbia questa pretesa.

LA PAROLA DI DIO SECONDO EINSTEIN [1]

«La parola Dio per me non è nulla se non l'espressione di un prodotto della debolezza umana, la Bibbia una collezione di onorevoli, ma pur sempre puramente primitive, leggende che sono comunque piuttosto infantili. Nessuna interpretazione per quanto sottile può (per me) cambiare questo fatto... Per me la religione ebraica, così come tutte la altre religioni, è una incarnazione delle più infantili superstizioni».

Dio non lo conosciamo, tutto ciò che crediamo di saperne dipende solo dalla nostra immaginazione (o dalla nostra convinzione, che è la stessa cosa) mentre la

---

1   Da una lettera di Einstein a Erik Gutkind, gennaio 1954; citato in «*letters of note.com*"

capacità di ascoltarne la parola, di capirla e di poterla diffondere sembra davvero un'illusione. Anche quando la parola di Dio pretendeva di trasmetterla Mosè, suo ambasciatore presso gli ebrei. Il quale, con Dio, probabilmente aveva lo stesso rapporto che dopo molti secoli ebbe Maometto: ossia, nessun rapporto, salvo la propria convinzione di essere un ispirato. Con poco successo persino ai suoi tempi, visto che proprio il suo popolo, quando Mosè sparì nel Sinai per raccogliere da Yahweh le tavole della legge, lo dimenticò e gli preferì un idolo visibile, solido e brillante: il famoso vitello d'oro.

E, molti secoli più tardi, anche Yeshua, che durante le sue predicazioni trasmetteva sempre la parola di Dio, si sentì abbandonato da lui, proprio nel momento più critico. Forse perchè confondeva il suo Dio con il *"Dio biblico, gigantescamente umano, enorme, muscoloso, dai poteri sovrumani, e dalle passioni terrene"* di cui abbiamo già parlato (pag. 135), visto che a quei tempi era il Dio più illustre, quello degli ebrei, mentre è abbastanza evidente che, se un Dio esiste, non può che essere sempre lo stesso in ogni tempo, in ogni luogo e per chiunque. Un Dio che non può cambiare con le mode, con le visioni del momento e con le illusioni di nessuno al mondo, per quanto sia considerato grande e illuminato. Mentre noi, leggendo questa frase, non sappiamo che cosa avesse in mente quando diceva Dio, non sappiamo cosa avesse in mente chi l'ha scritto nel Vangelo e noi stesso diamo, alla parola Dio, un significato che varia da persona a persona, perché nessuno lo conosce.

Il mito della Parola di Dio

Tanto è vero che poi in uno dei vangeli c'è il difficile incipit di Giovanni: «*In principio era il Verbo, il Verbo era presso Dio e il Verbo era Dio. Ogni cosa è stata fatta per mezzo di lui; e senza di lui nessuna delle cose fatte è stata fatta...»* Una frase oscura, il cui significato viene dibattuto da duemila anni senza venirne a capo. Con la parola originale (Logos) che viene tradotta in Verbo e letteralmente significa Parola ma, siccome in questo contesto non significherebbe nulla, viene tradotta anche in *«ragione»*, oppure, per Ratzinger, in *«ragione creativa»*: riportando, come abbiamo già detto, a *«un Dio razionale secondo i canoni umani, che possa quindi essere interpretato dalla ragione»*. Come dire che la vita umana si sviluppa su un piano divino razionale (che, viceversa, non potrebbe essere più irrazionale), il cui interprete è proprio Yeshua, il profeta dell'amore.

Una frase che non spiega nulla, nonostante l'assonanza tra l'incipit di Giovanni e la famosa terzina che, secondo Dante, si leggeva sopra la porta dell'inferno e che è stata scritta tre secoli prima dei Lumi:

> *Giustizia mosse il mio alto fattore;*
> *fecemi la divina potestate,*
> *la somma sapienza e 'l primo amore.*

La parola di Dio, sulla quale la cristianità ha basato il suo Credo, apre al dialogo con lui perché, se lui parla a me, è ragionevole che io parli a lui. E questo sembra sufficiente a dimostrare l'esistenza di Dio, perché nessuno può parlare con qualcuno che non esiste né può ascoltarlo.

Yeshua, essendo figlio di Dio, fu l'interlocutore privilegiato che parlava con lui, per poi ascoltarlo e riferire al popolo. E non è un caso che Yeshua sia stato l'aspetto di Dio che più a lungo ha fatto sentire la sua voce, oltre ad essere stato quello con il quale altri umani hanno parlato quando lui viveva. Mentre Dio, quando si chiamava

Yahweh, parlava solo in privato e solo ad alcuni privilegiati: come dire che non parlava mai con nessuno. O quasi.

Così le Chiese cristiane, per le quali Yeshua non è solo figlio di Dio ma anche un membro, della Trinità, hanno creduto di risolvere il problema della parola di Dio una volta per tutte, proprio appoggiandosi a lui. Ma, siccome lui non c'è più, viene sostituito da un sacerdote che, quando dice «*Parola del Signore*», immagina di essere l'espressione di un canale speciale, attraverso cui la parola di Dio gli arriva direttamente.

Mentre lui potrebbe essere un canale sbagliato per la parola di Dio e potrebbe credere di parlare in suo nome mentre lo fa sulla base delle proprie illusioni. Come accadde a Tomas di Torquemada, agli altri inquisitori, ai giudici di Giordano Bruno e di Galileo, allo stesso Giordano Bruno, ai cardinali come Bellarmino, ai papi come Urbano VIII, ma anche Leone XIII e Pio IX.

L'umanità difficilmente si accorge quanto spesso questa parola sia solo illusoria. Parola inutile e spesso disorientante così come per la bestemmia che, essendo solo una parola, non dovrebbe lasciare traccia e invece la lascia.

Da sottolineare come l'unico Verbo a cui le religioni hanno dato davvero un valore negativo, tragico e definitivo sia proprio la bestemmia, ossia la parola che nega, deprime e condanna: come se tutte le altre parole, per chi crede davvero in Dio, di fronte alla bestemmia contassero molto meno.

Mentre, in fin dei conti, la bestemmia è solo un rumore, fastidioso solo per chi parla la stessa lingua del bestemmiatore: ma resta solo un'opinione contraria, vomitata in modo volgare e sgradevole. È un rumore convinto di essere «*Verbo*» anch'esso, perfino quando crea solo reazioni sdegnate, quasi avesse valore. Anche se non ne ha. Perché la parola è usata da sempre per benedire e per maledire, attribuendole chissà quale effetto magico mai dimostrato. Anche se Yeshua ogni tanto annunciava i suoi miracoli con le parole: «*alzati e cammina*».

In più la parola è anche denuncia, giudizio, minaccia, calunnia, anatema, pettegolezzo: e, per quanto possa essere abusata a vanvera, non ci disturba mai abbastanza. Per questo la parola è così importante per i politici e i giornalisti, per questo il massimo livello politico è il parlamento. Non a caso il giornalismo, la giustizia e le fake news si basano sulla parola. Per questo la parola è così importante per tutte le fedi e le religioni.

LA DIVINITÀ TRA CREDERE E SAPERE

Fin qui abbiamo *quasi* scoperto che molti dei fatti riportati dai vangeli potrebbero essere stati immaginati o manipolati: forse per dare, alla vita di Yeshua, il taglio più adatto a far da base per la nuova religione. Poi abbiamo anche *quasi* scoperto – con un briciolo di fondamento – l'origine di certe decisioni di gruppo, sofferte, spesso raggiunte solo a maggioranza dopo dibattiti lunghi e logoranti, ogni volta trattando i dissenzienti da «*eretici*» e minacciandoli di scomunica – come accadde ad Ario – per respingere in eterno l'idea di poterli rimettere in discussione.

Questi temi hanno in comune la difficoltà di «*conoscere*» il valore vero delle «*verità*» religiose, per via della perentorietà con cui sono stati imposte senza dare a nessuno il diritto di ragionarci sopra, persino di solo riflettere sotto pena di gravi condanne tanto morali quanto fisiche [1]. Il risultato è che molti, intimiditi, hanno preferito scegliere i «*credere*» discutibili provenienti dall'autorità, anche quando la «*verità*» conteneva aspetti irragionevoli. È questo, a rendere molto difficile superare l'illusiorietà del «*credere*».

Ed è così che si è creata la mentalità corrente di chi accetta le imposizioni tracotanti e travolgenti del potere, senza discuterle. Con ovvie conseguenze. Come si è visto nel Novecento, quando abbiamo vissuto almeno tre casi di «*credere*» del tutto folli, da ricordare per la loro natura para-religiosa. Sono stati quelli della Germania nazista, dell'Italia fascista e dell'URSS: «*siamo i migliori, siamo i prescelti, facciamo scelte alle quali abbiamo pieno diritto, meritiamo il meglio del mondo mentre gli altri sono divisi in due grosse categorie: gli alleati da schiavizzare e i nemici da distruggere* » [2]. Tutti argomenti apparentemente seri ma tutti privi di base e costituiti solo da pericolose fantasie criminali, passate per verità.

E fa quasi tenerezza vedere, nel Nord Corea, le truppe che marciano al passo dell'oca di derivazione nazista e le espressioni felici della gente perché finalmente hanno la bomba atomica e missili vari con i quali potranno difendersi dall'inevitabile attacco degli Stati Uniti che da ottant'anni (secondo loro) vogliono sottometterli. Mentre, sempre a proposito di credere, il dubbio che loro fingano dii temere gli Stati Uniti solo perché hanno bisogno di un «*nemico*» – in scala ridotta e soltanto per ragioni di marketing politico – non sembra sfiorarli. E così sono in

---

1 Si ricordi l'intimidazione di Pio XII per chiunque dubiti del dogma dell'Assunta: «se alcuno invece ardisse di tentarlo, sappia che incorrerà nell'indignazione di Dio onnipotente e dei suoi beati apostoli Pietro e Paolo». E si ricordino i processi a Galileo e a Giordano Bruno..

2 Non è un caso che una delle frasi famose di Mussolini fosse "*credere, ubbidire e combattere*"

adorazione del loro dittatore, il solito idolo, che sarebbe di cartapesta se non fosse molto cattivo e del tutto inamovibile. Tutti terrorizzati dagli USA anche se privi di ogni ragione per credere ciò che credono.

La confusione tra *«credere»* e *«sapere»* sembra aver fatto vittime nel mondo arabo, dove si trovano alcuni pazzi indotti dalla propria fede [1] a farsi saltare in aria nel mezzo di una folla, per uccidere il maggior numero possibile di *«infedeli»*, con la speranza di ottenere in cambio un posto in paradiso. Anche se, al solito, del loro paradiso, questi poveri assassini non sanno nulla: salvo ciò che credono di aver *«saputo»* da qualcun altro di cui si fidano. Il quale, a sua volta, non ne sa nulla neppure lui, ma loro non hanno mai osato supporlo. In un modo simile a quello che, da noi, induce qualcuno a rifiutare le vaccinazioni perché le considera nefaste, solo perché crede in qualcuno di cui si fida, anche se sbaglia.

D'altra parte, anche nel nostro mondo euroccidentale il modo in cui si faceva cultura negli ultimi secoli era basato soprattutto sul *«credere»*, perché l'Illuminismo ha influenzato solo le minoranze più colte, mentre a scuola si mandava tutto *«a memoria»*, e sul *«puro credere»* era basata quasi ovunque l'educazione religiosa. Perché la cultura di molti educatori era ancora quella della *«scienza infusa»*.

LA NOSTRA RELIGIOSITÀ E IL CORANO DI AMINA

L'esempio più eclatante di come possa funzionare un autentico *«credere»* consiste nella dichiarazione di Amina (diciottenne musulmana studentessa a Milano) così

---

1 Mai dimenticare Yeshua, la fede del granello di senape e il gelso che obbedirebbe se gli si dicesse *«sradicati e vai a piantarti nel mare»*, pag. 61

convinta delle proprie opinioni da rifiutare ogni dialogo con chiunque non la pensi come lei. Perché Amina e i suoi amici vivono tuttora nel sesto secolo d.C., anche se ancora non lo hanno capito.

NON SERVONO ALTRI LIBRI, IL CORANO SPIEGA TUTTO [1]

Scenario: l'aula magna dell'Istituto Tecnico Commerciale Schiaparelli nel centro di Milano. Contesto: circa trecento studenti delle ultime due classi, dunque quasi tutti in età compresa tra i 17 e 19 anni, riuniti per assistere a una lezione sulla nascita di Isis in Medio Oriente e le sue manifestazioni in Europa tenuta da due giornalisti del Corriere della Sera. Consigliamo, visto che siamo in una scuola, di leggere il libro dello studioso americano di origine iraniana Vali Nasr, *«La rivincita sciita»*, che ben riassume il conflitto interislamico sulla successione del Profeta alla guida della comunità musulmana dopo la sua morte. Ed è allora che interviene Amina dalle ultime file. Una ragazza minuta, con un visibile velo blu in testa. *«Chi l'ha detto che sciiti e sunniti si scontrano sulla successione? Per l'Islam non ci può essere successore di Maometto. E comunque è tutto spiegato nel Corano. Non servono altri libri, il Corano spiega tutto, dice tutto».* Il tono è perentorio, non ammette repliche: c'è un'unica verità rivelata, impossibile metterla in dubbio. *«Se io voglio conoscere la fede dei cristiani vado a chiedere a un ministro della fede cristiana. Non certo a mio papà musulmano. Ma così deve avvenire anche per i musulmani. Ci si rivolge al gran muftì della moschea di Al Azhar al Cairo. La sua definizione di sciiti e sunniti è quella giusta»*, aggiunge. Proviamo comunque a rispondere. *«La moschea di Al Azhar ospita un'autorità sunnita, importante quanto si vuole, ma non è affatto detto che piaccia agli sciiti»*, replichiamo. E ancora: *«Lo scontro tra sciiti e sunniti esplode dopo la morte di Maometto. Il Corano, rivelato prima, evidentemente non ne può parlare».*

---

1   Scritto da Lorenzo Cremonesi su Corriere della Sera, dicembre 2015

Ma un coro di applausi e urla di sostegno accompagna le parole della ragazza. Sono una quarantina di studenti musulmani che la appoggiano sempre quando parla. Per noi è davvero difficile replicare. Noi incalziamo: *«Forse sarebbe il caso di studiare un poco di storia delle religioni. Ricordarci che la nostra cultura europea è anche figlia del Rinascimento e dell'Illuminismo. Occorre leggere i testi di Voltaire, ricordare Rousseau, andare a rivedere le radici del pensiero laico, l'ode al dubbio di fronte al dramma delle guerre di religione che tanto sangue ha versato in Europa nei secoli scorsi».* Ma non serve a nulla.

Alla fine Amina lascia l'aula con gli studenti che la sostengono, trascurando che il Corano, scritto da Maometto, non può narrare fatti storici successivi alla sua morte.

Per fortuna discendiamo dai Greci, dai Romani e dall'Illuminismo, e siamo anche sopravvissuti alle ultime rivoluzioni. Così, sembriamo più seri perché ci sentiamo spinti a usare la ragione perfino nei rapporti che abbiamo con la religione senza cadere negli equivoci di Amina.

Ed è interessante quanto la ragione ci spinga ad integrarci con le nostra comunità, stimolando il bisogno di essere accettati dal prossimo per godere la stima di coloro al cui giudizio teniamo. Una stima che qualcuno chiama *«onore»*, anche se onore non è: perché serve soprattutto al nostro interesse personale.

Tucidide, quattro secoli prima di Yeshua, tra i motivi dominanti dei comportamenti umani, oltre all'onore e all'interesse aveva messo la paura. Yeshua, ai motivi di Tucidide, aggiunse l'amore e ne tolse la paura. Tuttavia anche l'amore, per quanto nobile, funzionò fino a un certo punto: perché i nostri comportamenti, salvo l'aggiunta di una spennellata dolciastra di altruismo, sono ancora oggi ispirati ai tre motivi di Tucidide: interesse, onore e paura.

Perché anche l'amore è una cosa curiosa che, quando funziona, viene da dentro, esiste nella sostanza ed è una molla insopprimibile. E' l'amore manifestato da Yeshua in ogni occasioni, è l'amore che non si tira indietro di fronte a nessuna complicazione, incluso il ribrezzo.

Mentre l'amore da pulpito, da predica, da suggerimento, è una cosa del tutto diversa, una fredda teoria della quale ammantarsi per ragioni teologiche. Potrebbe essere l'amore manifestato da Isabella la Cattolica, che torturava sua figlia Giovanna per farle accettare le norme del cattolicesimo spagnolo da lei respingeva e che, per farla rinsavire, le sequestrava la figlia appena nata. Potrebbe essere quello manifestato da Ferdinando II e da Carlo V, che non si accontentarono di chiuderla nel convento della Tordesillas, ma addirittura in una stanza senza finestre, forse ancora allo scopo di farla rinsavire, senza neppure sospettare che potesse non essere pazza ma, semplicemente, diversa.

È così che il cristianesimo ha contribuito a sviluppare l'ipocrisia. A dimostrarlo basterebbe il successo delle leggi razziali del 1938 in Italia per le quali Mussolini, miscredente, ottenne la firma di un re stupido, limitato e incapace di rifiutare leggi balorde e disgustose, pur credendosi cattolico. Col risultato – si racconta con un tantino di cattiveria – di aumentare la felicità di quegli italiani che, ispirati dall'amore su cui si basava la loro bimillenaria cultura cristiana, soffiarono il posto, le attività e i negozi agli ebrei che li possedevano, privati dei loro diritti di cittadini da una legge scellerata.

Con questo è inevitabile concludere che non solo Dio,

ma neppure le religioni sono *«realmente»* utili alla nostra società: perché è evidente che il nostro modo di vivere non cambierebbe molto, neppure se le nostre religioni scomparissero [1].

La faccenda è stata ampiamente dimostrata nella Germania Nazista, nell'URSS e in Cina. E ora da Putin, che sembra convinto di essere religioso, pur essendo solo un idiota, alla maniera di Hitler e di Stalin.

Mentre Amina, nella sua ingenuità, evidentemente non sapeva quante Sharia abbiano integrato il Corano nella storia e nei vari stati musulmani, raccogliendo le istanze culturali locali e rendendole obbligatorie: come quella di costringere le donne a indossare il velo oppure obbligandole a non studiare, per ragioni che non hanno nulla a che fare col rispetto e neppure con il buon senso, qualunque cosa sia scritta sul Corano.

E Amina non sapeva neppure quanto gli arabi, da qualsiasi parte, avessero giocato con le leggi che a loro facevano comodo, con le loro Sharia e con i loro attaccamenti alle tradizioni, pur dichiarandosi convinti che *«il Corano spiega tutto e dice tutto»*, trascurando banalità più recenti, quali le scoperte scientifiche e la bomba atomica.

---

1 Quando vivevo a Roma, negli anni quaranta del Novecento, le persone che abitavano appartamento sotto al nostro si chiamavano Beher, ma poi l'appartamento era invece abitato da una famiglia Micara. Si diceva che i Beher fossero ebrei e che i Micara avessero uno zio cardinale. Vuoi vedere che il trasloco era dovuto alle leggi razziali di Mussolini.

I MODELLI DI DIO E LA MAGIA

Tutto ciò che abbiamo scritto fin qui ci rende sempre più difficile credere nel valore dei nostri modelli di Dio [1], perché nessuno dei *«credere»* disponibili su questo tema supera la minima critica razionale, alla faccia dell'Illuminismo. E questo rende difficile anche credere al trascendente, allo spirito, all'anima e a tutto ciò che secondo qualcuno può sopravvivere alla morte.

Eppure... Eppure ci sono *indizi* tali da farci sospettare che il nostro rapporto con il Trascendente non possa essere negato così brutalmente. Perché merita di essere approfondito, magari appoggiandoci a qualche personaggio noto per la profondità del suo pensiero. Purché non sia né un credente né un ateo, per non inciampare nelle sue ubbìe, che dipenderebbero dalla sua fede – quale che sia – e quindi sarebbero solo fatti suoi.

Così abbiamo provato con Albert Einstein, a cui non piaceva l'idea di un Dio personale – che implica la sua immanenza – e che immaginava di poter essere un panteista.

IL DIO PRIVATO DI EINSTEIN

A questo proposito Einstein, che cito e citerò soltanto come persona intelligente e di cultura, ebbe a scrivere: «Io non credo in un Dio personale,

---

1 Attenzione, il termine **"Modello di Dio"** è mio e parte dal constatare che, data l'impossibilità di conoscere Dio, chiunque ne parli ne ha in mente soltanto un *"modello"* che piace a lui e agli altri che ci credono, ma che col Dio vero, che nessuno può conoscere salvo eccezioni e pretese, non ha nulla a che fare.

non l'ho mai negato e anzi l'ho espresso chiaramente.», E scrisse anche che «l'idea di un Dio personale è un concetto antropologico che non sono capace di prendere sul serio». Ed anche che «Non posso immaginare un Dio che ricompensa e che punisce l'oggetto della sua creazione »

Tuttavia, secondo qualcuno non ci si può definire panteisti senza ammettere l'immanenza di Dio: perché il panteismo, *«in generale è ogni dottrina che consideri divina la totalità delle cose e che identifichi la divinità con il mondo»* (Enciclopedia Treccani), ed è anche *«una visione per cui ogni cosa è permeata da un Dio immanente, per cui l'Universo e la natura equivalgono a Dio».*

Dunque Einstein rischia di confonderci. Perché non si accorse che, considerandosi panteista, non poteva rifiutarsi di ammettere l'immanenza d Dio con le sue conseguenze. Ma il bello è che non ci aiuta neppure Cartesio. Perché l'inventore delle famose *«regole di indagine sperimentale»*, diversamente da Einstein, non si rifà alla *«propria capacità di considerare seriamente il concetto antropologico di un Dio Personale»*, ma cerca di dimostrare che Dio esiste davvero, come se fosse possibile. Perché parte dall'assunto che *deve esistere un essere perfettissimo* — come al solito, sapendolo per conoscenza innata e non per sperimentazione, ovvero dimenticando di applicare la prima delle sue stesse regole — e trascura che l'aggettivo *«perfettissimo»* è solo un attributo di un Divino di cui non sa nulla.

Dunque, con Cartesio la confusione non fa che crescere. Tanto più che potrebbe anche aver barato, perché ai suoi tempi si poteva finire sul rogo per molto meno che per una dichiarazione di libero pensiero. Perché lui visse (sia pure non in Italia) nella prima metà del '600, quando Giordano Bruno era stato arso vivo nel 1600 e Galileo fu processato intorno al 1620. E quando in Europa si scatenarono prima (nel 500) le guerre civili che in Francia coinvolse la monarchia, gli ugonotti e i duchi di Guisa e più tardi la guerra dei trent'anni (1618-1648).

Quindi, il pensiero di un paio di personaggi famosi, scelti per profondità di pensiero e indipendenza di giudizio, non aiuta. Ed è probabile che, se si estendesse lo stesso tentativo ad altri, cambierebbe poco.

Così non ci resta che affrontare il problema alla rovescia. Partendo dall'assunto che, *mentre è difficile credere che le religioni siano state create da un Dio che forse non esiste, è molto più ragionevole supporre l'opposto, ovvero che Dio sia stato creato dalle religioni*. Un'affermazione dall'apparenza blasfema, anche se è solo perplessa.

Anche perché, a pensarci bene, è evidente che Dio è un prodotto dell'uomo. Finché non esisteva l'uomo, non c'era nessuno che potesse immaginare Dio. E, quando ci fu, nacquero tanti Dio quante furono le popolazioni umane, abbastanza distanti tra loro da poter imbastardire reciprocamente il loro modo di concepire Dio.

E non c'è dubbio che l'esistenza di Dio sia, da sempre, dappertutto e soprattutto, una risposta alle nostre ansie, non solo per la vita terrena ma anche per ciò che ci succederà quando questa vita sarà finita: ciascun popolo trovando a queste domande le risposte più consone alla sua mentalità e ai suoi costumi.

Perché il presupposto di ogni religione è che sia stata ispirata da un Dio, incontrato da qualcuno chissà dove e chissà quando.

Mentre tutto cambia se si suppone che lo stesso *«qualcuno»*, costretto a risolvere il problema di dominare e governare un gruppo di umani, possa avere avuto l'idea di esaltare la propria credibilità facendo credere di essere ispirato da un Dio dal quale attingere le regole del buon governo con le dovute garanzie.

E, anche se personaggi come Mosè e Maometto – dai quali derivano le leggi fondamentali dell'ebraismo, del cristianesimo e dell'Islam – hanno preteso di essere stati ispirati dal loro Dio, è più ragionevole pensare che si limitassero a **credere di esserlo**: nella pratica è la stessa cosa, anche se la sostanza è del tutto diversa. A meno di supporre che imbrogliassero per ragioni di potere: e questa non sarebbe la stessa cosa ma ci sta. Perché, quando si tratta del rapporto con la divinità, distinguere fra ispirazione, infatuazione, paranoia e imbroglio non è facile.

Non va dimenticato che perfino Enrico VIII Tudor – per intenderci, quello di Anna Bolena (prima sposata e poi decapitata) e del distacco dalla Chiesa Cattolica, uno che non ha davvero l'aria di essere stato uno stinco di santo – sembra che fosse mosso (tra l'altro) da una profonda e personale convinzione di rappresentare la volontà di Dio, qualunque cosa credesse che fosse Dio. Del quale, forse, gli interessava solo l'aspetto del Potere: anche se questi erano solo affari suoi.

Con questo, stiamo solo immaginando che **Dio *possa essere nato come un simulacro, come un modello utile ad avallare un potere umano***.

Dunque *potrebbe* essere la conseguenza di un imbroglio. E questo ci sta perché, per alimentare le nostre diffidenze, basta frugare nella storia. Per esempio, si *potrebbe* supporre che Mosè sia andato sul Sinai non tanto per farsi dettare da Dio le regole del buon vivere, quanto per fingere di farsi avallare e per far scendere dall'alto le regole scritte da lui stesso. Ed è probabile che Maometto abbia fatto lo stesso, sia pure sotto la pretesa dettatura dell'arcangelo Gabriele.

In ogni caso, entrambi dimostrarono di avere idee chiare, volontà di ferro, spregiudicatezza e capacità di imporsi senza badare a mezzi. Perché Mosè aveva tirato fuori dall'Egitto un popolo di schiavi imbelli e ignoranti: e non sorprende che fossero *«di dura cervice»* (Esodo 32:9) e *«proclivi al male»* (Esodo 32:22). Quindi l'appoggio di Yahweh, per riuscire a governarli, gli era indispensabile a costo di inventarselo. E qualcosa non molto diverso nella sostanza potrebbe essere successo a Maometto.

Come risultato, tanto gli ebrei quanto i musulmani ebbero un corpo legislativo forte, al quale ubbidiscono tutt'ora. Soprattutto i musulmani, che considerano le leggi del Corano superiori a quelle di qualunque parlamento dei nostri tempi e quindi del tutto immodificabili, malgrado i quindici secoli trascorsi dopo Maometto: come se nel frattempo non fosse cambiato mai nulla. Tanto solido è per loro il Corano: altro che libera Chiesa in libero Stato.

Viceversa, i Romani non si curarono di cercare appoggi divini finché riuscirono a governarsi senza grossi inconvenienti: ossia fino a Silla, Cesare e Pompeo. Le vere difficoltà si manifestarono con la successione a Giulio Cesare, quando. gli imperatori *dovettero* farsi divinizzare: perché, per imporsi, avevano bisogno di un'autorità superiore.

Così come *dovettero* fare gli imperatori medioevali, tutti in cerca di appoggio divino, anche se sostituirono la divinizzazione degli imperatori romani con l'incoronazione papale. Incluso Napoleone, che non era medievale né credente ma, ciò malgrado, cercò anche lui una legittimità superiore. Così come *fecero* i re europei, tutti con la pretesa di regnare per *«diritto divino»*.

E perfino Yeshua, sebbene fosse in comunione col Padre, ad ogni buon conto si fece battezzare dal Battista.

Solo il Buddha non aveva bisogno di appoggio divino perché non discettava di Dio. Tanto che **rifiutò sempre di rispondere ad ogni questione metafisica**.

Mentre è evidente il bisogno di credere *«a prescindere»* di Amina e dei suoi amici, tutti disposti a difendere la propria fede con le unghie [1].

LA MENTE, L'ANIMA E IL MISTERO DELL'ALDILÀ

A questo punto, se vogliamo difenderci dai venditori di illusioni, se rifiutiamo la fede cieca di Amina e se respingiamo le elucubrazioni dell'esoterismo, non ci resta che approfondire. Nei limiti del possibile.

Per farlo, il punto di partenza è la nostra mente, il nostro centro di consapevolezza, un *«insieme»* fatto di istinti, interessi, curiosità, sentimenti, passioni, ansie e desideri che la spingono e la motivano. La mente, che governa e gestisce l'*«Io»*, il nostro soggetto, il nostro centro di volontà e anche di prepotenza. Tuttavia alla mente va aggiunta quella cosa che chiamiamo *«anima»*, anch'essa invisibile, ovvero quel *«qualcosa»* senza il quale non c'è vita.

L'anima, in questo momento storico, non sembra ri-

____

1 Vedi pag. 168

scuotere molto interesse, sia per l'eccessiva importanza avuta nel passato, sia perchè potrebbe essere una sacra invenzione. Eppure l'anima ha un contenuto molto serio, perché è un *«qualcosa»* ben distinto dalla mente, se non altro perché, quando vediamo un essere vivo, capiamo che è vivo in quanto è *«animato»*, anche se dorme. E quando lo vediamo morto, senza più anima, capiamo che non è vivo. Quindi non è un *«qualcosa»* da poco. Anche perché si potrebbe immaginare che l'anima sia un qualcosa di parallelo alla mente, quello che gestisce la coscienza e la consapevolezza e che le sopravvive dopo la morte. Ammesso che qualcosa sopravviva.

Perché ci sono pochi dubbi che al momento della morte spariscano tanto la mente quanto l'Io, mentre con l'Anima entriamo nell'opinabile.

Tanto che, secondo un gran numero di umani, l'anima continua a vivere *«su un piano diverso»*: e il significato di questo *«piano»* è oggetto di eterne diatribe a metà strada tra il filosofico e il religioso, che non portano da nessuna parte perché di ciò che succede *«dopo»* non si sa nulla.

Questa ciuriosa confusione non è molto diversa da quella che in cui ci si trovava quando si discettava di stelle, astri e firmamento prima del cannocchiale di Galileo, senza saperne nulla. Dunque non stupisce, tanto più che l'eventuale esistenza della vita dopo la morte si basa su alcune **ipotesi interessanti**, il cui mistero non è solo quale possa essere il *«piano diverso»* dove si suppone che l'anima possa finire: ma é soprattutto nel comprendere quale senso abbia la nostra vita, qualora esista qualcosa di simile a Dio. Perché Dio e anima sembrano in qualche modo connessi.

Perché per Sant'Agostino sembra che l'anima umana sia «*una sostanza spirituale caratterizzata da una consapevolezza di sé che la rende immediatamente certa della sua esistenza e le rivela la sua vera natura. E per un atto di Dio — a noi imperscrutabile — è unita al corpo, dal quale tuttavia è distinta, in quanto immateriale* (ossia, incorporea) *e immortale*».

Anche se l'incorporeità dell'anima ha alcune conseguenze. La prima delle quali è l'impossibilità di comunicare con gli esseri viventi che, tutt al più, ne possono essere influenzati senza esserne consapevoli. La seconda è quella di rendere del tutto fantasiose le pene dell'inferno e del purgatorio, che non si capisce come potrebbero essere applicate su anime incorporee, come invece sembra avvenisse nella visione trecentesca di Dante [1]. La terza è quella di rendere fantasioso il dogma dell'Assunta (pag. 162), e della sua pretesa che Maria sia stata assunta alla gloria celeste in anima e corpo. La quarta è quella di suggerire che almeno anche gli animali più evoluti possano avere un'anima, non necessariamente eguale a quella umana, come sospettano molti di coloro che hanno avuto con loro un rapporto non solo materiale. La quinta è quella di togliere ogni valore alle storie di fantasmi ed alle pretese di chi sostiene di avere contatti con l'Aldilà, salvo alcuni casi ben noti, che restano del tutto inspiegabili.

Comunque sia, resta da capire cosa succede quando si muore. Perché a questo punto finisce proprio tutto, eccetto (forse) proprio l'anima. La quale, ammesso che

---

1 Le anime dannate, molto corporee e non trascendenti, immaginate da Dante

Ma quell'anime, ch'eran lasse e nude,
cangiar colore e dibattero i denti,
ratto che 'nteser le parole crude.
Bestemmiavano Dio e lor parenti,
l'umana spezie e 'l loco e 'l tempo e 'l seme
di lor semenza e di lor nascimenti

Poi si ritrasser tutte quante insieme,
forte piangendo, a la riva malvagia
ch'attende ciascun uom che Dio non teme
  Caron dimonio, con occhi di bragia,
loro accennando, tutte le raccoglie;
batte col remo qualunque s'adagia.

sopravviva e finisca davvero da qualche parte, resta l'unico nostro elemento che conta, perché è incorporea e può trasferirsi in un mondo chiamato Trascendente proprio in quanto ci trascende. **Un mondo che deve avere le sue leggi, altrimenti non sarebbe un mondo.** E, di conseguenza, deve avere anche un legislatore, un governatore e un moderatore o qualcosa del genere. **E se questa non è una definizione di Dio, bisogna ammettere che le rassomiglia.**

Invece, quanto alle *ipotesi* di ciò che può capitare all'anima nella sua opinabile sopravvivenza dopo la morte del corpo, *quelle più diffuse* sono due. La più comune delle quali, per noi, è quella del premio/punizione. Mentre, per la seconda, dovuta ad alcune tradizioni orientali, l'anima anziché nascere insieme a un certo essere umano, lo precede da chissà quando, arrivando da chissà dove, dopo aver compartecipato alla vita di innumerevoli individui prima di lui. E non termina con lui, ma continua dopo, passando da un individuo a un altro: il quale ha ancora la stessa anima, quindi in un certo senso è lo stesso individuo di prima, solo che, di volta in volta, corpo e condizioni al contorno sono diversi.

Se funzionasse così, la nostra anima – che qualcuno chiama *«spirito»* e che potrebbe essere l'essenza di noi stessi, ammesso che, rispetto all'Io e alla mente, abbia davvero la caratteristica di sopravvivere alla morte – avrebbe un *«prima»* e un *«dopo»* privi di limiti temporali.

Così l'anima potrebbe esserci arrivata da chissà quale remoto pianeta, potrebbe essere stata incarnata in chissà quale dinosauro e potrebbe finire chissà dove, chissà quando. E, contrariamente alle tradizioni medievali, non rassomiglierebbe né a uno *«spettro»* né a un *«fanta-*

sma» perché, essendo incorporea, sarebbe piuttosto un concentrato di consapevolezza e di coscienza. Ossia, un nucleo incorporeo che continua ad evolvere arricchendo se stesso, contribuendo a una sorta di evoluzione della consapevolezza dell'intero Trascendente, anche se non se ne conoscono né gli scopi né il suo procedere.

Questa potrebbe essere un'ennesima fantasia, ma ci offrirebbe il vantaggio di non implicare un profeta che ci suggerisca come vivere per conquistare il paradiso o per non sprofondare nell'inferno, mentre stiamo cavalcando chissà quale onda vitale. Dietro la quale potrebbe esserci un disegno globale di cui non sappiamo nulla: salvo supporre che, ai nostri giorni, si viva in un modo che crediamo migliore di quelli del passato, pur essendo testimoni delle aberrazioni e delle odiosità più insopportabili. Oltre ad esserne, ogni tanto, anche gli autori oppure le vittime.

Con questo modo di ragionare, ogni spunto di pensiero, ogni messaggio, ogni avvenimento potrebbe aggiungere qualcosa alla consapevolezza. Con questo modo di ragionare, la predicazione e la resurrezione di Yeshua, così come la vita del Buddha, sarebbero episodi un po' fuori del comune, ma non fuori della logica di fondo.

È così, che il messaggio dell'amore di duemila anni fa potrebbe sembrare ancora una novità: perché sembrerebbe tutt'altro che esaurito. Forse è stato un po' prematuro, se si considera come è stato applicato, anche se qualcuno sembra averlo capito un po' meglio di qualcun altro. E, ragionevolmente, la sua applicazione continuerebbe a migliorare finché sarà compreso ancora meglio, visto che duemila anni non sono bastati. Mentre forse si scoprirà che il suo significato è molto più ampio di quello che si può intendere applicandolo solo alla nostra vita corrente.

Peccato che tutto ciò, almeno per ora, sia destinato a restare tra le ipotesi, perché il mondo trascendente continua ad essere sconosciuto e può darsi davvero che non esista. Tuttavia può anche darsi che esista e che, se mai sarà dimostrato, possa bastare da solo a dare alla vita un significato più profondo di quello che le si dà di solito.

Nel senso che, se fosse così, nulla dello spirito si perderebbe, mai. E nel senso che la vita, invece di viaggiare per perdite successive finché non ne resterà più nulla, può farlo per accumuli successivi, avvicinandosi a un tutto trascendente ancorché sconosciuto. E quanto a Dio, chissà. Anche se abbiamo aggiunto qualche elemento di riflessione.

In ogni caso, è interessante che il criterio del premio/punizione – almeno dalle nostre parti – sia tuttora il più gettonato, forse perché é il più banale, il meno complicato e più immediato da capire. Oppure, solo perché è più o meno adottato dalle religioni cristiane e musulmane.

Le indagini scientifiche e le testimonianze del NDE

È evidente che in ogni caso, per ottenere qualche risposta ragionevole sul Trascendente, al di là delle ipotesi appena fatte restano solo le indagini scientifiche. Come quelle fatte da scienziati e da medici per capire se qualcosa ci sopravvive, senza scomodare la filosofia, la religione o la fisica quantistica.

Tra queste ci sono le testimonianze del NDE (Near Death Experiences), di persone reduci da una *«quasi morte»*, che riferiscono tutte lo stesso tipo di esperienze. Tali da far supporre che la mente sia indipendente dal cervello: cercando di capire se esista uno spirito umano – un'anima, forse – che abbia familiarità con il trascendente e che possa usare la mente, il cervello e l'intera struttura del corpo per manifestarsi.

In uno studio del 2001, il team guidato dal dott. Pim Van Lommel, dell'ospedale olandese Rijnstate di Arnhem, concluse: *«Dovremmo considerare la possibilità che la morte, come la nascita, sia un mero passaggio da uno stato di coscienza ad un altro [...] Sull'origine del NDE sono state proposte diverse teorie. Alcuni pensano che l'esperienza sia causata da cambiamenti fisiologici nel cervello[...] Tali esperienze potrebbero anche essere collegate ad un cambiamento dello stato di coscienza (trascendenza), in cui la percezione, il funzionamento cognitivo, l'emozione e il senso dell'identità funzionano indipendentemente dalla normale coscienza di veglia legata al corpo [...] ma mantengono la possibilità di una percezione non sensoriale [...]. La teoria e il contesto del trascendente dovrebbero essere inclusi come parte di un quadro esplicativo per queste esperienze »* [1].

Un altro studio – pubblicato sulla rivista scientifica *«Resuscitation»* e, a quanto si dice, il più grande mai realizzato finora– sembrerebbe aver confermato che le NDE sono reali, perché ci sarebbero *«prove scientifiche che suggeriscono che la vita può continuare dopo la morte»*, come si legge su *«The Independent»*, quotidiano della sinistra inglese. Perché racconta che un team scientifico ha studiato per quattro anni le esperienze di oltre 2.000 pazienti con arresto cardiaco, 330 dei quali, sopravvissuti, hanno raccontato le loro esperienze di qualche tipo di consapevolezza pur essendo stato dichiarati clinicamente morti (ovviamente, prima di essere rianimati).

I pazienti hanno dimostrato di aver *"vissuto"* eventi reali per almeno tre minuti dopo lo spegnimento del cervello,

---

1 The Lancet, vol 358, 15 dicembre 2001

riuscendo a ricordare il tutto in modo preciso, una volta rianimati. L'indagine è stata guidata dal dottor Sam Parnia [1] che, tra le altre, ha raccontato le scene *«molto credibili»* delle azioni compiute da medici e infermieri per rianimare un paziente, tutte descritte in ogni dettaglio da lui, quando riprese coscienza, come se avesse osservato ogni cosa da un angolo della stanza [2]. La spiegazione sarebbe che *«anche se il cervello non può funzionare quando il cuore ha smesso di battere, in questo caso la consapevolezza cosciente sembra essere portata avanti per un massimo di tre minuti. L'uomo ha descritto nei dettagli tutto quello che era accaduto nella stanza, ma ancora più importante, ha sentito due bip di una macchina che emette questo suono a intervalli di tre minuti. Così abbiamo potuto cronometrare quanto tempo è durata l'esperienza. L'uomo sembrava molto credibile e tutto ciò che egli ha descritto era realmente accaduto ».* [3]

Dunque il punto chiave di questo esperimento sta nel fatto che il paziente in questione elencò oggetti che dalla posizione occupata dal suo corpo non avrebbe potuto vedere, e che invece vide come se fosse stato dislocato altrove. E questo eliminerebbe sia il sospetto che si tratti di allucinazioni, sia che si tratti di percezioni dovute alle facoltà ordinarie. In proposito, lo psicologo David Wilde, della Nottingham Trent University, ha detto che: *«Ci sono alcune buone prove che queste esperienze siano effettivamente accadute dopo che le persone sono morte medicalmente. Anche se noi semplicemente non sappiamo cosa stia succedendo».*

Peccato che queste ricerche siano concentrate solo su

---

1 New York University, una delle massime autorità in materia
2 La stessa esperienza è descritta nel Novecento in prima persona dal dott. Alessandro Becciani autore del libro *«La salute è un fatto morale»* , Ed. Campitelli, Roma 1928
3 *«Life after death is Real»*, intervista a Sam Parnia fatta da David Gutierrez, contributing writere to Natural Nerws, Nov 8 2014

ciò che succede al confine tra la vita e la morte e non possano raccontare cosa accade dopo, perché non si è ancora trovato nessun modo per far parlare scientificamente nessuno la cui morte sia durata più di tre minuti. E, in ogni caso, non avremmo nessuna informazione sul «*come*» e sul «*dove*» l'anima sopravviva.

Dunque, in mancanza di altre informazioni sperimentali, per ora dobbiamo accontentarci delle ipotesi possibili, che in ogni caso non sono «*credo*». Anche se questi studi confermano il parere unanime di tutte le religioni del mondo che, malgrado abbiano idee diverse e spesso contrastanti, sono tutte accomunate dal credere nella sopravvivenza dell'anima umana. Qualunque cosa essa sia.

Esperienze transensoriali e il ruolo del Magico

A questo punto occorre ragionare della nostra vita transensoriale, di solito ignorata dai razionalisti che la considerano una baggianata, e data per ovvio dai fideisti che la considerano una seconda natura.

Perché qui si tratta di pure esperienze di transensorialità: della quale, nella nostra vita esistono innumerevoli spiragli non riconosciuti.

Perché certi ricordi, certe sensazioni, certi sentimenti e certi trasporti possono benissimo appartenere a questa sfera anche se, di solito, li consideriamo fatti banali o stranezze trascurabili. E lo stesso possiamo dire di certi modi di essere, tanto profondi quanto spontanei.

Perché per respirare l'aria del «*divino*» non c'è bisogno di entrare in una cattedrale: perché può bastare una passeggiata in montagna o l'ascolto di una musica in un momento particolare, oppure la sintonia profonda, improvvisa e irripetibile con un altro essere umano. Non a caso Giuseppe Ungaretti scrisse «*M'illumino di immenso*»

Perché un primo spiraglio di transensorialità sta perfino nella nostra capacità di sognare, entrando in un mondo noto solo a noi e interpretabile solo a modo nostro. Si sa che gli antichi consideravano il sogno come messaggi di un altro mondo. E in effetti esistono sogni abbastanza esaltanti da farci supporre di essere in contatto con gli elementi più nobili dello Spirito, così come ci sono incubi abbastanza deprimenti da farci supporre di essere in contatto con le più tetre forze demoniache. Se mai ci servissero una fonte d'ispirazione e una di terrore, questi sogni sarebbero più che sufficienti a far riflettere. Il fatto, poi, che i sogni possano produrre paranoie, è abbastanza naturale: perché tutto ciò che ha a che fare con la spiritualità si trova sui confini della paranoia. Salvo la spiritualità stessa. Sebbene anch'essa possa essere confusa con qualche paranoia.

Un secondo spiraglio potrebbe stare nella nostra disponibilità a «*deificare*» qualcun altro, sia che lo adoriamo, sia che lo odiamo. Non a caso esistono gli adoratori di Satana. Non a caso le divinità domestiche degli antichi romani erano solo antenati divinizzati. Non a caso la reverenza per gli antenati è diffusa in tutte le società arcaiche. Non a caso una delle caratteristiche della Divinità è quella del Padre: Giove era il padre degli dei, Yeshua si rivolgeva a Dio come al Padre e la preghiera che si pretende sia stata dettata da lui è proprio il «*Padre Nostro*». Non a caso sono stati «*divinizzati*» personaggi come Hitler e Stalin. Non a caso ogni giorno sono «*venerati*» e «*idolatrati*» alcuni personaggi importanti, inclusi i più celebri campioni sportivi.

Un terzo spiraglio potrebbe stare nella nostra capacità di apprezzare il bello e di detestare il brutto.

Il senso del sublime potrebbe essere un'espressione di religiosità. Il senso dell'orrore potrebbe essere la conseguenza di un contatto col demonio. E il senso dell'ordine potrebbe servire a qualcosa di più nobile del gestire (male) le organizzazioni e la burocrazia.

La magia del nostro mistero esistenziale

Così ci siamo avvicinati al più impenetrabile – e più magico – dei nostri inconoscibili privati: **il nostro mistero esistenziale**, un complesso psicologico che ci àncora al passato, alle radici e alle origini.

Un mistero in cui si concentrano tutte le nostre esperienze personali. Un mistero il cui contenuto supera di molto ciò che ricordiamo, perché spesso la memoria del nostro vissuto è ampiamente *«rimossa»*, ossia nascosta, malgrado le tracce che ha lasciato nel nostro carattere: tanto che si stanno diffondendo i tentativi più stravaganti e improbabili per recuperarla.

Perché viviamo il nostro mistero esistenziale per ciò che siamo stati. E ciò che *«siamo stati»*, oltre ad essere misterioso, include l'essenza di tutte le nostre esperienze: quelle che ricordiamo, quelle che abbiamo dimenticato, quelle che abbiamo deformato nel ricordarle, incluse le più remote e – per chi crede nella reincarnazione – anche quelle (possibili ?) delle vite passate.

Perché siamo quelli che siamo, non solo per *«essere stati quelli che siamo stati»* ma anche *«per ciò che crediamo di essere stati»*. Per esperienze che includono ciò che abbiamo avuto, ma anche ciò che non abbiamo avuto e ciò che, secondo noi, avremmo avuto il diritto di avere ma ci è stato negato: e, quindi, anche per ciò che induce rancori, pretese, rabbie e desideri di rivincita.

Il nostro mistero personale, tutto psicologico e magico, ha preso un significato nuovo oltre un secolo fa, da quando è stato scoperto l'inconscio.

Peccato che, per capirne qualcosa di utile, noi dovremmo andare da un terapeuta capace di aiutarci a scoprire che cosa abbiamo rimosso – ovvero, eliminato dalla memoria – e perché. Sempre considerando che i contenuti del nostro mistero esistenziale possono condizionarci al punto da sembrare le basi di una conoscenza innata di chissà quali verità profonde, anche quando creano solo illusioni e pregiudizi. Basti pensare alle opinioni infondate sulle quali si basa ogni gelosia, ogni sospetto, ogni rancore, ogni simpatia e ogni odio.

Oppure, al modo in cui qualcuno di noi si sopravvaluta e qualcun altro si sottovaluta, entrambi senza avere nessuna ragione per farlo. E questi errori che a volte – dal punto di vista personale – possono persino essere positivi in quanto inducono certezze (se non serenità), sembrano la maggiore causa di confusione fra ciò che crediamo di sapere e ciò che sappiamo davvero.

Dunque, la faccenda è complicata. E lo è di più se ricordiamo che siamo solo un frammento di un mistero esistenziale collettivo, evidente nelle innumerevoli convinzioni radicate nei popoli, senza che nessuno cerchi o pretenda di valutarne l'attendibilità. O ci riesca.

Sciagure dovute alle confusioni fra misteri e realtà

La storia offre infiniti esempi di convinzioni così profonde da essere sembrate, per secoli, verità sacrosante: anche se erano basate solo sul contenuto di misteri esistenziali personali e collettivi, anche se erano solo la conseguenza di fantasie. Convinzioni che vanno dagli antichi equivoci sulla rotondità della Terra a quelli che inducevano gli antichi Romani a divinizzare i propri imperatori, per non parlare delle innumerevoli cantonate degli eruditi del passato, un po' dappertutto.

E almeno uno di questi equivoci va ricordato qui, per la sua durata e per la sua solidità: si tratta dell'equivoco su cui nei millenni si basò la convinzione che i re fossero tali per mandato divino, una paranoia che nessuno ha mai osato discutere fino ai giorni nostri. Una convinzione che non toccava solo chi era obbligato a subire, ma anche gli stessi regnanti: già, proprio loro. Sembra impossibile.

Eppure, molti sono stati i re che hanno pagato caro, di persona, le conseguenze di questa paranoia: da Carlo I d'Inghilterra a Luigi XVI di Francia, dallo zar Nicola II di Russia a Francesco Giuseppe re e imperatore d'Austria, fino a Vittorio Emanuele III re d'Italia. Tutti convinti di incarnare un diritto divino, tutti incapaci di distinguere tra realtà e magico, tutti responsabili di azioni legate a questa convinzione e tutti destinati alla catastrofe, come se questa fosse necessaria a chiarire che sbagliavano.

E sbagliavano tutti, senza che nessuno ci ragionasse: perché, secondo loro., le cose stavano così, e basta.

I regnanti attribuivano i loro diritti a un Dio di cui non sapevano nulla, come succede a tutti. D'altronde, i loro antenati avevano fatto come loro per secoli, ed era andata bene: qualche volta avevano vinto, qualche volta no, ma erano rimasti convinti del loro diritto. Tanto che, se per caso venivano detronizzati, ammettevano il fatto tecnico ma si consideravano moralmente ancora regnanti. Come fece Giovanna la Pazza, che continuò a restare regina anche dopo cinquant'anni di prigionia alla Tordesillas.

Gli antenati di Guglielmo II, quelli di Nicola II e quelli di Francesco Giuseppe avevano subito le guerre di Napoleone. Nulla di strano che loro facessero lo stesso con la stessa arroganza, per analoghi motivi espansionistici e di potere. Nulla di strano, salvo che erano cambiati i tempi, le armi e le situazioni, così come era cambiata la logica dell'inconoscibile, quella del mistero esistenziale a cui appartenevano senza saperlo.

Quindi «*dovettero*» fare la guerra. Francesco Giuseppe la fece prendendo a pretesto l'uccisione del suo erede al trono, perché tutti i serbi dovevano pagare per la colpa di uno (uno!) di loro: un torto che «*doveva*» essere punito. Nicola II si adeguò perché era una sua prerogativa. E l'Italia lo fece per rivendicazioni territoriali.

Trascinarono milioni di persone in una guerra senza senso, mandandone a morte una metà e trasformando il magico in un'orrenda realtà: ma per loro era così ovvio da essere politicamente trascurabile.

E, tutto ciò, senza tenere in conto nessun'altra conseguenza pratica. Solo perché erano guidati dalle illusioni dovute al «*loro*» mistero esistenziale.

Oggi, dopo un secolo, se non avessero fatto la guerra, l'impero russo e quello austriaco esisterebbero ancora: un po' diversi da prima, ma esisterebbero. Hitler avrebbe fatto il pittore da strapazzo e non ci sarebbero stati né la shoah né (forse) il comunismo, nè la seconda guerra mondiale.

Destino? Forse. Oppure, potrebbe essere stato qualche altra cosa, magari dovuta solo dalla distanza tra il loro modo di vivere il proprio mistero esistenziale e quello del mondo, che si era evoluto in modo diverso e non era più compatibile con il loro [1].

IL RAPPORTO MAGICO/OSSESSIVO FRA L'UOMO E IL SUO MISTERO

Da tutto ciò è evidente quanto il **rapporto tra l'uomo e il suo mistero esistenziale sia irrazionale, a metà tra il magico e l'ossessivo.** E forse lo è anche per gli animali, perché questo spiegherebbe i loro attaccamenti alla casa, al padrone e al luogo, in un modo molto diverso da quello di un semplice senso di proprietà.

Perché non c'è ragione per credere che la nostalgia per il passato e per i luoghi delle nostre radici siano un'esclusiva umana. Non c'è ragione per credere che un gatto, capace di ritrovare la propria casa camminando per due settimane su strade mai viste prima, lo faccia solo per la pappa. Non c'è ragione per credere che le rondini di Ormea, che da tanti anni si riposano ogni giorno, anche in venti, sul davanzale di una certa finestra di una certa casa, sempre la stessa, lo facciano solo per motivi di caldo, di freddo o di sole: perché, a fianco, sopra e sotto ci sono almeno altre quattro finestre, identiche a quella ma tutte disdegnate: salvo quella, sempre e solo quella, un anno dopo l'altro. Eccettuata una seconda finestra, occupata solo quando quella principale è troppo piena: ma mai prima.

Il nostro mistero esistenziale dipende da come ci identifichiamo con il guscio, con la capanna, con la famiglia, con il gruppo, con il ceppo, con il lavoro. E non importa se la «*nostra capanna*» sia un tukul nel centro d'Africa oppure una villa di Hollywood, mentre conta il nostro attaccamento.

---

1 Vale la pena di ricordare che Elisabetta d'Austria, moglie di Francesco Giuseppe, negli ultimi anni vendette i propri gioielli e investì all'estero, prevedendo la scomparsa dell'impero austro-ungarico. E poi fu uccisa, per strada, da u n fanatico

Mentre importa come ci identifichiamo con le persone di allora. Perché non c'è ragione per credere che la nostalgia dipenda dal guscio, mentre dipende da come lo idealizziamo. Così succede che, se una certa casa l'abbiamo lasciata da ragazzi, il suo significato cambia: come se l'averla abbandonata bastasse a darle un posto importante nel nostro mistero esistenziale. E lo stesso vale per le persone, le situazioni e gli animali che abbiamo incontrato in quel periodo. E può persino darsi che la causa di certe alienazioni stia proprio nel conflitto tra noi e il guscio, con la difficoltà a costruirne un altro, nuovo, quando occorre, purché ci soddisfi: una dissociazione tra noi e il nostro mistero.

Il nostro mistero esistenziale è fatto essenzialmente di immaginazione e ci rende unici, insieme ai nostri sogni e alle nostre speranze. Rende struggenti i nostri ricordi più intimi e dà un particolare significato alla nostra vita, alle sue tendenze, ai concetti di bene e di male, quindi all'etica e, naturalmente, alla stessa idea di trascendente. Si esprime con la creatività, con la poesia, con l'arte e con la devozione, oltre che con ogni possibile turpitudine.

Il nostro mistero esistenziale ha dato alle civiltà la loro forma. Perché non c'è luogo, casa, famiglia o città, che non sia a misura di chi ci vive. La nostalgia del passato sembra farci sprecare un mucchio di tempo in inutili rincorse verso ombre inconsistenti, mentre invece stimola in noi stessi un'inconsapevole quanto profonda ricerca del significato e del mistero delle cose perdute: proprio come scriveva Proust. Perché il mistero esistenziale si radica anche lì. Anche quando non ne siamo consapevoli.

Ed è curiosa che il tentativo più importante per conoscere a fondo il nostro mistero esistenziale e le sue conseguenze non sia stato fatto tanto dagli psicologi che hanno esplorato l'inconscio a iniziare da Freud, quanto da un mare di romanzieri che ne hanno fantasticato, elucubrato e raccontato con mille particolari. Da Voltaire a Goethe, da Tolstoj a Dostoevskij, da Manzoni a Proust, da Joyce a Nabokov. Tutti a frugare nella psiche umana da secoli, chissà perché, ottenendo sempre e soltanto innumerevoli risposte parziali, perché i misteri esistenziali sono tanti. Tanti quanti sono gli esseri umani.

IL MISTERO ESISTENZIALE E IL BISOGNO DI SICUREZZA

Chi vive il proprio mistero esistenziale senza contrasti può sembrare in cerca di sicurezza. Forse perché tende ad esaltare i valori del passato – certezze (fasulle) che producono un senso di sicurezza (altrettanto fasullo) – e teme l'incertezza del futuro, anche se non può tirarsi indietro né rifiutarsi di giocare. Forse è per questo che negli Stati Uniti c'è una così profonda ossessione delle armi, utili solo a fornire l'illusione della sicurezza. Ovvio che, due secoli fa, le armi non fossero soltanto un simbolo, quando la distanza tra le abitazioni e i centri abitati era tale da rendere insostituibile l'autodifesa. Ma il mito è rimasto, perché è evidente quanto le forze dell'ordine fatichino a difenderci, cosicché le sparatorie e gli omicidi di massa bastano a spaventarci anche se non ci toccano. E il magico si manifesta quando l'idiota impugna l'arma contro qualcuno, senza percepire la propria idiozia

Perché il nostro mistero esistenziale, pur essendo roba nostra e quindi dentro di noi, è il più impenetrabile degli inconoscibili e ci condiziona molto più di quanto possiamo immaginare: fino a farci innamorare della persona più sbagliata, fino a farci fidare dei nemici, ma anche fino a farci considerare gli episodi più banali come portatori di catastrofi. Fino a scatenare una guerra in Ukraina (oppure in Polonia) senza avere la minima ragione per farlo.

É così che molti vivono i problemi dell'ambiente come minacce apocalittiche, è così che uno sciopero dei trasporti basta a scatenare una corsa agli acquisti svuotando gli scaffali dei supermercati, è così che un'alluvione in una località remota ci fa temere l'inevitabile prossima distruzione della nostra casa, è così che due balene spiaggiate diventano conferma sicura dell'irreversibile inquinamento dei mari, è così che l'apparire di ogni arruffapopoli fa temere un nuovo Hitler con la sua corte di sgherri, condita di campi di concentramento e di camere a gas.

Ed è evidente che, in ogni luogo, non tutti la pensano nello stesso modo, né tutti cercano lo stesso tipo di sicurezza. E così il criterio di una parte può prevalere su quello di un'altra, finendo per ribaltare ogni cosa. Così può succedere che ogni cambiamento sia dovuto a chi ignora i misteri esistenziali di un certo luogo in un certo momento e si sente libero dalle loro pastoie, inclusa la ricerca della sicurezza che va di moda in quel momento: dunque, a chi identifica la propria sicurezza in qualcosa di diverso. Oppure a chi, insoddisfatto e incapace di immaginare un futuro gradevole (per lui), decide di fare qualcosa di nuovo, a rischio di rompere tutto. Questo è probabilmente ciò che fece Lenin nel 1917, quando tornò dalla Svizzera con i suoi più stretti collaboratori, sul famoso treno piombato messo a sua disposizione dalla Germania proprio per ribaltare ogni cosa in Russia. Per non parlare di ciò che fece Hitler quando prese il potere.

E alcuni dei nostri amici musulmani, con il loro modo di pregare, con la confusione che fanno tra le leggi dello

Stato e del Corano, con la propria fede indiscussa e con la loro arroganza mascherata da modestia, ci stanno creando un problema mai finito, solo perché non mostrano la minima intenzione di rinunciare a una briciola del loro mistero esistenziale mentre hanno tutta l'aria di volercelo imporre: perché il loro criterio di sicurezza è diverso dal nostro. E, così noi, per loro, siamo *«infedeli»*.

In Francia, prima della rivoluzione, prevalsero per secoli i criteri di sicurezza della nobiltà e del clero, tanto da far credere che non sarebbe cambiato mai nulla. Invece, tutto cambiò alla fine del Settecento, quando s'impose il nuovo criterio di sicurezza dei rivoltosi.

Non sorprende che il re non avesse capito nulla, bloccato com'era dal proprio mistero esistenziale e dalla sua scarsa intelligenza. Non sorprende che – agli occhi dei rivoltosi – sia stato considerato un traditore: perché, per anni, aveva cercato di bloccare la rivoluzione tramando con i sovrani di altri stati. Perché Luigi XVI fu tanto sciocco da conservare un mare di documenti compromettenti e da fidarsi del fabbro che lo aveva aiutato a nasconderli [1]. Perché sembra che si fidasse troppo degli altri. Forse, ancora, a causa dal suo mistero esistenziale.

Poi, passata la crisi tutto tende a riassestarsi su una nuova versione del sistema originale, dopo che un po' di cose sono cambiate. La rivoluzione francese combatté il credo cattolico, i suoi simboli e i suoi sacerdoti, e tutto tornò quasi come prima in una dozzina d'anni. La rivoluzione russa fece lo stesso, anche se il ritorno alle origini e alla fede ortodossa avvenne dopo ottant'anni.

---

1 I documenti compromettenti furono archiviati nel famoso *«armoir de fer»* alle Tuilieries, fabbricato dal fabbro François Gamain per nascondervi documenti riservati e corrispondenze compromettenti. Poi Gamain tradì e i documenti servirono a far condannare il re alla ghigliottina.

Ma la rivoluzione francese aveva partorito Napoleone, mentre quella russa aveva partorito Stalin, che vinse la guerra. E la Cina trovò una nuova stabilità, anch'essa dopo un'ottantina d'anni di guerre civili. Vale la pena di ricordare, a proposito di mistero esistenziale, che in Italia, prima della Grande Guerra, si scatenò un entusiasmo bellicista di origine oscura, tanto duro e ossessivo quanto insensato e infondato.

I suoi alfieri più noti furono D'Annunzio (il Vate) e Mussolini (il futuro «Duce»). Il suo pubblico erano *«tutti»*: dai politici al popolino ma soprattutto i giovani. I quali, evidentemente, seguivano il proprio mistero esistenziale senza accorgersene. Nel 1908 Filippo Tommaso Marinetti sul *«Manifesto del Futurismo»* scrisse: *«Noi vogliamo glorificare la guerra – sola igiene del mondo – il militarismo, il patriottismo, il gesto distruttore dei libertari, le belle idee per cui si muore e il disprezzo della donna. Noi vogliamo distruggere i musei, le biblioteche, le accademie d'ogni specie e combattere contro il moralismo, il femminismo e contro ogni viltà opportunistica e utilitaria»*. Si può essere più scemi, solo per sembrare originali? D'Annunzio disse, di lui, che era *«un cretino con lampi di imbecillità»*. Eppure fece pubblica opinione e molti lo seguirono, senza capire che si trattava delle frenesie di un mitomane.

Così l'Italia entrò in guerra: 650.000 morti e un milione di feriti, per aver verificato che la guerra non è l'igiene del mondo. E, poi, il fascismo, che fece l'apologia del coraggio. Durante il quale Mussolini rinfrescò gli ideali dell'antica Roma, sufficienti a convincere gli italiani di avere diritti inesistenti, confusi con mille altre illusioni.

Durante il fascismo, le frenesie moderniste del futurismo incoraggiarono lo sventramento *«littorio»* del centro di Milano, dove s'interrarono i navigli e dove si fecero altri innumerevoli vandalismi, quasi anticipando il Manifesto di Marinetti contro «*Venezia passatista*»: «*Colmare i piccoli canali puzzolenti con le macerie dei vecchi palazzi crollanti e lebbrosi*» per «*preparare la nascita di una Venezia industriale e militare che possa dominare il mare Adriatico, gran lago Italiano*». Una Venezia industriale e militare!

Peggio accadde a Roma dove, tra l'altro, si costruì la via della Conciliazione abbattendo la Spina di Borgo davanti a San Pietro. Perché si doveva guardare avanti, intanto che si voleva imitare l'impero romano: una corbelleria che sembrò normale [1]. Finché, più tardi, il bellicismo idiota di Mussolini trascinò l'Italia in un'altra guerra, molto peggiore di quella precedente, sempre approvato dalle folle sobillate da parole dovute a un dissennato marketing politico.

Quando tutto terminò e l'Italia capì le conseguenze del proprio «*coraggio*», quando uscì dalla guerra e i bellicisti incominciarono ad essere chiamati «*guerrafondai*», Venezia fu finalmente lasciata in pace e pian piano i musei furono di nuovo apprezzati, così come le accademie e le donne. Il moralismo ridiventò di moda e il femminismo prese dimensioni mai immaginate prima.

Ma a Milano, nel centro di piazza Missori, domina ancora il rudere dell'abside della chiesa romanica di San Giovanni in Conca, XI secolo, demolita in parte nel 1877 e definitivamente (al 98%) nel 1948, senza una ragione. Se

---

1 Erano gli edifici medievali che occupavano l'area trasformata nel 1936 in via della Conciliazione. Alberto Sordi ne parlò così:

«*Avevo quattro anni quando vidi per la prima volta San Pietro e fu proprio per il Giubileo del 1925. Ero in compagnia di mio padre, venivamo da Trastevere, dove ero nato in via San Cosimato e dove vivevo con la mia famiglia. Arrivammo percorrendo i vicoli, che poi furono distrutti, di Borgo Pio: un ammasso di casupole, piazzette, stradine. Poi, dietro l'ultimo muro di una casa che si aprì come un sipario, vidi questa immensa piazza. Il colonnato del Bernini, la cupola. Un colpo di scena da rimanere a bocca aperta. Ecco, quello che ricordo di più di quel Giubileo fu questa sorpresa*».

ne è salvata solo la splendida cripta, sotto il piano stradale.

E, a Milano, da anni, ogni tanto qualcuno propone di mettere di nuovo l'acqua nei Navigli. Resta da immaginare che cosa sarebbe rimasto di Venezia se Marinetti avesse vinto fino in fondo.

IL MISTERO ESISTENZIALE E I NOSTRI «CREDO»

Un caso tutto particolare del mistero esistenziale è quello del suo rapporto con la religiosità e con le religioni: perché la religiosità – una caratteristica tutta personale che appartiene al nostro mistero esistenziale privato allo stesso modo dei simboli che ci forniscono l'illusione della sicurezza – sembra fornirci certezze interiori, per quanto discutibili, mentre le religioni ci forniscono una fede che dipende soprattutto da dove si nasce. Ancorché la religiosità e le religioni continuino a sembrarci entrambe prive di sostanza. Perché la religiosità potrebbe essere un'illusione privata, mentre le religioni hanno a che fare con il mistero esistenziale collettivo. Salvo che, ai nostri tempi – con l'immaginaria conoscenza del divino divulgata da una Chiesa che si basa su *«Rivelazioni»* appoggiate da documenti di una serietà indiscutibile – la religiosità è una dote essenziale degli specialisti, ossia dei sacerdoti diventati tali per vocazione, mentre nelle persone comuni è sostituita da illusioni religiose di natura ereditaria. Illusioni che, garantite da un sacerdote che funge da notaio del Divino allo stesso modo dei sacerdoti dei faraoni e degli antichi ebrei, nella gente comune non richiedono una religiosità forte e combattiva: perché, tutto sommato, a loro basta *«la certezza documentata»* di essere nel giusto.

Invece è possibile che i nostri antenati più remoti vivessero il loro mistero esistenziale in un modo diverso dal nostro, in un ambiente dove sembra evidente che la libertà di culto fosse più ampia.

I Romani avevano almeno due livelli di Divinità: quello *ufficiale* al quale dedicavano i templi più monumentali, e quello dei Lari e dei Penati ai quali dedicavano un altarino in casa perché erano gli Dei di famiglia. E si può supporre che guardassero alla vita trascorsa, alla propria e a quella della loro famiglia, come ad un insieme fornito di una forma, di una struttura e di un significato, allo stesso modo in cui noi guardiamo con nostalgia alle cose perdute, in grado di alimentare il nostro privato mistero esistenziale. Una cosa molto vicina alla religiosità.

Dunque l'essenza stessa della religiosità dei Romani sembra proprio il culto dei Lari e dei Penati, basato sul loro mistero esistenziale. I Lari erano gli spiriti degli antenati, i Penati erano i protettori della casa, Vesta badava al fuoco necessario, così come si continuò a fare per millenni: tutti e tre, insieme, servivano a tutelare la sicurezza. Ed è probabile che una parte della nostra cultura e della nostra religiosità istintiva abbia ancora a che fare proprio con i Lari e i Penati di allora. Non è un caso che una delle offese più tipiche ed esclusive di Roma (*«li mortacci tua!»*), anche se oggi è solo scherzosa, se la prenda con gli antenati, quasi richiamando, dopo duemila anni, un insulto ai Lari che nella Roma antica probabilmente ci stava.

Ed è possibile che, da noi, le religiosità più profonde siano ancora influenzate da quelle anteriori al cristianesimo. Infatti quella dei musulmani e degli ebrei é una storia diversa dalla nostra, anche se la faccenda del vitello d'oro fa pensare che perfino gli ebrei di allora – per un momento lasciati soli da Mosè – appena liberi fossero tornati a una loro religiosità antica e mai sopita.

E può darsi che, ai giorni nostri, le *«rivelazioni»* arrivate da lontano – come i messaggi della Bibbia, del Vangelo e del Corano – non siano riuscite a modificare del tutto gli originali misteri esistenziali collettivi dei popoli. Perché un tempo si credeva che gli dei antropomorfi, quelli originati dal nostro mistero esistenziale, interagissero fisicamente con l'umanità [1], mentre poi sono stati sostituiti da un Essere Astratto che con l'umanità non ha rapporti, salvo qualche contatto psichico e verbale con alcuni eletti. Così come quelli tra Yahweh e Adamo, tra Yahweh e Giacobbe, tra Yahweh e i profeti, tra Yahweh e Mosè. E, più tardi, tra lo Spirito Santo e la Vergine. E, infine, tra Yeshua e il Padre: il quale, peraltro, sembra ancora Yahweh perché non si vede in che modo un ebreo, allevato nella tradizione ebraica, avrebbe dovuto trovarsi un Dio diverso da quello degli ebrei. Contatti durati – nel loro insieme – non più di alcune giornate nei millenni. Tutto finito duemila anni fa, senza che nessuno sembri essersi accorto di quanto siano soltanto psichici gli strumenti del nostro divino: come gli angeli, gli arcangeli e i perfino il demonio. Talché – salvo gli specialisti – nessuno discute sul valore reale delle rivelazioni mentre l'insieme continua ovunque a risentire del colore delle tradizioni locali più antiche.

IL MISTERO DELLA DIVINITÀ INCONOSCIBILE

Resta il fatto che il più opinabile dei misteri è proprio

---

1 Basti ricordare che Giove si incarnava negli animali più strani per sedurre qualche fanciulla che gli piaceva, basta ricordare che un ruolo fondamentale di Apollo era quello di trasportare per il cielo il carro del sole. Basta ricordare che Achille era figlio di Venere e così via all'infinito.

quello del maggior Potere in assoluto: ossia quello di Dio. Quello che, secondo la maggioranza degli umani di oggi, ha creato il mondo e, da allora, lo domina e lo gestisce. Un potere così inconoscibile che qualcuno non crede neppure che esista. Mentre altri ci credono, ma solo perché ci credono. Un modello che assume forme diverse da persona a persona e da luogo a luogo, in un modo così irragionevole da essere discutibile. Anche se rappresenta un *«potere»*, in favore del quale o contro il quale enormi masse si sono combattute per millenni, senza nessun'altra ragione che il credere (o il non credere) nella sua esistenza, qualunque essa fosse.

É incredibile quanti siano gli esseri umani che credono in un Dio mai visto né ascoltato da nessuno, un Dio che potrebbe non esistere. Perché Dio non lo conosce proprio nessuno, nemmeno il papa, nemmeno il patriarca ortodosso, neppure gli imam più colti, nemmeno i più famosi profeti di Israele. E non lo ha conosciuto nessuno, mai, neppure nel passato. Salvo eccezioni? Forse. Anche se si tratta di un modello così radicato che il solo parlarne in modo dubitativo suona blasfemo.

C'è da chiedersi cosa penseremmo su Dio se non fossimo condizionati a crederci (oppure a non crederci): perché siamo tutti cresciuti in ambienti dove certe idee sono chiare e radicate da sempre, giuste o sbagliate che siano. E c'è da chiedersi quali sarebbero le nostre opinioni se ci sentissimo autorizzati a crederci – oppure no – solo in base al nostro personale modo di sentire e non in base a ciò che ci è stato insegnato o addirittura imposto.

Qualcuno, forse, continuerebbe a crederci a causa del proprio mistero esistenziale, della sua abitudine a confondere ciò che crede con ciò che sa, della quale non s'accorge e dalla quale, quindi, non può liberarsi. Magari perché il suo bisogno di ordine, di giustizia e di spiritualità gli suggerisce che le nostre vite e l'universo debbano essere gestiti da un Essere Superiore. Ovvero, perché condivide il significato attribuito a questo Essere e perché presuppone che il Creato abbia uno scopo e un progetto. Quindi, per quanto tutto questo sia difficile da capire, se non ci credesse dovrebbe supporre che dipendiamo dal caso. Col risultato che non troverebbe nessun motivo perché il bene prevalga sul male e non gli verrebbe in mente nessun'idea d'ordine superiore che non vada considerata una sciocchezza, né alcun gesto di altruismo che non sembri una stupida debolezza.

Qualcuno non fingerebbe neppure di crederci, perché non gliene importa nulla e perché bada ai fatti propri senza sprecare il tempo in certe sciocchezze. Perché dello spirito e della giustizia divina non sa cosa fare e perché, se si convincesse che ci sono, lo disturberebbero. Tra questi potrebbero esserci tutti coloro che approfittano di ogni occasione per emergere sul prossimo e per sfruttare gli illusi.

Qualcuno, se si sentisse libero di pensare, non ci crederebbe perché la ragione glielo impedisce o perché non riesce a trovare, sulla sua esistenza, una minima prova che non sia «*indiziaria*»: così come succede con i processi criminali dei racconti polizieschi dove, in mancanza di evidenze serie e concrete (qualcuno le chiama «*prove*»), l'accusa e la difesa si basano su indizi così inconsistenti che basta un nulla per ribaltare le conclusioni.

Qualcuno potrebbe perfino definirsi onestamente agnostico e pretendere di meditarci sopra seriamente, supponendo che l'insieme lo meriti, che l'esistenza di Dio vada accettata almeno come ipotesi, senza sentirsi obbligati a

credere solo in base alla testimonianza di qualcun altro
che ne sa esattamente ciò che sappiamo tutti: ossia, nulla.
Alla fine, questo qualcuno potrebbe persino concludere
che sì, Dio esiste: peccato che, però, dopo non potrebbe
trasmettere la sua conquistata conoscenza a nessuno, salvo che con le parole. Ossia, in nessun modo.

Anche se non è da escludere che – se Dio esiste – qualcuno di noi abbia con lui un contatto, a chissà quale
livello di consapevolezza, da cui può trarre ispirazioni e
da cui può derivare il suo modo di comportarsi. Queste
persone potrebbero essere fra di noi, senza che ce ne
accorgiamo. Persino un papa, quando annuncia la *«parola di Dio»*, potrebbe essere ispirato da un contatto di
questo tipo. Ma anche di questo non abbiamo nessuna
prova. E, forse, non l'ha nemmeno lui.

DIO, *LA PROVA DELLA MAGGIORANZA E QUELLA DEL POTERE*

Per quanto sembri incredibile, la prima prova dell'esistenza di Dio consiste solo nel fatto che in qualcosa del
genere ci credono proprio in tanti, miliardi di persone
di tutte le razze e di tutti i luoghi. Anche se non l'hanno
mai visto, anche se non ne sanno nulla e non ne sapran-
no mai nulla. Peccato che non sia una prova. Peccato
che sia una delle tante convinzioni umane che sembrano
serie anche quando non lo sono. Anche quando dipendono solo da chissà quale mistero esistenziale.

Anche se sono idiozie simili a quelle che una volta ho
sentito dire da un preteso scienziato, convinto che, per
conoscere la distanza dalla Terra alla Luna, basti interro-
gare un numero abbastanza alto di persone: perché, se-

condo lui, quanto maggiore sarà questo numero, tanto più precisa sarà la misura. Si può essere più scemi!

L'umanità, in questo genere di sciocchezze sostenute da una maggioranza, ha sempre dimostrato una fervida fantasia. Per esempio, fino a qualche secolo fa, la sua parte più colta (il resto non contava nulla, e oggi conta un po' di più solo per ragioni di marketing) credeva fermamente che la Terra fosse piatta e che il Sole le girasse intorno: lo credeva da sempre, tanto che chi ne dubitava fu trattato da matto per millenni. Invece la Terra non era piatta, malgrado l'opinione della maggioranza.

Quindi, quando qualcuno s'impuntò, sembrò naturale prenderlo per matto, processarlo e condannarlo, come se il tentativo di sapere, invece che un merito, fosse una colpa. Alla fine si capì che aveva ragione lui e le sue idee furono digerite e assimilate. Tanto che la Terra diventò rotonda, qualcuno studiò l'astronomia e qualcun altro imparò a navigare sugli oceani.

Questa scoperta, per la verità, sarebbe molto antica. Perché duecento anni prima di Yeshua uno scienziato greco – un tale Eratostene, poeta ed astronomo, nonché bibliotecario ad Alessandria – aveva scoperto che, il giorno del solstizio, ad Assuan in Egitto, il sole era tanto verticale da penetrare fino al fondo dei pozzi più profondi, mentre ad Alessandria, lo stesso giorno, non soltanto la luce non arrivava in fondo ai pozzi, ma c'era anche un certo obelisco che faceva ombra. Come diavolo facesse a sapere cosa succedeva, lo stesso giorno, ad Assuan e ad Alessandria, è del tutto ignoto. Comunque sia, secondo lui la cosa significava che il pozzo e l'obelisco non erano paralleli, come avrebbero dovuto essere se la Terra fosse stata piatta. Perché, con la Terra piatta, tutti gli oggetti verticali

45. Eratosthenes

– pozzi, obelischi, campanili o minareti che siano – sono paralleli tra loro. Dunque il povero Eratostene pensò che la Terra fosse rotonda. E, non avendo ragioni per supporre che fosse cilindrica, immaginò che fosse una sfera.

Così, partendo dalla lunghezza dell'ombra dell'obelisco nel giorno del solstizio, conoscendo l'altezza dell'obelisco e la distanza tra Assuan e Alessandria (circa 850 km), calcolò il diametro della Terra con l'incredibile precisione del 2 per cento rispetto ai calcoli attuali. Il nostro bibliotecario era un genio e meriterebbe di esser molto famoso. Ma era uno che non contava nulla, era uno che non primeggiava mai, tanto che lo chiamavano *«Eratostene beta»* (ossia *«secondo»*). E, così, la scoperta non colpì nessuno, la Terra continuò ad essere piatta ed Eratostene fu dimenticato da tutti, o quasi.

Finché un marinaio genovese pazzoide, un cocciuto navigatore in cerca di fortuna, dominato dal desiderio di riuscire a *«buscare il levante por el ponente»*, avendo letto di Marco Polo e di Eratostene, non riuscì ad attraversare l'Atlantico per motivi d'affari e di prestigio: fino ad arrivare da qualche parte, su una sponda opposta. E buon per lui che questa sponda esisteva davvero, sia pure a metà strada: altrimenti la sua avventura sarebbe finita molto male.

Come risultato, l'Atlantico fu attraversato da orde di

avventurieri, uno peggio dell'altro, ma tutti cristiani credenti e devoti, naturalmente. E la sfericità della Terra, non più opinabile, entrò nella consapevolezza generale [1]. Anche se, nonostante questo, l'atteggiamento supino verso mille altri *«credo»* arbitrari delle maggioranze, presi sempre come se fossero conoscenze, restò immutato e tutto rimase come prima.

Eratostene, candido intellettuale, fu subito dimenticato [2]: gli americani, nel loro soave cinismo, lo definirebbero un *«perdente»*. E persino la scoperta dell'America, quanto a far capire che potevano esserci altri *«credo»* da riconsiderare, non cambiò nulla. Forse solo perché, se è pur vero che Colombo aveva scoperto l'America, è altrettanto vero che le famose regole di Cartesio furono scritte due secoli dopo e che l'indagine scientifica si sviluppò pian piano, molto più tardi, stimolata dalle curiosità di intellettuali *quasi* scienziati come Galvani, Volta, Linneo, Lavoisier, Darwin.

Tuttavia gli interessi di tipo scientifico ben difficilmente coincidono col remare controcorrente nell'area delle religioni. Mentre la scoperta dell'America servì soprattutto a depredarla, a vantaggio della Spagna che sprecò ogni cosa e a spese degli abitanti originali definiti "*kamballì*"

Così, se vogliamo una seconda prova dell'esistenza di Dio – un po' più seria con la quale abbiamo iniziato questo paragrafo – ci resta solo da considerare il sostegno che Dio ha ottenuto dai potenti, un po' dappertut-

---

1   Anche se tutt'ora c'è qualcuno convinto che la Terra sia piatta. Vedere su Libero del 16 ott. 2018 l'art. di Guido G. Guerrera «La Terra è piatta, ecco perché».

2   Si ricorda che, a quanto pare, Colombo conosceva gli studi di Eratostene, solo che sbagliò l'unità di misura perché il suo miglio marino era molto più piccolo. Quindi, lui, credeva che la Terra fosse molto più piccola del reale. Altrimenti, forse, non sapendo che tra l'Europa e il Giappone c'era di mezzo un continente sconosciuto, nessuno avrebbe avuto il coraggio di finanziarlo.

to. Anche se la storia ha mostrato che la gestione del Divino, da parte del Potere, consiste solo in alleanze tra religioni e Stati. Basti pensare al peso che, nel passato, hanno sempre avuto i *«sostegni del divino»*, da quelli dei faraoni a quelli delle religioni politeiste; basti pensare a come si dissolsero i *«credo»* sostenuti dai potenti, quando il loro tempo si esaurì e furono sostituiti.

Basti pensare che i primi concordati con la Chiesa cattolica furono sottoscritti da Mussolini (1929) e da Hitler (1933), due tra i politici meno cristiani, meno credenti e più criminali che siano mai esistiti.

Quindi, il sostegno del Divino da parte dei potenti è dovuto solo al fatto che, nella sua esistenza, costoro fingono di crederci (oppure no) per ragioni d'immagine. E, così, non ci resta che tornare al nostro mistero esistenziale

I MODELLI DI DIO E IL MISTERO DELLA DIVINITÀ POSSIBILE

In base all'assioma secondo cui *«credere non è sapere»*, è chiaro che il credere nell'esistenza di un qualcosa non basta a conoscerlo. Tuttavia il credere in Dio (o il non crederci) ha un significato molto speciale.

Perché, se potessimo percepirne qualcosa, forse riusciremmo a coglierne un frammento abbastanza accettabile da farci pensare che si tratti di un *«suggerimento»* interessante: ma nient'altro. Perché la divinità, se esistesse, dovrebbe avere a che fare con l'energia creativa, con l'etica, ma soprattutto con lo scopo della vita e della morte, col trascendente, con la vita dopo la morte e con mille altre cose trascendenti di cui non sappiamo nulla.

Mentre il limitarsi ad affermare che siamo di fronte

all'*«essere perfettissimo»* è insensato. Perché la divinità non può rassomigliare a nulla di ciò che conosciamo.

E, quando le attribuiamo l'una o l'altra caratteristica, non facciamo altro che aggiungere un dettaglio: non alle sue qualità, che ignoriamo, ma a quelle del **modello che abbiamo in mente**.

Perché tutto ciò che crediamo di sapere serve solo a rifinire questo modello: di volta in volta arricchito dalle varie religioni con i particolari più fantasiosi, ma pur sempre modello. Ed è curiosa che ci sia ancora qualcuno convinto di sapere tutto sul suo **modello di Dio**, tanto da poterne trarre conclusioni utili, fino a convincersi che non si tratti di un modello, ma proprio di Dio in persona. Dopodiché, di solito, fa guai terribili.

A questo proposito, è tipica una frase di alcuni musulmani integralisti, scritta su un manifesto a Londra: *«Allah is the only legislator»*. Una frase che riporta tutto alle origini, visto che il Corano non è modificabile come se, da quando è stato scritto, non fosse mai successo nulla. E visto che, se fosse modificabile, costringerebbe i credenti ad immaginare come possa, Allah, aggiornarlo periodicamente in modo ragionevole. Visto che Allah è un modello che non comunica. Amina docet [1].

Quanto a noi, è chiaro che, una volta costruito un modello di Dio – un modello che non può essere lui e che non ha la minima ragione per rassomigliargli – di solito tendiamo a confonderlo proprio con Dio stesso e, quindi, se abbiamo un minimo di presunzione e di autorità, cerchiamo di imporlo a tutti coloro che ci seguono. Ottenendo, in cambio, un gradevole potere sul

---

1 Vedi pag. 168

nostro mondo, oltre a qualche vantaggio, marginale ma non privo di importanza.

Non a caso Denis Diderot, l'illuminista che creò la prima Enciclopedia, scrisse che *«il primo prete fu il primo imbroglione che incontrò il primo fesso»*. Non a caso il alcuni Paesi islamici va ancora di moda l'ostilità per le donne, alle quali si impongono curiosi modi di vestire e alle quali si impedisce di studiare, in base a un modello di Dio costruito chissà quando e tuttora rispettato da preti scemi e incapaci di riflettere.

Eppure, al fondo c'è qualcosa d'importante, anche se non se ne parla mai: qualcosa che sembra proprio connaturato all'essere umano. E consiste in un mare di innumerevoli bisogni spirituali: il bisogno di infinito, il bisogno di respiro, il bisogno di sublime, il bisogno di trascendente, il bisogno di sicurezza, il bisogno di capire qualcosa in più del nostro *«mistero esistenziale»*. E perfino il bisogno di magia.

Le distorsioni di questi bisogni (o di queste ubbie) servono a confermare l'esigenza di vedere incarnato il proprio modello del divino persino nelle più sciocche delle sciocchezze.

Un po' come l'imprinting che càpita alle papere, quando si convincono che il primo essere vivente che vedono alla nascita sia *«la mamma»*. Un po' come accadde agli abitanti dell'isola di Tanna (Repubblica di Vanuatu, una volta nota come Nuove Ebridi), i quali divinizzarono John Frum, uno strano personaggio che arrivò da loro per caso, ma che corrispondeva a un loro modello di profeta e soddisfaceva una loro esigenza spirituale – il loro mistero esistenziale – per goffa e ingenua che sia sembrata a Richard Dawkins. Il quale forse l'ha raccontata proprio per far capire quanto sia facile confondere la divinità con le proprie illusioni.

JOHN FRUM

Nell'arcipelago delle Vanuatu esiste il mito messianico di John Frum, che nessuno sa se sia vissuto davvero. Se lo fu, si trattava di un omino bianco che intorno agli anni 40 arrivò da chissà dove e incominciò subito a fare profezie e a dare annunci strabilianti. Profetizzò che le montagne crolleranno, che i vecchi diventeranno giovani e le malattie scompariranno. Nel 1940 il culto di John Frum si diffuse a danno delle chiese e dei missionari, e dura tuttora. Anche quando John Frum sparì, profetizzando che sarebbe tornato il 15 febbraio, senza però specificare di quale anno. Così, è atteso il 15 febbraio di ogni anno. E, nel frattempo, si sono diffusi veggenti e sensitivi che dicono di parlare in nome suo, del tutto trascurando che avesse detto solo banalità e sciocchezze.

Tutto questo stimola a domandarsi se certi bisogni e certi istinti umani, sommati ad alcuni aspetti del nostro mistero esistenziale, siano dovuti solo alla necessità di illudersi su un mondo migliore e superiore e sulla possibilità di sopravvivere a quello attuale, oppure se — all'opposto di ciò che sembra pensare Richard Dawkins — non rappresentino qualcosa di più serio: per esempio, una percezione istintiva e profonda della divinità, fino ad esserne un'ipotetica quanto evanescente testimonianza.

Una testimonianza positiva che ci ricorda alcuni casi di peso ben diverso. Perché tra coloro che hanno parlato di certe cose all'umanità non *«come se credessero»* in ciò che dicono, ma *«come se lo conoscessero»* non ci sono solo John Frum e i venditori di fumo, ma anche Yeshua, il Buddha, Confucio e Maometto.

Peccato che siano solo casi antichi, peccato che siano incrostati da tradizioni, da leggende, da miti e da manipolazioni che hanno alterato il messaggio originale. Peccato che ai nostri tempi sembra siano stati sostituiti solo da venditori di fumo. Ma ci sono.

La magia e il transensoriale

Per queste ragioni abbiamo pensato di parlare di *«magia»*: perché **ogni esperienza vicina al transensoriale è «magica»**, perché l'applicazione dello yoga è *«magia»* – quando funziona (ma siamo sicuri che funzioni?) – perché i misteri esistenziali sono *«magici»*, perché ogni cosa non del tutto razionale è *«magica»*. Esclusa la fede, che sembra magia anche quando è solo credulità, anche se può essere resa un po' razionale proprio dalla ragione. Ed escludendo ogni magia che abbia a che fare con l'apparenza o con l'auto-vendita di qualcuno.

A questo punto, occorre solo decidere se il magico esista o se sia solo una *«bufala»*. Anche perché papa Benedetto XVI, che mette in guardia contro la magia appellandosi alla razionalità, sembra dimenticare il significato più profondo di *«magia»*.

Perché qui non si tratta né del *«voodoo»* né della magia di un santone, e neppure della magia nera, che qualcuno chiama così solo per distinguerla dalla *«magia bianca»* [1], solo perché la prima è orientata al male e la seconda al bene. E capire il significato più profondo di *«magia»* può essere difficile, soprattutto per chi non abbia mai avuto esperienze transensoriali quali precognizioni, premonizioni, fenomeni telepatici, percezioni di mondi diversi da quello pratico e così via.

---

1 Uno dei libri della Bailey titola, appunto, «Trattato di Magia Banca».

Tuttavia il trascendente non può essere conosciuto né, quindi, indagato in nessun modo, malgrado gli indizi di cui abbiamo parlato e che potrebbero essere considerati inconsistenti. Mentre ciò che rende difficile negare l'esistenza del trascendente è proprio il *«magico»*. Perché ignorarlo significherebbe non solo negare i miracoli, ma anche certi episodi come le estasi dei santi o come le performance di Gustavo Rol, delle quali non è mai stata dimostrata l'autenticità (anche perché lui rifiutava ogni verifica scientifica) ma neppure l'imbroglio. Per non parlare di Yeshua.

E poi il *«magico»* offre un mare di aperture. Anche se queste ci obbligano ad investigare le parti del nostro essere che ci rendono più sensibili a qualche aspetto del nostro *«magico»* personale e a cercar di capire perché qualcuno le abbia e qualcun altro no.

I più scettici di noi potrebbero, sul *«magico»*, porsi un mucchio di domande strane, alle quali è difficile rispondere: per esempio, potrebbero domandarsi perché alcuni umani siano sensibili alla musica e altri no, perché qualcuno sia predisposto al virtuosismo musicale e altri no, perché qualcuno abbia la capacità di elaborare le più astruse formule della matematica e della fisica e altri no, perché qualcuno riesca a parlare venticinque lingue e altri no. Solo inconsuete connessioni tra i neuroni del cervello?

Il concetto di magia potrebbe essere esteso alla capacità di percepire qualcosa di straordinario nel mondo che ci circonda, perché anche questa è una qualità che qualcuno possiede e altri no. E chi non ci crede dovrebbe ricordarsi che il gatto, capace di trovare la propria strada in un territorio sconosciuto, non dispone di nulla di simile a un GPS.

E poi c'è la nostra vita che, spesso, è tutta un ricamo,

proprio di magia. Ed è una cosa tanto più strana perché nulla è mai ciò che sembra: dove noi distinguiamo tra bambino, giovane e vecchio come se fossero cose diverse, mentre sono solo tre fasi della stessa cosa, come un fiume visto dallo stesso punto in tre momenti diversi. E dove la diversità sta solo nel fatto che vediamo l'individuo – compresi noi stessi – non per ciò che è ma solo per ciò che appare in quel momento. Ignorando che quel vecchio e quel bambino sono solo due espressioni della stessa vita. Ignorando che il bambino di oggi è identico al vecchio di domani, con la sola differenza che, per essere vecchio, dovranno passare alcuni decenni, durante i quali succederanno cose che potranno influire sul suo modo di vivere e perfino di percepire la vita. E dovrà arrivarci, oltre a perdere i capelli. Perché potrebbe anche fermarsi per strada. E, infatti, a volte succede.

E infine c'è la psicologia del profondo, con le sue indagini, i suoi approfondimenti e le sue scoperte: perché nessuno crede più che siamo solo razionalità e cervello, con la mente che ne è solo uno strano distillato.

Perché anche questo ha a che fare in qualche modo con lo spirito umano. Non è un caso che abbiamo scritto del nostro *«mistero esistenziale»*, irrazionale, strettamente collegato all'inconscio e magico per definizione.

Il fatto che tutti questi spiragli ci aiutino a confondere il transensoriale con il magico, non può essere negato. Col vantaggio che, una volta ammesso il magico, è ragionevole tentare di capire qualcosa sul suo contenuto e sulle sue leggi. Per esempio, quelle sul modo in cui la magia può influenzare l'immortalità dell'anima

Dunque **il magico potrebbe essere l'unica nostra finestra sul Trascendente. Una finestra para-razio-**

nale, naturalmente. Ma pur sempre una finestra, su
un mondo così sconosciuto da farci credere che non
esista. Un mondo al quale tuttavia nessuno ha il diritto di negare l'esistenza, solo perché non lo percepisce
con chiarezza. Perché viene voglia di ricordargli quante
siano le cose che non si credeva esistessero, e invece
esistevano.

PROSPETTIVE

La nostra prima conclusione – quasi il nocciolo di questo volume – è che occorre coltivare il coraggio di ammettere la nostra ignoranza con onestà e candore. Perché l'obiettività che ci impedisce di credere di sapere cose che non si conoscono è l' indispensabile premessa per capire di più. Non a caso Socrate ammetteva di non conoscere ciò che sapeva di ignorare, solo per un profondo senso della realtà.

Ai nostri tempi, a causa del modo in cui siamo educati e bombardati da notizie di tutti i generi, tutte date per vere dai giornali e dalle televisioni, il credere di sapere è un errore ancora molto comune, anche se lo è meno che nel passato. Un disturbo che ci vieta di accorgerci come, per non confondere il credere con il sapere, prima di tutto occorra essere ragionevolmente certi del *«valore di ciò che si crede di sapere»*.

Il coraggio di ammettere la nostra ignoranza non implica la liberazione dagli infiniti condizionamenti a cui siamo soggetti e non ci dà neppure una ragionevole certezza di non sbagliare tutte le decisioni che dobbiamo prendere senza sapere se siano giuste o sbagliate. Ma implica una libertà interiore preziosa e insostituibile, inclusa quella di non sentirsi costretti a subire nessun dettame spirituale e nessuna religione, visto che ogni certezza sull'esistenza di Dio è impossibile.

La nostra seconda conclusione è che si può vive-

re felicemente senza essere legati a nessuna Chiesa e senza essere obbligati a nessun Credo, neppure in Dio. Senza timori di aver violato qualche divieto religioso imposto da chissà chi, in base a chissà quale rivelazione. Perché, vista l'impossibilità di avere certezze sull'esistenza di Dio, è pura follia supporre di poterlo conoscerlo attraverso qualcuno che ce lo racconta senza avere nessun modo per saperne qualcosa, proprio come succede a noi

Questa potrebbe sembrare una conclusione da poco, date le 250 pagine scritte fin qui per demolire tutto ciò che non ci sembrava abbastanza solido da meritare di essere chiamato *«conoscenza»*: perché qualcuno potrebbe accusarci di aver demolito troppo e di non aver saputo costruire abbastanza.

Tuttavia, mentre la ragione può demolire le illusioni del *«credere»* prive di base, **solo i profeti e gli illuminati possono rispondere a certe domande.** Se si presume che sappiano. E noi non siamo né profeti né illuminati, oltre a non conoscerne nessuno. É per questo che pretendere di sapere qualcosa di Dio attraverso qualcuno che non ne sa nulla – proprio come noi – ci è sembrato una pura follia.

Invece non si può dimenticare la statura di Yeshua. Non solo perché potrebbe essere stato l'incarnazione più sublime di quel Dio che lui diceva di conoscere e venerava, non solo perché i suoi insegnamenti, oltre ad essere la base del cristianesimo, per fortuna sono anche quella della nostra cultura, per quanto male siano stati intesi e applicati nei due millenni trascorsi, ma perché sono stati i più nobili ricevuti dall'umanità.

Il non credere in Dio non è ateismo, è solo agnosticismo e pura ragionevolezza. Mentre non va dimenticato quanto

numerose siano le piccole verità che vale la pena conoscere, minuscoli frammenti di una Verità Assoluta inconoscibile, ai quali possiamo arrivare anche da soli. E,
di queste piccole verità, abbiamo provato a suggerirne
qualcuna.

**La nostra terza conclusione è che una risposta a
certe nostre domande può essere trovata solo nel
magico. Anzi, nel nostro magico personale, attraverso l'intuizione:** l'unico magico su cui possiamo indagare
in qualche modo.

**La nostra quarta conclusione è che, se si vuole
avvicinare il Trascendente, occorre battere tutte le
strade disponibili.** Tra queste, almeno la preghiera, la
meditazione, il magico e la ragione.

- **Quanto alla preghiera**, tutti ne conoscono il significato, mentre nessuno ne conosce il risultato: perché
  qualcuno pretende che possa produrre miracoli, mentre per qualcun altro è semplicemente inutile.

  Yeshua insegnò il Padre Nostro ai suoi discepoli e disse
  anche: *«chiedete e vi sarà dato, cercate e troverete, bussate e vi
  sarà aperto. Perché chi chiede ottiene, chi cerca trova, e a chi
  bussa sarà aperto».*

  Perché l'abbia detto, non si sa. E non siamo neppure
  sicuri che l'abbia detto, o che non sia stato frainteso:
  in ogni modo, è una delle frasi più inverosimili e improbabili che gli siano mai state attribuite.

  L'effetto pratico della preghiera – **se c'è** – sembra trovarsi sul confine indefinibile tra fede e superstizione.
  Nel mio volume *«Condizionati a Credere»* ho raccontato di un'amica americana che, appartenendo ad una
  chiesa chiamata *«Christian Science»*, ha creduto di poter

combattere un cancro al retto solo con la preghiera, finché questo si è sviluppato tanto da non essere più operabile. Santa Teresa del Bambin Gesù scrisse «*Per me la preghiera è uno slancio del cuore, è un semplice sguardo gettato verso il cielo, è un grido di riconoscenza e di amore nella prova come nella gioia*»: ma questo è solo un sentimento profondo. Papa Francesco ha detto: «*La preghiera è una lotta con Dio e va fatta con libertà e insistenza, come un dialogo sincero con un amico*»: ma questa – a parte la difficoltà di capire cosa significhi "lotta" – è solo una sua nobile opinione.

- **Quanto alla meditazione** – una parente della preghiera, forse meno diffusa ma col vantaggio di non implicare nessuna fede – ha il pregio di poter indurre un contatto con la nostra parte più spirituale (ammesso che ne troviamo una) insieme al difetto di farcelo credere anche quando non c'è. Ed è un difetto grosso, perché questo contatto non permette controlli né verifiche. Ed è facile affermare, dopo una meditazione, di essersi trovati in sintonia con chissà quale parte del nostro spirito, anche se abbiamo fatto solo un pisolino. E, visto che non ho mai incontrato nessuno che sia emerso da una meditazione con un'idea o con un'ispirazione tale da far pensare a chissà quale contatto straordinario, mentre ho conosciuto molti che si consideravano ispirati senza esserlo, l'idea che in questi casi non sia successo nulla è per lo meno ragionevole.

Comunque sia, la «*meditazione*» non rassomiglia al nostro modo di concepire il meditare, anche perché è un prodotto delle culture orientali e include alcuni dettagli che a noi non si adattano: perché si dovrebbe meditare «*nella posizione del loto*», ossia sedersi in un certo modo per noi quasi impossibile, e perché dà per dimostrata l'esistenza dei chakra *(pag. 238)*, i sette vortici di energia a noi ignoti, appartenenti a quegli elementi del «*corpo sottile*» nei quali in India si crede risieda l'energia divina latente dell'essere umano. Tutte cose che, per la nostra cultura, non esistono.

- **Quanto al magico,** ne abbiamo già parlato nel paragrafo precedente, confondendolo deliberatamente con il transensoriale, perché la magia esiste senza alcun dubbio, perfino sotto forma di mito: un suo derivato sempre capace di confondere ogni cosa che non sia sperimentabile scientificamente. Perché i miti, fatti di folclore, di trasporto emotivo, di identificazione popolare, di partecipazione di massa, di mistero esistenziale e di riti, sono davvero indistruttibili. Perché i miti si basano su ragionamenti semplici, su emozioni elementari, su racconti fantasiosi. Perché i miti sono uno degli elementi principali delle religioni (e non solo, ma anche dei movimenti politici, delle tifoserie sportive e di mille altre cose), perché forniscono a tutti la loro carica emotiva.

Contro i miti non ci sono armi. Perché, senza i miti, nessuno vedrebbe mai i milioni di fedeli che partecipano a una messa del papa quando va all'estero. Senza i miti non esisterebbero le masse che si recano ogni anno alla Mecca, infischiandosi dei morti che, ad anni alterni, la insanguinano solo a causa della folla eccessiva e della difficoltà di gestirla. Senza i miti, il famigerato califfato di Abu Bakr al Baghdadi non avrebbe raccolto nessun adepto e, soprattutto, nessuna donna: perché le donne dovrebbero sapere che stanno vivendo la loro età dell'oro proprio in Occidente. Senza i miti, l'Iran non sarebbe dominata dagli eredi di Komeini e la Turchia non sarebbe sempre più afflitta dalla bigotteria di Erdogan.

Non è un caso che i fondatori delle religioni siano sempre stati forniti di un carisma e di una personalità altamente emotiva e trascinante, capace di renderli creatori di miti.

E i fedeli sembrano attratti proprio della tensione emotiva dovuta ai miti: è questo, a rendere le religioni indistruttibili. Perché la ragione non fornisce nessuna tensione emotiva e perché nessun ragionamento potrà mai scalzare nessun mito. Perché, di fronte alla ragione, tutte le Amine che conosciamo si alzano e se ne vanno senza rispondere, con la loro corte di amici e di ammiratori, convinte della loro fede.

Una controprova potremmo trovarla nell'avventura di H.P. Blavatsky che, malgrado la pseudo-conoscenza con cui cercò di istruire e di arruolare un po' di persone colte, nella propria vita non trovò di meglio che trasferirsi da un mito all'altro, fino a cambiare religione. Forse perché non riuscì a trasformarsi in un mito abbastanza forte.

La nostra quinta conclusione, di conseguenza, è che non si possono considerare ragionevoli i «*modelli*» di Dio forniti dalle religioni, proprio perché sono soltanto miti. Mentre è assurda la pretesa di definire, in termini sintetici e semplicistici, un tema così complesso, così ampio, così discutibile e così impossibile da approfondire come quello di Dio. Perché i dogmi e le rivelazioni che di solito l'accompagnano ci impediscono di ragionare con chiarezza e di prenderci le nostre responsabilità: perché sono solo dei «*credere*» che, oltre a non fornire nessun «*sapere*», lo ostacolano introducendo limiti inutili alle nostre facoltà intellettive.

La nostra sesta conclusione è che oggi siamo di fronte ad un cauto e combattuto, ma progressivo, affermarsi della ragione.

Va aggiunto che, con il termine «*ragione*» intendo l'intero gruppo delle facoltà mentali umane, dall'istinto all'intuizione, purché sia gestito dalla ragione. Ricordando che per Henri Bergson «*l'intuizione*» è *l'istinto divenuto disinteressato, cosciente di sé, capace di riflettere sul proprio oggetto e di ampliarlo indefinitamente*» [1] significando che anche lui considerava le facoltà mentali umane come un unico insieme. E ricordando che le grandi scoperte nate da un'intuizione negli ultimi secoli – come quella della relatività e della penicillina – hanno sempre avuto bisogno di approfonditi studi razionali e di verifiche sperimentali. Perché l'intuizione priva di razionalità è una delle molle più potenti che spingono verso il «*credere*». E che ci allontanano dal «*sapere*»

Infatti le cosiddette «*intuizioni*» alla base del comunismo e del nazismo, alla prova dei fatti, si sono rivelate non solo tragiche e inconcludenti nella loro applicazione pratica, ma anche del tutto prive di fondamento culturale: perché il comunismo parte da un'analisi sbagliata dei fatti e il nazismo partiva da un'analisi semplicemente folle. Quale che sia stata l'opinione dei loro fedeli. Come tante altre intuizioni non verificate del passato, più tardi rivelatesi inconsistenti.

E ciò avviene in contrapposizione a quanto accadde

---

1   Henri Bergson, «*L'Évolution créatrice*» pag. 168, Milano, Mondadori 1949

46. Karl Jaspers nel 1946

dopo «*l'età assiale*» descritta da Karl Jaspers, ossia dopo il periodo storico tra il IX e il III secolo a.C., caratterizzato da un mare di filosofi e di scrittori e dal loro pensiero, stravolto poi, nel millennio successivo, dal predominio del «*credere*» e delle fedi religiose. Mentre noi stiamo vivendo una nuova, diversa età assiale, sempre più dominata dalla ricerca del «*sapere*» da parte di innumerevoli figure eccezionali. Una nuova età assiale che nessuno sa quando finirà, né dove ci porterà.

Perché la nostra coscienza sta diventando sempre più consapevole di se stessa.

LE IDEE E LE PROPOSTE DI KARL JASPERS SULL'ETÀ ASSIALE.

Il concetto di «*periodo assiale*» *è stato* introdotto – senza nessuna pretesa di convertire né di indottrinare nessuno – nel 1949 dallo studioso tedesco Karl Jaspers, il quale scrisse «*Vom Ursprung und Zeit der Geschichte*» [1] per definire il senso del periodo storico tra il IX e il III secolo a.C., caratterizzato da cambiamenti fonda-

---

1 Pubblicato in italiano come «*Origine e senso della storia*» da Mimesis, Milano 2014

mentali del pensiero. Ed ha ottime ragioni per essere nuovamente individuato ai nostri tempi che, quanto ad evoluzioni del pensiero, non sono certo secondi al periodo individuato da Jaspers.

E. se ragioniamo del periodo assiale corrente – mettendo insieme otto secoli come fece Jaspers – retrocedendo dai nostri giorni riusciamo a farci entrare anche Dante (visto che Omero, vissuto intorno al 1000 a.C., è stato fatto entrare da Jaspers nella sua età assiale con una spintarella). Ma, soprattutto, c'entrano Colombo, Shakespeare, Cartesio, gli Illuministi, Newton, Bruno, Galileo, Kant. E, più tardi, la rivoluzione francese, Napoleone, i romanzieri, i drammaturghi, i grandi compositori e i grandi musicisti, Freud e soci, Marx, Hitler, Mussolini e Stalin, ma anche Einstein, Gandhi, l'esoterismo, i grandi matematici e i grandi fisici del secolo scorso. E non va dimenticato che Jaspers terminò il suo libro nel 1949, senza poter immaginare cosa sarebbe successo nei 70 anni successivi.

Tutto ciò includendo ogni parte del mondo, nessuna esclusa. E scusate se è poco, perché il nostro elenco potrebbe essere decuplicato: se non lo facciamo qui, è solo per ragioni di spazio e perché l'età assiale non è il tema di fondo del nostro lavoro.

L'ETÀ ASSIALE

« Un asse della Storia universale [..] dovrebbe essere situato nel punto in cui fu generato tutto ciò che, dopo di allora, l'uomo ha potuto essere, nel punto della più straripante fecondità nel modellare l'essere umano»

« In questo periodo si concentrano i fatti più straordinari. In Cina vissero Confucio e Lao Tse, sorsero tutte le tendenze della filosofia ci-

nese, meditarono Mòzi, Zhuāng Zi, Lìe Yukòu e innumerevoli altri. In India apparvero le Upanishad, visse Buddha e, come in Cina, si esplorarono tutte le possibilità filosofiche fino allo scetticismo e al materialismo, alla sofistica e al nihilismo. In Iran Zarathustra propagò l'eccitante visione del mondo come lotta fra bene e male. In Palestina fecero la loro apparizione i profeti, da Elia a Isaia e Geremia. La Grecia vide Omero, i filosofi Parmenide, Eraclito e Platone, i poeti tragici, Tucidide e Archimede. Tutto ciò che tali nomi implicano prese forma in pochi secoli quasi contemporaneamente in Cina, in India e nell'Occidente, senza che alcuna di queste regioni sapesse delle altre. La novità di quest'epoca è che in tutti e tre i mondi l'uomo prende coscienza dell'«Essere» nella sua interezza, di se stesso e dei suoi limiti. Viene a conoscere la terribilità del mondo e la propria impotenza. Pone domande radicali. Di fronte all'abisso anela alla liberazione e alla redenzione. Comprendendo coscientemente i suoi limiti si propone gli obiettivi più alti. Incontra l'assolutezza nella profondità dell'essere stesso e nella chiarezza della trascendenza. Ciò si svolse nella riflessione. La coscienza divenne ancora una volta consapevole di se stessa, il pensiero prese il pensiero ad oggetto.»

Forse, ai nostri tempi, siamo un po' scarsi di profeti e di grandi filosofi, ma non c'è molto da rammaricarsi, un po' per via della sovrabbondanza di scienziati e di scrittori, un po' perché i filosofi di altri tempi si impicciavano di cose delle quali oggi si occupano gli scienziati che in buona parte li sostituiscono con una competenza specifica molto maggiore.

Ma anche perché si può ripetere la frase di Jaspers che abbiamo già riportato, senza cambiarne neppure una virgola: *«l'uomo prende coscienza dell' «Essere» nella sua interezza, di se stesso e dei suoi limiti. Viene a conoscere la terribilità del mondo e la propria impotenza. Pone domande radicali. Di fronte all'abisso anela alla liberazione e alla redenzione. Comprendendo coscientemente i suoi limiti si propone gli obiettivi più alti. Incontrando l'assolutezza nella profondità dell'essere stesso e*

Nel frattempo, oltre a ciò che accadeva durante l'età assiale di Jaspers, sono arrivati alcuni motivi di sconvolgimento che duemila anni fa non potevano essere nemmeno lontanamente immaginati: il Cristianesimo, l'Islam, la scoperta dell'America, la nascita e l'enorme espansione delle scienze, l'incredibile sviluppo della medicina, le due guerre mondiali, i lager e la shoah. Per non parlare dell'atomica, del Big Bang, di Hawking, di Trump e di Putin.

Il progressivo affermarsi della ragione nei nostri giorni, in piena e assoluta diversità rispetto a ciò che accadde durante l'età assiale di Jaspers e nei millenni successivi, durante l'impero della fede e dell'eterno prevalere del credere sul sapere, non è ancora terminato e nessuno sa fino a quando durerà.

Non è poco. E, infatti, il dibattito sulla *«coscienza dell'"Essere»* non è mai stato così ampio come ai nostri giorni, così come non è mai stata così profonda e diffusa la consapevolezza della terribilità del mondo e della nostra impotenza.

Anche perché siamo stati cambiati proprio dalle due guerre mondiali del Novecento, dalla bomba atomica che le ha concluse e dalla guerra fredda che ne è seguita. E questo libro, in fondo, è dedicato proprio a noi, che cerchiamo di ragionare delle cose più difficili. Cercando di capire anche Putin e rischiando di non imparare nulla, ma in piena consapevolezza che vale la pena di provarci.

Con buona pace di Amina e di tutte le persone semplici come lei, che non si pongono problemi difficili ma che, per vivere in pace, hanno bisogno di credere in qualche cosa. Anche se questa è una sciocchezza.

Arrivato fin qui, mi è sempre più evidente una sintesi davvero terribilissima: perché dopo la predicazione di Yeshua, dopo la sua spaventosa morte in croce, l'umanità è riuscita quasi subito a creare un cristianesimo che, con gli insegnamenti di Yeshua, non aveva nulla a che fare. Perchè la malvagità umana non era un'esclusiva della *"generazione"* di cui parlò Yeshua [1] agli scribi e ai farisei che gli chiedevano *"un segno"*, visto che dopo duemila anni, si manifesta in tutti i modi possibili.

Perché non c'è dubbio che il messaggio di Yeshua sia stato malinteso quasi fin dall'inizio. Ho cercato di spiegarlo in tutti i modi possibili

Perché non c'è dubbio che, a far data da Nicea e da Tessalonica, il cristianesimo si sia mescolato con i peggiori istinti di potere dei tempi e che, da allora in poi, non abbia fatto nulla per venirne fuori, salvo casi isolati di personaggi di altissimo livello, i quali peraltro non rappresentano necessariamente la Chiesa per come si è sviluppata.

E, a questo punto, se ci fossero dubbi in proposito, verrebbe da domandarci che cosa si possa fare di questo cristianesimo che, con gli insegnamenti di Yeshua non ha nulla a che fare. E con i cristiani praticanti, che non hanno nulla a che fare con quelli identificati di Yeshua.

Perché non pensare a Joe Biden il quale, con tutti i problemi seri che deve gestire, a un certo punto si preoccupò del vescovo che non lo voleva comunicare per la sua posizione politica sull'aborto? Perché non pen-

---

1   Matteo 12:45

sare che, invece di parlare con Sua Santità per far valere le proprie ragioni, non fosse più semplice e più soddisfacente mandare il vescovo al diavolo insieme alla comunione, pubblicamente, e non pensarci più?

E l'aspetto peggiore sta nel modo in cui il tutto è stato gestito: con l'uso di un potere assoluto, in parallelo a insegnamenti di falso buonismo e a condizionamenti della coscienza dei credenti, in nome di una bontà verso il prossimo che, al meglio, è stata posseduta da pochi esempi di incredibile nobiltà d'animo. Dei quali non si saprà mai quanto fossero veri e quanto siano stati aggiustati per strada, allo scopo di mostrare solo la grandezza d'animo e ignorando tutti gli eventuali peccati paralleli. Fu chiamato Vangelo della Carità.

E qualcuno potrebbe obiettare che – a parte i nazisti, i fascisti e i giapponesi pesantemente maltrattati durante e dopo la guerra – tutti gli altri domini oppressivi che abbiamo citato sono stati sostenuti con molto entusiasmo durante la loro vita e in molti luoghi lo sono tutt'ora.

QUALCHE PROSPETTIVA DEL CRISTIANESIMO ATTUALE

Sembra impossibile ma, per la prima volta, qualche giorno fa ho sentito un papa chiedere *"perdono"* ai nativi americani canadesi

IL VIAGGIO PENITENZIALE DI PAPA FRANCESCO IN CANADA

«Il primo passo di questo pellegrinaggio penitenziale tra di voi è di rinnovarvi la richiesta di perdono e di dirvi di tutto cuore che sono profondamente addolorato: chiedo perdono per i modi in cui purtroppo molti cristiani hanno sostenuto la mentalità colonizzatrice delle potenze che hanno

A questo fatto non è stata data l'importanza che meritava, ma gfo®se fu la prima volta che un papa fece un passo del genere, in totale contrasto con l'abitudine generale all'ipocrisia e all'arroganza che ha sempre caratterizzato il potere, come ho mostrato in mille casi. Quindi è la prima volta che si possa supporre che qualcosa cambierà. Almeno nella religione cattolica.

Quanto ai fedeli praticanti, suppongo che le cose continueranno così come sono per chissà quanto tempo, perché è evidente che non si pongono nessun problema da sempre. Semplicemente perché, a loro, del cristianesimo, non interessa nulla. E non credo che le cose finiscano con un pensiero contrario perché, con il cattolicesimo, la ragione non ha mai avuto nulla a che fare.

Le conclusioni a cui siamo arrivati possono farci riflettere su qualche prospettiva possibile nel nostro futuro. Perché pretendere che la ragione possa imporsi senza scosse, né guai né rivoluzioni è del tutto irragionevole. Perché l'intuito è un dono fondamentale, ma se non è temperato dalla ragione può avere conseguenze tragiche. Perché, dopo il nazismo e il comunismo, qualcuno ha creduto che venissero tempi migliori e invece sono accadute cose non solo imprevedibili ma tragiche. Perché la ragione non appartiene né ai fondamentalisti musulmani, né ai potenti occidentali. Perché l'invidia, l'avidità e il desiderio di dominio non sono certo una prerogativa dei nazisti, dei fascisti e dei giapponesi anteguerra. Perché le popolazioni che si sentono neglette, sfruttate e utilizzate sono molte e le vicende che le hanno interessate sono importanti. Perché questi sentimenti sono sempre stati quelli che hanno rivoluzionato il mondo, molto prima dell'impero romano e molto dopo della rivoluzione francese. Perché l'odio e la ferocia che ne derivano sono sempre stati formidabili, oltre che ciechi e irrazionali. Perché Trump e la sua arroganza ci hanno sorpresi tutti, più o meno così come hanno fatto Osama Bin Laden, Abu Bakr al Baghdadi e i loro feroci seguaci. E se a questo aggiungiamo le conseguenze possibili dovute alle paure dovute ai cambiamenti climatici, il quadro sembra quasi completo.

E' così che le nostre umane prospettive sembrano più nere che rosee. Eppure, un briciolo di ottimismo è inevitabile, per tutto ciò che abbiamo raccontato fin qui e non solo per quanto abbiamo appena scritto a proposito dell'età assiale. Perché finora l'umanità ne ha fatte di tutti i colori, ma è sopravvissuta perfino al nazismo e al comunismo. Il quale ultimo si è paradossalmente esaurito da solo. Mentre i fondamentalisti arabi hanno colpito solo localmente: ed è probabile che facciano di peggio, ma non è facile immaginare come. E, se lo faranno, probabilmente sarà più colpa nostra che loro.

Malgrado io abbia scritto che *«si può vivere felicemente senza essere legati a nessuna Chiesa e senza essere obbligati a nessun Credo, neppure in Dio»* (pagg. 267), dubito molto che dalle nostre parti si possa immaginare un'umanità futura priva di qualche fede, visti i precedenti e malgrado i timori di papa Ratzinger.

Tuttavia ogni sviluppo futuro va visto in rapporto a quello della cultura. E può essere davvero immenso, se è vero che nel 2008, in Italia, soltanto il 20% della popolazione possedeva gli strumenti di scrittura, lettura e calcolo indispensabili per orientarsi in una società contemporanea[1]. E la cultura non è solo un fatto scolastico, ma anche il risultato di essere abbastanza informati da poter distinguere tra sostanziali verità e fake news.

Ad ogni modo non c'è dubbio che dappertutto la cultura stia migliorando infinitamente rispetto al passato. Tanto è vero che stiamo pian piano imparando a mettere in discussione le *"fakes"* di tutte le autorità, presenti e passate. Ferme restando le innumerevoli convinzioni introiettate dai moltissimi che non si sentono di discuterle.

Questo processo avanza, anche se è molto diverso da una cultura all'altra. E nessuno di noi può immaginare come si svilupperà, quali vantaggi e quali guai provocherà, né come andrà a finire. Così come nessuno può immaginare quanti matti assatanati di potere si succederanno nei tempi e con quali conseguenze.

Tuttavia questa è l'evoluzione su cui abbiamo pensato di poter esprimere il nostro briciolo di ottimismo. Un'evoluzione alla quale, nel nostro piccolo, abbiamo cercato di dare un contributo positivo anche noi, proprio con questo libro.

Qualche sviluppo delle religioni di oggi

Un quadro di come si stanno sviluppando le religioni ai nostri giorni può essere utile a capire qualcosa di più sulla nostra evoluzione.

---

1 Tullio De Mauro, articolo *«Analfabeti d'Italia»* dal n° 734 del periodico di cultura *«Internazionale»* del 6 marzo 2008

Perché oggi esiste un gran numero di religioni nuove – qualcuno scrive 10.000, qualcuno addirittura 20.000, la maggior parte (pare) negli Stati Uniti – in aggiunta alle religioni tradizionali che, secondo i calcoli di qualcuno, raccolgono ufficialmente qualcosa come 7 miliardi di persone, anche se si tratta di una cifra evidentemente fantasiosa.

E quanto al potere delle fedi, il senso di un articolo scritto da Emanuele Severino per il Corriere della Sera nel 2010 è davvero suggestivo: «*Le fedi, follie dell'Occidente*». Perché inizia scrivendo «*Ormai sulla terra ogni conoscenza è diventata una fede; una fede più o meno complessa, coerente, consapevole di sè, ma pur sempre una fede. Anche la scienza moderna è fede..... Ogni fede vuole che il mondo abbia un senso piuttosto che un altro e quindi ogni fede si trova essenzialmente in contrasto con le altre forme di fede, che invece vogliono che il mondo abbia un senso diverso.*»

Una verifica è avvenuta puntualmente con il Covid e con i vaccini, assunti da molti per fede e da molti altri rifiutati, ancora per fede: una fede diversa. Solo perché la nostra cultura è fatta, in gran parte, di influenza da parte di *"chi sa"* e perché, per duemila anni, abbiamo sempre subito questa influenza senza poterla discutere: perché *"chi sapeva"* parlava in nome di una di una cultura che non ammetteva dibattito. Mentre, ora, *"chi sa"* spesso è solo un finto scienziato disonesto e ci si può permettere di non credergli, anche se lo facciamo solo per la nostra ignoranza più colpevole.

Ma una critica delle fedi, per quanto strana, già apparsa negli anni '60 del secolo scorso quando Pasolini era nemico delle *"deviazioni"* che «*la civiltà dei consumi poteva recare nella vita quotidiana di chi, fino a un certo momento, apparteneva ad un'Italia umile e poi, pur continuando a farne parte, sentiva l'urgenza di acquistare frigoriferi, lavatrici ecc: cioè, i beni della società di massa* [1]»: ancora fede, come se l'acquisto di una lavatrice non servisse solo ad eliminare la fatica di lavare i panni. Anche se Pasolini non aveva mai provato a lavare panni in vita sua e quindi non sapeva di cosa parlava.

Ma la faccenda più impressionante delle fedi è che, a petto del crescente preteso disinteresse per il cristianesimo, sia nato un mare di religioni e di sette nuove così imponente. Anche se il calcolare quanto sia l'aumento delle fedi parallele in rapporto alla diminuzione delle fedi classiche è del tutto impossibile.

D'altra parte il cristianesimo non offre nulla di nuovo da duemila anni. E continua a non consentire di discutere nulla. Così, chiunque abbia dubbi sulla sensatezza della Trinità si trova davanti a un muro dogmatico.

L'INTELLETTUALE NON È TENUTO A DISPENSARE CERTEZZE

L'intellettuale che pretendesse di dispensare certezze sarebbe uno che si veste indebitamente da profeta: ce ne sono tanti, in giro, ma nessun profeta merita di essere considerato come un intellettuale che usa la ragione, magari per confutare le profezie o i giudizi di tanti profeti del passato, siano o non siano stati in buona fede. Oppure, che siano o non siano stati compresi a fondo.

È così che ho messo l'accento su qualche fraintendimento del pensiero di alcuni grandi maestri dell'umanità, da Yeshua al Buddha: ricordando che *«di solito, siamo orientati non tanto da ciò che sappiamo, quanto da ciò che crediamo di sapere, senza nessuna ragione per crederlo. Ed è facile credere di sapere quanto basta, anche quando invece non basta».*

---

1 Da Pen Italia, scritto da Giuseppe Lupo

È così che ho raccontato il contrasto tra le più serie scoperte scientifiche e alcune convinzioni religiose, partendo dal dramma di Galileo Galilei, condannato nel Seicento per aver osato diffondere le proprie scoperte astronomiche, contrastanti con la lettura fideistica delle Sacre Scritture. È così che ho ricordato come, nel Novecento, sia stata demolita un'altra convinzione tanto radicata quanto sbagliata: quella che tra materia ed energia ci sia un'antiteticità assoluta.

Ne sono seguite alcune considerazioni sulla creazione dell'universo, sul nostro mondo e perfino su Dio, del quale ripeto che non si conosce né l'esistenza, né lo scopo, né l'attività, né il rapporto con noi.

Con la stessa logica ho proposto perfino una rilettura critica dei vangeli, per mostrare quanto siano discutibili molte verità del cristianesimo, incluso il messaggio dell'amore di Yeshua: non per la sua essenza, ma per l'illusione che si tratti di un amore facile da capire e da applicare senza fare errori grossolani.

Finché ho pensato di rilevare come il Novecento sia stato segnato da almeno tre *«credere»*, tutti di natura para-religiosa, fanatizzanti e privi di basi razionali: i tre *«credere»* folli accettati dai popoli della Germania nazista, dell'Italia fascista e dei Paesi comunisti, senza dimenticare certi musulmani che credono di risolvere i loro problemi con la violenza. Tutti accomunati da un principio comune: *«siamo i migliori, siamo i prescelti, facciamo scelte alle quali abbiamo pieno diritto, meritiamo il meglio del mondo mentre gli altri sono divisi in due grosse categorie: gli alleati da schiavizzare e i nemici da distruggere».* Tutto basato solo su fantasie passate per verità, sfruttando la tendenza delle masse a confondere il *«credere»* con il *«sapere»*.

Tutto questo solo per far capire quanto modesto possa essere, a mio avviso, il ruolo degli intellettuali in tutti gli argomenti di cui ho parlato in questo volume.

Mentre ciò che abbiamo scritto apre una prospettiva da non disprezzare: perchè ci dice che in tutti i tempi l'umanità si è convinta di dover scomparire perché non merita di andare avanti, mentre dovrebbe capire che il suo ruolo è quello di andare avanti intrepida, sia pure a costo di non capire mai quale sarà il proprio destino. Che non sarà mai quello dei cattolici, ma neppure quello dei musulmani nè quello dei comunisti.

ALLEGATO 1

AL MONUMENTO DI GIORDANO BRUNO

Sulla rivista dei Gesuiti "La Civiltà Cattolica" è comparso nel 1888 in due puntate (vol. X, pp. 385-395, 658-673) un articolo – meglio sarebbe dire: una invettiva – contro la "Brunomania in Italia" (questo il titolo), che se la prende con la dilagante ammirazione per Giordano Bruno nell'Italia risorgimentale, laica e anticlericale: va ricordato che giusto in quei mesi si va organizzando la posa di un monumento a Giordano Bruno, che sarà portata a compimento l'anno successivo.

Lo scritto, anonimo secondo la consuetudine nella "Civiltà Cattolica" a quell'epoca, dà un'idea della sofferenza (e dell'insofferenza) patita dalla Chiesa cattolica italiana con l'avvento di uno stato laico, retto da una classe dirigente in buona parte appartenente alla massoneria, imbevuta di una cultura razionalista e anticlericale.

Per i gesuiti dell'anno 1888 Giordano Bruno è davvero un concentrato di tutti i mali (naturalmente lussuria compresa), privo di qualsiasi dignità morale e culturale, perché – in fondo – è nient'altro che un piccolo rivoluzionario, non un riformatore religioso degno di un minimo di rispetto (interessante il confronto con Lutero). Perché se c'è un male più devastante degli altri, quello è la rivoluzione (il "veleno celtico"!).

Riprendiamo alcuni passi dell'articolo, animato da un linguaggio sempre sopra le righe, che dà fondo a tutto il repertorio delle espressioni di esecrazione e disprezzo (escluse naturalmente le parolacce). È un documento d testimone di un'epoca, di una cultura, di una mentalità. Per certi versi, persino spassoso.

La Brunomania in Italia

Il culto verso i grandi uomini, e chiamiamo grandi quelli che resero insigni servizi all'umanità, è uno dei fatti più costanti della storia, perché risponde a un sentimento insito nel cuore degli uomini, di esprimere con atti esterni la loro gratitudine a chi legò il proprio nome ai trionfi del vero, del bello e del buono. A questo sentimento nobile e generoso fa indegno contrasto quello delle sètte odierne, le quali, in odio della religione e per fare oltraggio al Papato, erigono monumenti o decretano onoranze pubbliche e solenni agli oppugnatori più accaniti dell'una e ai nemici più implacabili dell'altra. Quasi che l'irreligione fosse diventata vanto di elevatissimo ingegno, e merito soprammodo grande l'osteggiare un'istituzione che, per la sua divina origine e pei beni senza numero arrecati all'umanità, fu mai sempre riguardata come la maggiore e più bella gloria che vanti l'Italia. Siffatto abuso d'indebiti onori e di scandalose apoteosi abbiamo chiamato indegno contrasto; ma avremmo potuto anche chiamarlo un mostruoso attentato contro il più grande dei beni dell'umano consorzio, che è la civiltà. Qual cosa infatti più funesta alla civiltà di un popolo, che il pervertimento morale di questo popolo, e allo stesso tempo qual cosa più efficace a corrompere il senso morale, che il culto pubblicamente reso all'errore e al vizio? (...)

Per fermo prima della rivoluzione francese non s'era peranco ancora veduto lo spettacolo, al quale assistiamo noi al presente. L'Italia unificata dalle sètte, e quindi essenzialmente rivoluzionaria, porta nel suo nuovo organamento e nella sua nuova vita il veleno celtico, succhiato dal seno di colei che fu ed è tuttora la madre di tutte le rivoluzioni moderne, l'esemplare di tutte le nazioni informate dallo spirito d'indomabile ribellione contro Iddio, racchiuso nei principii dell'89. Fu appunto la Francia della rivoluzione quella che, prima tra le nazioni moderne, inaugurò lo scandaloso spettacolo delle apoteosi decretate a uomini che lasciarono al mondo un nome infame per atroci delitti e tracce indelebili di sangue; quella che ai corifei di quell'immane sovvertimento di principii e d'istituzioni tributò onoranze straordinarie; quella che a codesti mostri trasformati in eroi rizzò statue, innalzò monumenti e i loro nomi, per tanti titoli esecrabili, appose alle vie, alle piazze e ai pubblici istituti, cancellandone gli antichi con isfregio del buon senso, della morale, della religione e della storia. Non deve dunque recar meraviglia, che l'Italia novella, uscita dai fianchi della rivoluzione francese, ne segua gli esempi anche nel culto che si vuol rendere oggi a uomini che sono l'incarnazione dell'apostasia, e non ebbero altro merito che quello di essersi più audacemente ribellati alla verità: sperare il contrario sarebbe un disconoscere i biechi istinti che la figlia ereditò dalla madre. (...)

Ma v'ha di peggio ancora; perché, se non ci inganniamo, siffatta audacia va oggi fino all'impudenza. Ed impudenza è senza fallo quella di volere in Roma, comeché questa sia stata per violenza tolta al Sovrano Pontefice, rizzato un monumento a Giordano Bruno in quel Campo di Fiori dove, com'è comune opinione, morì abbruciato sul rogo il frate scandaloso e ribelle. Un monumento a Giordano Bruno! Ma gl'italiani rinsaviti, quando, se a Dio piacerà, saranno francati dal giogo della massoneria e dalla tirannide rivoluzionaria, dureranno fatica a credere che sia stata possibile una violazione così manifesta di tutte le leggi del pudore, del senso morale e della pubblica onestà. Che la Francia del 93 avesse innalzato un altare alla ragione simboleggiata in una prostituta, lo comprendono tanti: erano giorni di parossismo, di satanismo; e la Francia, che per indole è trascendente ed eccessiva, in quel periodo di deliramenti, abbandonossi anche a questo eccesso, di inchinarsi davanti a un idolo più abbominevole di quello adorato già dal popolo giudaico; ma fu breve la durata di questa infamia, e lo stesso Robespierre stimò che fosse tempo di ristaurare in Francia il culto dell'Ente Supremo. Ma che in Italia, dove la rivoluzione s'inaugurò senza scuotere i principii fondamentali della vita sociale, e a nome dell'indipendenza e della libertà e con promessa, che sarebbero state rispettate l'eterne ragioni di Dio e della Chiesa, (...) si sia venuto al punto che ai più forsennati tra i liberi pensatori è data libera balìa di proclamare l'apostata di Nola precursore di civiltà e di farne quasi un semidio degno di avere un monumento in Roma, onore che i suoi nuovi padroni non hanno decretato a niuno dei più grandi e illustri pensatori; cotesto tornerebbe inesplicabile, se non si sapesse che la rivoluzione italiana, se ha mutato pelo non ha cambiato natura, vogliamo dire che, sotto le parvenze della sua moderazione e di una affettata tolleranza, nasconde il suo maligno talento di levare al cielo coloro che colla loro vita a coi loro libri avvantaggiarono o precorsero la rivoluzione. (...)

Ora Giordano Bruno ebbe in grado eminente i vizii e le mostruosità della rivoluzione; non gli mancò un solo dei biechi istinti di essa; e cosa ancor più singolare, parve un rivoluzionario moderno in pieno secolo XVI. Egli fu dunque un vero precursore della rivoluzione, e sotto questo rispetto può dirsi men seguace di Lutero che di Voltaire, più giacobino che eretico; più propenso verso le dottrine del libro pensiero che della Riforma. (…)

La rivoluzione è innanzitutto lercia; dov'ella trionfa è il malcostume che trionfa, è la impudicizia che passeggia impunita per le pubbliche vie. Ora Giordano Bruno fu quanto si può essere libertino. (…) Profugo d'Italia e disertore del chiostro, s'abbandonò al reprobo senso sino a invidiare Salomone, pel gran numero che quel disgraziato re ebbe di concubine, ed a perdere ogni senso di naturale pudore nell'elogiare le donne inglesi, per le quali andava pazzo, com'egli narra: (…) "graziose, gentili, pastose, morbide, giovani, belle, delicate, biondi capelli (…) labbra succhiose" (…)

La rivoluzione è intollerante, illiberale, aggressiva. (…) Or chi più intollerante, illiberale, aggressivo di questo libero pensatore che nella sua Cena delle Ceneri e nell'Antiprologo del Candelaio regalava a coloro che dissentivano dalle sue idee o si permettevano di opinare differentemente da lui, gli epiteti più ingiuriosi? (…) E odano i nostri lettori che cosa scrive attorno ad alcuni eretici, i quali pensavano a loro modo. "non solo si può essere loro giuridicamente molesti, ma ancora si deve stimare gran sacrificio agli dei e beneficio al mondo di perseguitarli, ammazzarli e spegnerli dalla terra". (…)

Il Bruno non convertì un solo alle dottrine di cui si fece banditore. Suscitò contradditori, destò dispute interminabili, si attirò persecuzioni ben meritate; mise in iscompiglio scuole, università, accademie, ma per non raccogliere altro frutto che disistima, odii e dispregi. Chi oserebe oggi, in tanto fanatismo brunoniano, paragonare l'apostata di Nola coll'apostata di Wittemberg? Che cosa diventa il Bruno messo alla stregua di Lutero? Costui almeno venne a capo di accendere in Europa quel vasto incendio che dura ancora e di dare il suo nome a una rivoluzione religiosa, dal seno della quale venne fuori quel sovvertimento morale e politico che è il carattere vero della Riforma. Il Nolano sebbene per istinto, sovvertitore del vero, del bello, del buono, non approdò che a lasciare il tempo che aveva trovato. (...)

I sicofanti degli atenei italiani, dal Marselli in quel di Torino allo Schiattarelli in quel di Palermo, han voluto gabellarcelo come grande filosofo. Sfidiamo tutti questi signori a volerci dire quale fu la specie della filosofia brunoniana. Il Nolano fu panteista, fu ateista, fu deista, fu sensista, fu materialista, fu spiritualista? A rigor di termini, non fu nulla di tutto questo, e fu tutto questo (...)

La Brunomania, della quale è oggi invasa non l'Italia, che per due buoni terzi non sa chi sia Giordano Bruno, ma quella parte della gioventù italiana sulla quale sono fondate le migliori speranze della patria, questa Brunomania è un fenomeno passeggero, ovvero un sintomo che accenna a uno stato di cose, per cui siano da temere per l'avvenire mali peggiori dei presenti? (...) Una cosa però è per noi evidente (...) ed è che la Brunomania è la prova più palpabile della decadenza intellettuale e morale della nostra gioventù studiosa. (...)

Un'ultima parola. Se non ci fosse altro, basterebbe la statua scolpita da Ettore Ferrari, per innalzarla in Campo di Fiori, a qualificare tutta questa agitazione bruniana, come una vera monomania. Che! Scolpire in cocolla da frate chi più volte ripudiò questa cocolla, e più volte rin-

dossolla per far la commedia, quando gli tornava utile
che il mondo credesse lui, proprio lui, sozzo di vizii e
maestro di errori, un buon religioso! Ahimè! Anche l'arte
s'è fatta complice della massoneria, ma per trarne emo-
lumenti e favori, non già per attingerne ispirazioni; chè
dove la massoneria regna e governa, l'ispirazione cede il
posto all'adulazione, ed essa che dal grande Alighieri fu
chiamata nipote di Dio, diventa ancella avvilita di tene-
brosa sètta!

ALLEGATO 2
UN ESOTERISMO DELLA NEW AGE

Fornire un elenco delle più importanti nuove religioni e sette non fa parte degli scopi di questo volume e sarebbe del tutto inutile. Ma mi sembra utile fornire qualche critica personale sulla New Age, alla quale ho partecipato finché sono giunto alla conclusione che non ne valeva la pena e della quale pubblico in appendice la riproduzione di quanto ho scritto in un altro mio libro. Perché potrebbe trattarsi di un tentativo serio per fondare una nuova religione anche se ha alcuni aspetti che danno da pensare.

Perchè i due libri più importanti della Blavatsky, fondatrice della Società Teosofica, vadano a riprendere la cosiddetta *"saggezza antica"* [1], partendo dal presupposto che una tale saggezza sia davvero esistita. Eppure la Blavatsky a un certo punto decise di farsi buddista (1882), quando affermò che *«il nostro obiettivo non è restaurare l'induismo, ma cancellare il cristianesimo dalla faccia della Terra»* [2].

Così, dopo aver inventato l'esoterismo e dopo averci speso tutta la vita, si pose un obiettivo tanto assurdo quanto impossibile: perché la Società Teosofica non aveva nessun modo per eliminare il cristianesimo, neppure se avesse voluto e potuto scatenare chissà quale guerra di religione.

Mentre, da un punto di visto filosofico, H. P. Blavat-

---

1 I due titoli sono *"Iside Svelata"* e *"La Dottrina Segreta"* ed entrambi si riferiscono alla saggezza del passato più remoto, del tutto ignorando come quella saggezza sia solo una pretesa ingiustificata, così come è testimoniato dalla stessa Bibbia.

2 Questa frase è riportatata da diversi autori ed è inserita nella prefazione del volume *«Il Teosofismo»* di René Guénon, traduz. Calogero Cammarata, 1986 Ediz. Arktos, Carmagnola, via Gardezzana 57. Può essere scaricato in PDF direttamente da internet, senza spesa..

sky sembra non aver capito che il rapporto dell'uomo con il Trascendente non consiste nello scegliersi una religione su misura e, men che meno, nel tentativo di eliminare una religione a vantaggio di un'altra.

E, quanto a René Guenon, il maggiore dei suoi critrici, autore di 25 volumi sull'esoterismo cristiano, va notato che anche lui a un certo punto della sua vita cambiò religione. E si fece musulmano, finché si trasferì in Egitto dove morì invocando Allah: anche lui, forse senza rendersi conto che il passaggio dal cristianesimo all'Islam era pura forma, che avrebbe potuto fare il musulmano in Francia e che Allah è solo un sinonimo di Dio. Incomprensibili misteri della fede, a sottolineare che anche i più accesi rivoluzionari possono perdersi in assurde sciocchezze.

E infine va ricordato che la Bailey, fondatrice della Scuola Arcana e sviluppatrice del New Age anche come autrice di 35 volumi di religione esoterica scritti sotto dettatura telepatica da parte del maestro Djwhal Khul – più tardi conosciuto come «il Tibetano», discepolo di Koot Hoomi – e pubblicati dalla casa editrice Lucis Trust fondata da lei insieme al marito Foster Bailey, aveva un solido concetto di Dio, anche se da qualche parte ho letto recentemente che era atea.

Ma vale la pena di parlarne perché Dio, viceversa, per la Bailey è dichiaratamente esistente anche se in forma diversa dal Dio Cattolico. Per questo, basterebbe leggere il primo versetto della sua invocazione (o preghiera), dettata dal Tibetano, pubblicato su tutti i suoi libri e diffusa come opera di servizio prestata dalla Buona Volontà Mondiale:

> *"Dal punto di luce entro la mente di Dio*
> *"Affluisca luce nelle menti degli uomini.*
> *"Scenda Luce sulla Terra*

E anche perchè da qualche altra parte ho letto che Cesare Sacchetti, giornalista del Fatto Quotidiano, ha scritto (il 17 set. 2020) che la Bailey era una satanista, ricevendo numerose risposte di dissenso di persone che hanno letto i suoi libri ed affermano che chi li legge scopre invece «*che quegli scritti aprono ai migliori e più elevati sentimenti umani come pochi altri sono riusciti a fare*». Io sono d'accordo, anche se li critico perché forniscono troppe informazioni discutibili dal punto di vista razionale. E non capisco come si possa essere così sciocchi da giudicare una persona senza saperne nulla, magari dimenticando cosa successe a Yeshua durante il suo famoso processo.

Mentre, quanto alle accuse di antisetismo e di nazismo fatte da qualcuno alla Bailey, basterebbe ricordare che uno dei suoi più vivaci sostenitori fu Roberto Assagioli, italiano, medico psichiatra ed ebreo, fondatore della Psicosintesi e scampato per miracolo, durante la guerra, ai rastrellamenti dei nazisti.

H.P. Blavatsky e la Società Teosofica

Il più incredibile fenomeno semi-religioso dei nostri tempi, molto diverso dal Corano delle varie Amine, ma anche da ogni *«credere»* cristiano, è nato nell'Ottocento: ed è l'esoterismo, che ha trasferito in Occidente un mare di concetti di origine indiana, buddista e tibetana, creando una *«para-religione»* di minoranza che ha messo in subbuglio molti intellettuali insoddisfatti delle religioni tradizionali e dei loro riti.

I concetti presi a prestito dall'oriente, tra i quali il corpo eterico, il corpo astrale, il corpo causale e i chakra, sembravano dover trovare, più tardi, conferme scientifiche peral-

47. Helena Petrovna Blavatsky

tro mai arrivate, malgrado le scoperte della radioattività, dei raggi X e dei raggi cosmici, oltre ai nostri sistemi di diagnosi, che dagli esoteristi sarebbero stato considerati magici.

L'esoterismo, tuttavia, non è solo questo, perché è essenzialmente una sorta di accrocco spirituale basato sulla pretesa che, nel mondo, ci sia qualcuno che sa tutto sull'origine della Terra, dell'antropogenesi, della vita, della sua struttura, dei suoi scopi e, naturalmente, di Dio, del trascendente e del futuro dell'umanità.

Perché l'esoterismo nasce dalle pretese rivelazioni di alcuni monaci, soprattutto tibetani, considerati Maestri di saggezza in quanto *«hanno compiuto la loro evoluzione umana, hanno raggiunto l'umana perfezione e vivono a beneficio di tutta l'umanità»* [1]

Questi Grandi Maestri di saggezza hanno ancora bisogno di discepoli che, *«educati da Loro, vadano tra gli uomini a portare aiuto a chi soffre e conoscenza agli ignoranti»* [2]. Anche se questa conoscenza, oltre ad essere fornita in modo astruso, consiste in mille *«rivelazioni»* da credere solo per ragioni di fede — come da tradizione — perché non sono appoggiate dalla minima dimostrazione. Mentre non è

---

1   Da uno scritto di H. P. Blavatsky, fondatrice della Società Teosofica
2   Da uno scritto di H. P. Blavatsky

per nulla chiaro a che cosa servano, sul piano pratico, neppure dopo due secoli dall'inizio della loro divulgazione. E perfino l'aiuto a chi soffre non si sa cosa sia.

I Chakra

I Chakra appartengono alle tradizioni religiose dell'India, allo yoga, alla medicina ayurvedica e alle tradizioni tantriche, sia dell'induismo sia del buddhismo. Il concetto più comune è che siano quegli elementi del corpo sottile nei quali è ritenuta risiedere latente l'energia divina chiamata Kundalinī.

Nello Hatha Yoga il risveglio dei chakra è interpretato come una tappa del percorso ascensionale che Kundalinī fa attraversando il corpo dell'adepto grazie a pratiche e riti opportuni. Oggi si chiama Kundalinī Yoga l'aspetto dello Hatha Yoga che fa riferimento al ruolo e al significato dei chakra.

Man mano che Kundalinī sale, i chakra verrebbero, per così dire, attivati, lasciando quindi sperimentare all'adepto stati psicofisici via via differenti.

Esperienze mistiche e fenomeni significativi si succedono rapidamente via via che i centri corrispondenti vengono toccati e che l'energia Kundalinī invade tutta la persona dello yogin. Quando Kundalinī riempie interamente il corpo, la felicità è totale, ma finché si limita a un centro, la via non è libera, e si producono alcuni fenomeni.

In questo contesto, la faccenda più curiosa è che gli insegnamenti dei Maestri non sono mai stati forniti al mondo direttamente da loro, ma solo attraverso due scrittrici convinte, fedeli, prolifiche e prolisse, una russa ed una inglese, più un mare di epigoni. Queste due donne, che si identificano con l'esoterismo al punto che la sua storia è anche la loro storia, furono H.P. Blavatsky (1831/1891) e A.A. Bailey (1880/1949).

L'avventura iniziò a metà Ottocento con Helena Petrovna von Hahn, nata in Ucraina e sposata diciottenne a un von Blavatsky, vice governatore della provincia di Yerivan. Orfana a dieci anni, brutta, pessimo carattere, era stata allevata dalla principessa Helena P. Fadeeva sua nonna e dal nonno, occultista fornito di una biblioteca zeppa di libri su magia, alchimia e scienze occulte, che Helena aveva già letto prima dei quindici anni.

All'età di vent'anni, secondo i suoi racconti, la Blavatsky incontrò un iniziato indiano di altissimo livello e ne conobbe un altro nel Tibet alcuni anni dopo. Finché i Maestri si convinsero che lei poteva essere il veicolo per offrire al mondo una nuova conoscenza dell'antica Teosofia, ossia la *«saggezza accumulata nei tempi da generazioni di profeti»*. Nel 1875 H. P. Blavatsky fondò la Società Teosofica per diffondere tutto ciò che aveva imparato.

H. P. Blavatsky, tra gli altri, ha scritto due libri fondamentali, il primo dei quali fu *'Iside svelata»*, che descrive a grandi linee la storia, lo scopo e lo sviluppo delle scienze occulte, la natura e le origini della magia, le radici della cristianità, gli errori del dogmatismo cristiano e le errate credenze della scienza. *«Iside svelata» fu* pubblicato a New York nel 1877, *e* si racconta che abbia venduto le prime mille copie in dieci giorni.

Il secondo libro, in ordine di tempo, fu *«La Dottrina Segreta»*, pubblicato in due volumi a Londra nel 1891 per un totale di 1400 pagine. *«La Dottrina Segreta»* trascrive gli insegnamenti ricevuti dalla Blavatsky durante un soggiorno in Tibet. Tratta della formazione della Terra e del Cosmo, a partire dalla nascita della materia e dalle forme di vita gradualmente sviluppatesi nel tempo, fino all'antropogenesi, ossia l'origine occulta della razza umana. Ed è in parte anche un commentario alle Stanze di Dzyan, versione tibetana di antiche tradizioni esoteriche sulla nascita del mondo.

Leggere questi libri è difficile perché, oltre ad essere terribilmente prolissi, H. P. Blavatsky salta continuamente da ciò che fa dire agli scienziati dei suoi tempi a ciò che secondo lei si diceva nell'antichità, mescolando il tutto con frasi incomprensibili prese dal sanscrito o da chissà dove e passando instancabilmente da un argomento all'altro senza il minimo ordine.

Secondo qualcuno, H. P. Blavatsky precorse perfino la fisica quantistica: cosa quasi impossibile da verificare in mezzo all'incredibile numero di informazioni contenute nei suoi libri. Mentre la recente pretesa che l'esistenza dell'aura del corpo fisico [1] sia stata dimostrata dall'effetto Kirlian sembra quasi certamente sbagliata. Intanto che, leggendo la «*Dottrina Segreta*», si incontrano ad ogni passo affermazioni incomprensibili come «*L'occhio di Shiva non si atrofizzò completamente prima della fine della Quarta Razza*» *(pag. 302 secondo volume)*, oppure «*Poseidon è un 'Dragone'*» *(pag. 356 ibid.)*, entrambe prese a caso.

Quanto al contenuto dei suoi insegnamenti, H. P. Blavatsky partiva dal dichiarato assunto che tutte le religioni del mondo sono basate solo su malintesi relativi ad un'unica verità divina, da sempre nota a un piccolo numero di grandi iniziati. E diffuse innumerevoli concetti filosofici e religiosi, così vicini alla cultura del buddismo tibetano e dell'induismo e così lontani da quella europea, da alimentare una diffidenza crescente che raggiunse il massimo quando la Blavatsky decise di farsi buddista (1882) e quando affermò che «*il nostro obiettivo non è restaurare l'induismo, ma cancellare il*

---

1 L'aura, che molti pretendono di vedere ma non è dimostrata da nessuno, è un insegnamento esoterico.

48. René Guénon

cristianesimo dalla faccia della Terra» [1]. Così, dopo aver inventato l'esoterismo e dopo averci speso tutta la vita, si pose un obiettivo tanto assurdo quanto impossibile: perché la Società Teosofica non aveva nessun modo per eliminare il cristianesimo, neppure se avesse voluto e potuto scatenare chissà quale guerra di religione.

Mentre, da un punto di visto filosofico, H. P. Blavatsky sembra non aver capito che il rapporto dell'uomo con il Trascendente non consiste nello scegliersi una religione su misura e, men che meno, nel tentativo di eliminare una religione a vantaggio di un'altra.

Quanto alla critica, nel 1981 il New York Times scrisse che: «*Helena Petrovna Blavatsky ... ha avuto un cattivo servizio da parte della stampa fin dal suo primo apparire come organizzatrice della Società teosofica... Una delle grandi donne libere della sua epoca, non poté che attirare disprezzo e critiche infuocate su ogni sua azione o parola, specialmente quando pretese di sfidare impunemente le più salde ortodossie dell'epoca. Ancora oggi, gente che non ha mai letto un rigo dei suoi scritti, continua ad avere l'adamantina convinzione che essa fosse una visionaria o una maniaca...*».

---

1 Questa frase è riportatata da diversi autori ed è inserita nella prefazione del volume «*Il Teosofismo*» di René Guénon, traduz. Calogero Cammarata, 1986 Ediz. Arktos, Carmagnola, via Gardezzana 57. Può essere scaricato in PDF direttamente da internet, senza spesa..

Di queste cose si interessò a fondo René Guénon, il quale sul suo libro *«Il Teosofismo»*, pubblicato per la prima volta nel 1921, non fece mistero su ciò che pensava a proposito della Blavatsky e della Società Teosofica. Perché considerava lei al limite dell'imbroglio e definiva la Teosofia – che lui chiama Teosofismo – una *«pseudo-religione»* oppure un *«pseudo-esoterismo»*. Inoltre, per René Guénon i *«Maestri di saggezza»* non sono mai esistiti: e con questo liquidò tutto il lavoro della Blavatsky, nonché quello della Bailey che venne dopo.

RENÉ GUÉNON

Il filosofo René Guénon (1886/1951) ha studiato a fondo l'esoterismo, oltre aver cercato di approfondire «la conoscenza dei principî di ordine universale» da cui tutto procede. Ha pubblicato 28 libri tra i quali uno sull'esoterismo di Dante e un altro sull'esoterismo cristiano. Tra i suoi estimatori c'è stato Julius Evola, tra i suoi detrattori, Umberto Eco[1]. Nel 1912 si fece musulmano .

Quanto alla tecnica di scrittura della Blavatsky, si raccontava che scrivesse di getto, quasi in trance, lasciando cadere a terra i fogli man mano che li completava, senza mai rivederli, affidandoli alle cure di una segretaria. Senza contare che, secondo qualcuno, faceva anche molta ricerca bibliografica.

Il filosofo tedesco Max Müller [2], sebbene non avesse prevenzioni contro una concezione spiritualista dell'evoluzione umana, non si fidava molto delle informazioni derivanti da pretesi poteri occulti e contestò alla Blavatsky di non conoscere le lingue – in particolare il sanscrito – dei

---

1 Umberto Eco che ne rifiuta premesse, metodo e conclusioni, considerati fantasiosi e privi di carattere scientifico

2 Friedrich Max Müller (1823/1900), filosofo, filologo, storico delle religioni, linguista e orientalista tedesco, fondatore della disciplina delle religioni comparate

49. Annie Besant

documenti dai quali pretendeva di attingere; altri l'accusarono di plagiare e di distorcere le idee altrui per appoggiare le proprie.

La vita della Blavatsky fu frenetica, con viaggi in tutto il mondo, dal Tibet al Giappone, dagli Stati Uniti ad ogni luogo in Europa, tanto da indurre qualcuno a supporre che molti di questi viaggi fossero solo immaginari. Massone, la Blavatsky nel 1867 aveva accompagnato Garibaldi alla battaglia di Mentana, dove fu colpita da due pallottole al torace, tanto che, creduta morte, fu gettata in una fossa comune dalla quale fu salvata in extremis da alcuni personaggi mai identificati.

Dopo la Blavatsky, la Società Teosofica ebbe altre personalità notevoli: tra queste, Annie Besant (1847/1933), Rudolf Steiner (1861/1925) e, più tardi, Jiddu Krishnamurti (1895/1986). Annie Besant, attivista, saggista, esoterista, oratrice, suffragetta, politica, libera pensatrice e teosofa britannica, fu presidente della Società Teosofica dal 1907 fino a quando morì nel 1933 e pubblicò innumerevoli libri. Jiddu Krishnamurti fu scoperto per caso nel 1909 in un sobborgo di Chennai in India, quando aveva quattordici anni. Allevato come un figlio da Annie Besant, fu considerato l'Alcyone, il nuovo Buddha (Maitreya) o il secondo Cristo. Finché, una volta adulto, rifiutò quel ruolo e si allontanò progressivamente dalla Società Teosofica, fino a diventarne indipendente e fino a battersi per la liberazione dell'uomo dalle paure,

50. Rudolf Steiner

dai condizionamenti, dalla sottomissione all'autorità e dall'accettazione passiva di qualsiasi dogma. Il tutto, in contrasto con i teosofi, pur restando in buoni rapporti con la Besant. Forse non è un caso che dalla Società Teosofica sia uscito, in dissenso, anche l'altro dei due personaggi più dotati: perché, oltre a Jiddu Krishnamurti, lasciò anche Rudolf Steiner, filosofo, antropologo e sociologo austriaco, più tardi fondatore della «*Massoneria esoterica*» e creatore dell'Antroposofia.

Steiner lasciò la Società Teosofica insieme alla maggior parte dei teosofi tedeschi, perché rifiutava gli induismi di Annie Besant e non ne condivideva agli entusiasmi sul futuro di Krishnamurti come nuovo Buddha. E va ricordato che, prima di morire in 1925 (forse avvelenato), Steiner profetizzò che nel 1933 (l'anno dell'ascesa di Hitler) si sarebbe manifestata la Bestia dell'Apocalisse, da molti steineriani identificata proprio con il führer della Germania e della seconda guerra mondiale.

4. A. A. BAILEY, LA SCUOLA ARCANA E LA LUCIS TRUST

Nel 1915 alla Società Teosofica si iscrisse Alice Ann LaTrobe Bateman, britannica, che era entrata in contatto con la Teosofia per via di due amiche inglesi. E ci

restò finché un giorno, durante una riunione, riconobbe
per caso su una foto il maestro Koot Hoomi che aveva
conosciuto da ragazza senza sapere chi fosse.

Il fatto fu vissuto dagli altri membri della Società
Teosofica come un tentativo di accrescere la sua importanza nel gruppo e diventò diffidenza quando si scoprì
che lei, nel 1919, era entrata in contatto telepatico con
il maestro Djwhal Khul – più tardi conosciuto come
«il Tibetano», discepolo di Koot Hoomi – che le aveva
chiesto di scrivere alcuni libri che le avrebbe dettato per
telepatia. Così fu che Alice Bailey nel 1920 dovette lasciare la Società Teosofica.

A questo punto la signora, che nel frattempo aveva di-
vorziato dal primo marito, sposò l'americano Foster Bailey, avvocato e massone di alto livello. Fu così che lei diventò Alice Ann Bailey e, insieme al marito, fondò il Lucis Trust che pubblicò i suoi libri. Quindi creò la Scuola
Arcana, più tardi seguita dalla School for Esoteric Studies
di New York per diffondere gli insegnamenti del Tibetano e quindi dal Nuovo Gruppo di Servitori Mondiali.

I temi trattati dalla Bailey sono soprattutto di natura psicologica, teologica e sociale. Il *«Trattato dei sette
raggi»*, in cinque volumi, tratta di psicologia esoterica,
di astrologia esoterica, di guarigione esoterica e delle
iniziazioni, tema già introdotto nel libro *«Iniziazione
umana e solare»*. Ma altri argomenti fondamentali furono quello dell'educazione nella New Age, quello della
meditazione occulta, quello della magia bianca e dei
problemi dell'umanità.

Da notare il volume sull'astrologia esoterica [1], consi-

---

1 Il volume «Astrologia Esoterica» (635 pagine.) fa parte del Trattato dei Sette
   Raggi.

derata da qualcuno *«l'essenza più genuina della verità occulta»*, dalla quale discende un'attenzione particolare alla New Age, ossia al passaggio dall'era attuale dei Pesci a quella in arrivo dell'Acquario, dovuto alla precessione degli equinozi: un passaggio al quale si attribuisce una grande rivoluzione spirituale. Un'affermazione inspiegabile, ma sufficiente ad affascinare i seguaci, fino a mettere in moto la moda della New Age degli anni 70.

I SETTE RAGGI

La concezione dei 7 Raggi è basata sul principio della creazione e manifestazione cosmica, per mezzo del successivo differenziarsi della sostanza primordiale. L'Uno diventa i Tre, i Tre divengono i Sette ed i Sette, attraverso ulteriori differenziazioni, danno l'immensa molteplicità, la meravigliosa ricchezza e varietà della vita manifestata nei mondi visibili ed in quelli invisibili. (Dottrina Segreta Vol. I° pag. 108)
I Raggi imprimono la loro immagine sulle nostre anime. Essi sono presenti nei nostri nervi, nelle nostre vene, nelle nostre arterie, e nella nostra sostanza cerebrale.» (Dottrina Segreta Vol. I° pag. 313)
I 7 Raggi del nostro Sistema sono correnti di energia, emanate dal Logos Solare, ciascuna delle quali dotata di una specifica qualità psichica, di una nota con una speciale funzione nel dramma evolutivo. (Dottrina Segreta Vol. I° pag. 201)

Gli scritti della Bailey sono meno difficili da leggere di quelli della Blavatsky, sono meno astrusi ed offrono il vantaggio di essere suddivisi per argomenti in una trentina di volumi (il *«Trattato dei sette raggi»* è in cinque volumi) per oltre 10.000 pagine. Tuttavia contengono numerose informazioni del tutto incomprensibili.

La prolissità, oltre alle informazioni difficili e spesso inutili contenute nei libri della Bailey sono secondi a quelli della Blavatsky. Basti per tutto che, su *«Iniziazione umana e solare»*, da pag. 56 a pag. 62 si forniscono informazioni sui nomi e sui compiti di una decina di Maestri, incluso il Maestro Gesù, del quale si dice perfino che ha la barba nera, come se questa non si potesse modificarla con un qualunque rasoio.

Comunque sia, una volta dimenticate le dichiarazioni anticristiane della Blavatsky, i principi e gli scopi su cui si basano la Società Teosofica e la Scuola Arcana sono sostanzialmente gli stessi:
- Formare dei nuclei di fratellanza universale;
- Insegnare un nuovo concetto di Dio
- Incoraggiare lo studio comparato delle religioni, filosofie e scienze;
- Investigare le leggi della Natura e le capacità latenti dell'uomo.
- Trasportare la cultura esoterica nelle scienze e nella psicologia.

Tutto questo sembrerebbe quanto mai positivo, anche se le rivelazioni della Bailey, come quelle della Blavatsky, limitate a un numero piuttosto piccolo di persone, non sembrano aver ancora stimolato nessun vero miglioramento nella politica, nella filosofia, e neppure nel comprendere meglio il trascendente. Molto meno di quanto ci sarebbe stato da aspettarsi. Tanto più che la Lucis Trust, il lascito più importante della Bailey è diventata membro del Consiglio economico e sociale delle Nazioni Unite

LA LUCIS TRUST.

La Lucis Trust, originariamente chiamata Lucifer Trust (oppure Lucifer Publishing Company), è un'associazione no-profit fondata dalla teosofa Alice Bailey e dal marito Foster Bailey nel 1920, affiliata con la Windsor International Bank and Trust Company.

Nata come casa editrice per la pubblicazione dei 25 libri esoterici della Bailey, la Lucis Trust include tra le sue numerose attività l'Arcane School (una scuola di esoterismo e spiritualità), una catena di librerie di libri esoterici conosciuta come Lucis Trust Libraries, una casa editrice nota come Lucis Publishing Companies, la Lucis Productions, la World Goodwill e la Triangles. Ad oggi ha ufficialmente 6000 membri e un profitto annuale stimato sui 600.000 dollari.

Tra le sue attività spicca la World Goodwill («Buona Volontà Mondiale», fondata nel 1932) in quanto da tempo riconosciuta dalle Nazioni Unite quale organizzazione non-governativa ed è rappresentata alle regolare riunioni informative alla Direzione generale dell'ONU. La Lucis Trust in sé è poi membro del Consiglio economico e sociale delle Nazioni Unite.

Tra le principali attività della World Goodwill vi sono la distribuzione di letteratura specifica in tutto il mondo e in diverse lingue, la pubblicazione delle World Goodwill Newsletter e Commentari, l'attuazione di un corso di studi riguardo ai problemi fondamentali dell'umanità, la cooperazione con le Nazioni Unite e con le sue Agenzie specializzate.

La presenza della Lucis Trust all'interno del Sistema Nazioni Unite, nonché l'esplicito debito culturale di Robert Muller (ex-assistente del segretario generale delle Nazioni Unite) nei confronti della filosofia di Alice Bailey ha spinto alcuni a tacciare l'ONU di possedere un'ideologia di stampo New Age e di orientare le proprie politiche secondo i principi e gli scopi di tale ideologia esoterica.

L'esoterismo è cresciuto per un secolo, dal 1851 fino al 1949 quando morì Alice Bailey. Ha affascinato (e spesso deluso) molti intellettuali, pur avendo dato al mondo una visione inedita, pur avendo proposto nuovi valori dello spirito e pur avendo profetizzato l'arrivo una Nuova Era, nella quale si dovrebbe vivere in base a nuovi valori positivi.

La sostanziale irrilevanza che abbiamo percepito in questo immane lavoro potrebbe dipendere da un errato calcolo degli interessi umani contemporanei, da parte di chi non ha saputo fornire i propri insegnamenti in

51. Roberto Assagioli

modo tale da renderli più accettabili, come se non si rendesse conto che, nel mondo occidentale di oggi, dopo migliaia d'anni in cui siamo stati illusi da finti sapienti, ci siamo ormai abituati a credere solo negli scienziati che annunciano le loro verità solo dopo averle sperimentate. Perché è così che abbiamo imparato a credere non solo nelle verità di Einstein, ma anche in quelle degli scienziati che hanno scoperto i vaccini e la penicillina. Tanto che molti non credono nelle previsioni un po' azzardate (proprio per la loro scarsa base) di chi annunzia la prossima fine del mondo causata dai cambiamenti climatici.

Invece i Maestri ispiratori dell'esoterismo non li conosce nessuno, nemmeno di fama perché, dopo due secoli dal primo contatto con la Blavatsky, sembra di capire che li abbia incontrati solo la Bailey. Mentre si legge che alcuni di loro vivono a Shambala, nel deserto di Gobi, un luogo che sembra scelto apposta per essere il più inaccessibile del mondo.

Ma non basta, perché troppe delle informazioni fornite da loro sembrano discutibili dal punto di vista scientifico: come quando si pretende che nella materia fisica esistano sette livelli di densità [1], tra i quali l'eterico e il super-eterico, che la fisica moderna non ha mai individuato. Oppure come quando prevedono che il mondo cambierà a causa

---

1   Arthur E. Powell, «*Il corpo eterico*», Alaya, Milano 1950

52. Krisnamurti

della precessione degli equinozi e scrivono settecento pagine di astrologia esoterica dando per veri un gran numero di concetti astrologici che continuano a sembrarci privi di ogni base scientifica. Oltre a prevedere una Nuova Era (il famoso New Age) durante la quale tutto cambierà, in base agli stessi concetti astrologici. O come quando si collegano i sette raggi – un concetto abbastanza curioso, che dovrebbe insegnarci nuovi significati della nostra vita – a elaborati quanto incomprensibili complessi astrologici.

Resta il caso di Roberto Assagioli, Psichiatra e fondatore della Psicosintesi, ma anche esoterista e amico della Bailey, fino ad esserne il più importante paladino in Italia e in Europa, nonché convinto sostenitore degli insegnamenti del Tibetano. Un personaggio che in vita ha sempre tenuto distante l'esoterismo dalla propria professione e dalla Psicosintesi per non danneggiarne l'attendibilità scientifica. Un personaggio certamente in buona fede che, a proposito di esoterismo, che potrebbe aver seguito solo la propria intuizione, ma potrebbe anche avere avuto convincenti contatti personali con chissà quali Maestri.

In ogni modo, a parte le stroncature di René Guénon, l'idea che il «*credere*» non sia «*sapere*», è troppo convincente per permetterci di accettare – soltanto per ragioni di fede – informazioni che, provenendo da un presunto «*maestro*» senza darci nessuna possibilità di verifica sperimentale, ma nemmeno di logica razionale, sembrano utili solo a creare seguaci irriflessivi, dogmatici e autoritari.

Mentre va ricordata la razionalità di Krishnamurti il quale, una volta cresciuto, si ritirò dalla Società Teosofica, malgrado da adolescente ne fosse considerato l'ultimo *«maestro mondiale»*: perché, dopo una profonda crisi, si era convinto che *«la Verità sia una terra senza sentieri che non si possa raggiungere attraverso nessuna via, nessuna religione, nessuna scuola. Perché la verità, essendo illimitata, incondizionata, inaccessibile da qualunque parte, non può essere organizzata; né dovrebbe essere formata alcuna organizzazione per guidare o costringere le persone lungo un determinato percorso».*

Le mie personali convinzioni a un certo punto divennero troppo affini a quelle di Krishnamurti per non forzarmi a lasciare tutto, anche perché la mia cultura tecnica raramente è andata in appoggio alle idee del New Age. E, per quanto mi riguarda, la pratica della meditazione – senza aver mai fatto uso di nessun prodotto chimico – si è risolta nel nulla: nessuna ispirazione, nessun suggerimento *"superiore"*: nulla.

Nulla, salvo il buon senso originale.

E, in ogni modo, se qualcuno vuole saperne di più, vada in Iternet ed apra sul termine Wesak e affini.

Leggerà di tutto. E se qualcosa non lo convincerà, sarà solo colpa sua, ma verrà a far parte di un consistente gruppo umano al quale mi onoro di appartenere.

ALLEGATO 3
IL MANIFESTO DEL PARTITO COMUNISTA
(1847)

Karl Marx, Friedrich Engels
Traduzione dal tedesco di Pietro Gori (1891)

*I punti principali del Manifesto
e le sue assurdità elaborate
per giustificare in linea teorica
la rivoluzione proletaria e quindi il comunismo*

I. Borghesi e proletari [1]

L'istoria dell'umanità non è stata che l'istoria della lotta di classe.

Ogni dì più la società si divide in due grandi campi opposti, in due classi nemiche: la Borghesia ed il Proletariato.

Il governo moderno non è che un comitato amministrativo degli affari della classe borghese.

La borghesia ha percorso, nella storia, un ruolo essenzialmente rivoluzionario.

Dovunque conquistò il potere, essa calpestò le relazioni feudali e patriarcali. Tutti i vincoli multicolori che univano l'uomo feudale ai suoi superiori naturali essa li schiacciò senza pietà, per non lasciare sostituire, tra uomo, e uomo, altri vincoli che il freddo interesse, che la dura moneta contante. Essa annegò l'estasi religiosa, l'entusiasmo cavalleresco, il sentimentalismo del piccolo borghese, nelle acque ghiacciate del calcolo egoista.

---

1 Attenzione: da qui in poi, alcuni passi del testo sono stati da me sottolineati allo scopo di renderli particolarmente evidenti

Essa fece della dignità personale un semplice valore di scambio; essa sostituì alle numerose libertà sì caramente conquistate, l'unica ed insensibile libertà del commercio. In una parola, al posto della spogliazione coperta da illusioni religiose e politiche, essa pose una spogliazione aperta, diretta e brutale.

La borghesia spogliò della loro aureola, con paura, tutte le professioni considerate sino allora venerabili e venerate. Essa fece del medico, del giurista, del prete, del poeta, dello scienziato, altrettanti operai salariati.

La borghesia strappò il velo della poesia soave, che ricopriva le relazioni di famiglia e le ha ridotte a non essere che dei semplici rapporti di denaro.

La borghesia non esiste che alla condizione di rivoluzionare incessantemente gl'istrumenti di lavoro, per conseguenza il sistema di produzione, per conseguenza tutti i rapporti sociali. La conservazione del vecchio sistema di produzione era, al contrario, la prima condizione di tutte le classi industriali precedenti. Questa rivoluzione continua dei sistemi di produzione, questo movimento costante di tutto il sistema sociale, questa agitazione, questa poca sicurezza eterne, distinguono l'epoca borghese da tutte le precedenti.

Per il rapido perfezionamento di tutti gli strumenti di produzione e dei mezzi di comunicazione, la borghesia trascina nella corrente dell'incivilimento perfino le nazioni più barbare. Il buon mercato dei suoi prodotti è la sua grossa artiglieria per battere in breccia le mura della Cina e far capitolare i barbari più ostili agli stranieri. Essa costringe tutte le nazioni, sotto pena di morte, ad adottare il sistema di produzione borghese; essa le costringe ad introdurre presso di loro la sedicente civiltà, cioè a divenire borghesi. In una parola, essa modella un mondo a sua immagine.

La borghesia sottomise la campagna alla città. Essa costruì città immense; essa aumentò prodigiosamente la popolazione delle città a spese di quella delle campagne; ed in tal modo essa preservò una grande parte della popolazione dall'idiotismo della vita dei campi.

Essa subordinò la campagna alla città, le nazioni barbare alle nazioni civili, i paesi agricoli ai paesi industriali, l'Oriente all'Occidente.

La borghesia sopprime ogni giorno dì più lo sparpagliamento

dei mezzi di produzione, della proprietà e della popolazione. Essa aggruppa le popolazioni, accentra i mezzi di produzione e concentra la proprietà nelle mani di qualche individuo.

Sotto i nostri occhi si produce un fenomeno analogo. La società borghese moderna che mise in movimento così potenti mezzi di produzione e di scambio, rassomiglia a quei maghi, che non sapevano più dominare le potenze infernali, ch'essi aveano evocato. Da trenta anni almeno, l'istoria dell'industria e del commercio non è che l'istoria della rivolta delle forze produttrici contro i rapporti di produzione moderna, contro i rapporti di proprietà, che sono le condizioni d'esistenza della borghesia e della sua supremazia. Basta menzionare le crisi commerciali che, per il ritmo periodico, mettono ognor più in questione l'esistenza della società borghese. Ogni crisi distrugge regolarmente, non soltanto una massa di prodotti già creati, ma ancora una grande parte delle stesse forze produttrici. Una epidemia colpisce l'umanità, che nelle epoche precedenti sarebbe sembrata un paradosso: è l'epidemia della sopra-produzione. La società si trova subitamente rigettata in uno stato di momentanea barbarie: si direbbe che una guerra d'esterminio le porta via tutti i mezzi di vita: l'industria ed il commercio sembrano paralizzati. – E perché? – perché la società ha troppa civiltà, troppi mezzi di sussistenza, troppa industria, troppo commercio. Con lo sviluppo della borghesia, cioè del capitale, si sviluppa il Proletariato, la classe degli operai moderni, i quali non vivono, che a condizione di trovare lavoro, e che non ne trovano più appena che il loro lavoro cessa di aumentare il capitale. Gli operai, costretti a vendersi di giorno in giorno, sono della mercé come tutti gli altri articoli di commercio; essi subiscono per conseguenza tutte le fluttuazioni del mercato.

L'introduzione delle macchine e la divisione del lavoro spogliarono il lavoro dell'operaio del suo carattere individuale, e per conseguenza della sua attrattiva.

Il produttore diviene una semplice ruota della macchina, e non si esige da lui che un'operazione semplice, monotona e presto appresa. Avviene che le spese di produzione dell'operaio si riducono alle spese della sua sussistenza e della propagazione della sua razza. Il prezzo del lavoro, come quello di ogni altra mercé è uguale al costo della sua produzione. Dunque più il lavoro diviene ripugnante, più i salarii ribassano.

Più ancora; la somma del lavoro s'accresce con lo sviluppo della macchina e della divisione del lavoro, sia per l'aumento della giornata di lavoro, sia per l'accrescimento dell'intensità del lavoro, sia per l'accelerazione del movimento delle macchine.

L'industria moderna trasformò il piccolo laboratorio dell'antico padrone patriarcale in grande fabbrica di borghese capitalista. Delle masse d'operai, stivati nelle fabbriche, sono organizzati militarmente. Trattati come dei soldati industriali; sono posti sotto la sorveglianza d'una gerarchia completa di ufficiali e sott'ufficiali.

Essi non sono soltanto gli schiavi della classe borghese, del governo borghese, ma pure giornalmente ed a tutte le ore, gli schiavi delle macchine, del direttore, e del padrone della fabbrica. Questo despotismo è tanto più meschino, più odioso, e più ripugnante, in quanto esso prende apertamente il guadagno per unico scopo.

La piccola borghesia, composta di modesti industriali, di mercanti, di piccoli possidenti di artigiani o di contadini proprietarii, cade nel Proletariato; da un lato, perché i suoi meschini capitali non permettendo d'impiegare i procedimenti della grande industria, essa soccombe nella concorrenza con i grandi capitalisti; d'altro canto perché la sua abilità speciale è disprezzata dai nuovi sistemi di produzione. In questo modo il Proletariato si recluta in tutte le classi della popolazione.

Il Proletariato passa per differenti fasi d'evoluzione. La sua lotta contro la borghesia incomincia dalla sua nascita.

Prima la lotta è impegnata da operai isolati, poi da operai di una medesima fabbrica, in seguito da operai del medesimo mestiere, in una località, contro la borghesia che li sfrutta direttamente. Essi non si contentano di dirigere i loro attacchi contro, il sistema borghese di produzione; essi li dirigono contro gl'istrumenti di produzione: essi distruggono le merci straniere, che lor fanno concorrenza, spezzano le macchine, bruciano le fabbriche, e si sforzano di riconquistare le condizioni perdute d'artigiani del medio evo.

La crescente concorrenza dei borghesi tra di loro, e le crisi commerciali, che ne risultano, rendono i salarii sempre più incerti; l'incessante perfezionamento delle macchine rende la posizione dell'operaio vieppiù precaria; le collisioni individuali tra l'operaio ed il borghese assumono ognora più il

carattere di collisioni di due classi.

Gli operai incominciano a coalizzarsi contro i borghesi per il mantenimento dei loro salarii. Essi formano pure delle associazioni permanenti allo scopo di essere pronti alle lotte eventuali; qua e là la resistenza diviene ammutinamento.

Qualche volta gli operai trionfano; ma il loro trionfo non è che momentaneo.

Infine, nel momento in cui la lotta di classe s'avvicina alla sua crisi, il movimento di dissoluzione della classe dirigente e della Società intera prende un carattere sì acuto e sì violento, che una frazione della classe dirigente se ne distacca, per allearsi alla classe rivoluzionaria, alla classe che rappresenta l'avvenire. Un tempo, una parte della nobiltà si schierava colla borghesia; ai nostri giorni una parte della borghesia fa causa comune col proletariato, e principalmente quella parte della borghesia pensante che pervenne a comprendere il cammino del movimento storico.

Di tutte le classi, attualmente avversarie della borghesia, il proletariato solo è veramente rivoluzionario. Le altre classi si dislocano e scompaiono in causa della grande industria: il proletariato, al contrario, è il suo prodotto particolare.

La classe media, i piccoli fabbricanti, i bottegai, gli artigiani, i contadini lottano contro la borghesia perch'essa compromette la loro esistenza in qualità di classe media.

Tutti i movimenti storici sono stati, sino ad ora, dei movimenti di minoranze a profitto di minoranze. Il movimento del proletariato è il movimento spontaneo della immensa maggioranza a profitto della immensa maggioranza. Il Proletariato, ultimo parto della società ufficiale, non può elevarsi senza sconvolgere tutti i prodotti superiori di questa società.

La lotta del proletariato contro la borghesia, benché in fondo non sia una lotta nazionale, ne riveste tuttavia la forma. Il proletariato di ogni paese deve incominciare la lotta per finirla colla sua propria borghesia.

Analizzando le fasi dello sviluppo del proletariato, noi abbiamo seguito passo passo la storia della guerra civile più o meno occulta che smembra la società, sino al momento in cui esplode in una rivoluzione ed in cui il proletariato impone la sua dominazione colla distruzione della borghesia. Come abbiamo visto, tutte le società anteriori poggiarono sull'antagonismo della classe opprimente e della classe oppressa. Ma per poter opprimere una classe, bisogna almeno garantirle le condizioni d'esistenza che le permettano di vivere in schiavitù. Il servo in piena feudalità perveniva a

farsi membro del Comune; il borghese embrionale del medio-evo acquista-
va la posizione di borghese, sotto il giogo dell'assolutismo feudale.

**L'operaio moderno, al contrario, anziché elevarsi col pro-
gresso dell'industria, discende sempre più in basso, al di sotto
pure del livello delle condizioni vitali della stessa sua classe.**

Il lavoratore torna a carico della società, ed il pauperismo s'accresce più
rapidamente ancora che la popolazione e le ricchezze.

**È adunque dimostrato, che la borghesia è incapace di sostene-
re la parte di classe dominante e d'imporre alla società, come
legge suprema, le condizioni d'esistenza della propria classe.**

Essa non può più regnare, perché non può più assicurare l'esistenza al
suo schiavo, neppure nelle condizioni della sua schiavitù, poiché essa è
costretta di lasciarlo cadere in una situazione così precaria da doverlo nu-
trire invece di esser nutrita. La società non può più esistere sotto la sua
dominazione, ciò che vorrebbe dire che la sua esistenza è incompatibile
con quella della società.

La condizione essenziale d'esistenza e di supremazia per la classe borghese è l'accumulamento della ricchezza in mani private, la formazione
e l'accrescimento del capitale è il salariato; il salariato riposa esclusiva-
mente sulla concorrenza che si fanno gli operai tra loro. Il progresso
industriale, del quale la borghesia è l'istrumento passivo ed incosciente,
sostituisce l'isolamento degli operai con la loro unione rivoluzionaria a
mezzo dell'associazione. Lo sviluppo della grande industria scava sotto i
piedi della borghesia il terreno stesso sul quale essa stabilì il suo sistema
di appropriazione e di produzione.

La borghesia produce innanzi tutto i suoi seppellitori. La sua caduta ed il
trionfo del proletariato sono del paro inevitabili.

II. Proletarii e Comunisti

Qual è l'attitudine dei comunisti in faccia ai proletarii presi in massa?

I comunisti non formano un partito distinto in opposizione agli altri
partiti operai.

Essi non hanno interessi distinti da quelli di tutto il Proletariato.

Essi non proclamano principii per poi imporli al movimento operaio.

I comunisti non si distinguono dagli altri partiti del Proletariato che su
due punti: nelle differenti lotte nazionali dei proletarii essi mettono innanzi, e fanno valere gl'interessi comuni del Proletariato intero, senza

distinzione di nazionalità; e nelle differenti fasi evolutive della lotta tra proletarii e borghesi, pure non accettando alcuna di queste fasi come definitiva, essi difendono sempre la causa del movimento generale.

Praticamente dunque i comunisti sono la parte più risoluta e più avanzata dei partiti operai di tutti i paesi; teoricamente si distinguono con vantaggio dal resto del proletariato per la loro conoscenza netta delle condizioni, del cammino, e dello scopo del movimento proletario.

Lo scopo immediato dei comunisti è il medesimo di tutte le frazioni del proletariato: organizzazione dei proletarii in partito di classe, distruzione della supremazia borghese, conquista del potere politico per parte del Proletariato.

Essere capitalista significa non soltanto occupare una posizione personale, ma ancora una posizione sociale nel sistema della produzione. Il capitale è un prodotto collettivo; esso non può essere messo in movimento che con gli sforzi combinati di una massa d'individui: in ultimo luogo esso esige per il suo funzionamento gli sforzi combinati di tutti gl'individui della società.

Il capitale non è dunque una forza personale, ma una forza sociale.

Risulta dunque, che quando il capitale è trasformato in proprietà comune, appartenente a tutti gli individui della società, non è una proprietà personale, che è trasformata in proprietà sociale; non vi è che il carattere sociale della proprietà che è trasformato: esso perde il suo carattere di proprietà di classe.

Arriviamo al lavoro salariato.

Il prezzo medio del lavoro salariato è il minimo del salario, cioè la somma dei mezzi d'esistenza, di cui l'operaio ha bisogno per vivere da operaio. Per conseguenza ciò che l'operaio salariato s'appropria colla sua attività, è giusto ciò che gli è necessario a mantenere la sua esistenza. Noi non vogliamo in alcun, modo, abolire quest'appropriazione personale dei prodotti del lavoro indispensabile al mantenimento dell'esistenza quest'appropriazione non lascia dietro di sé alcun profitto netto, che dia del potere sul lavoro degli altri. Ciò che noi vogliamo è, sopprimere le miserie di quest'appropriazione, che fanno sì che l'operaio non vive, che per accrescere il capitale, e nei limiti voluti dagl'interessi della classe dominante.

Ma cessate di criticarci, finché giudicherete l'abolizione della proprietà privata secondo le vostre nozioni borghesi di libertà, di coltura, di diritto, ecc. Le vostre idee sono esse stesse i prodotti dei rapporti della produzione e della proprietà borghese, come il vostro diritto non è che la volontà della vostra classe eretta in legge, e come questa volontà, è essa stessa creata dalle condizioni materiali della vita della classe vostra.

Il concetto interessato che vi fa vedere nei vostri rapporti di produzione e di proprietà non dei rapporti transitorii nel progresso della produzione, ma delle leggi eterne di natura e di ragione, questo concetto illusorio, voi lo divideste con tutte le classi un tempo regnanti, ed oggi scomparse. Ciò che concepite per la proprietà antica, ciò che intendete per la proprietà feudale, non comprendete per la proprietà borghese.

Abolire la famiglia! Sino i più radicali s'indignano a questa esecrabile intenzione dei comunisti.

Quale è la base della famiglia borghese dell'epoca nostra? Il capitale e il guadagno individuale. La famiglia non esiste allo stato completo che per la borghesia, ma essa si completa nella prostituzione pubblica, e nella soppressione delle relazioni di famiglia per il proletario.

La famiglia del borghese sparisce naturalmente colla scomparsa del suo completamento necessario, e l'uno e l'altro scompaiono coll'abolizione del capitale.

Ci rimproverate di volere abolire la educazione dei fanciulli fatta dai loro parenti? Confessiamo il delitto.

Voi pretendete che sostituendo l'educazione sociale all'educazione domestica si spezzano i vincoli più cari.

La vostra educazione non è forse essa pure determinata dalla società, dalle condizioni sociali, nelle quali voi allevate i vostri fanciulli, dall'intervento diretto od indiretto della società coll'aiuto delle scuole, ecc.? I comunisti non inventano l'influenza della società sull'educazione, essi ne cambiano soltanto il carattere e strappano l'educazione all'influenza della classe dominante.

Le declamazioni borghesi sulla famiglia e l'educazione, sui teneri legami che uniscono i fanciulli ai genitori, divengono tanto più strazianti, giacché a causa della grande industria tutte le relazioni famigliari sono per i proletarii sempre più distrutte, e che i fanciulli sono ognora più trasformati in semplici oggetti di commercio, in semplici istrumenti di lavoro.

Ma dalla borghesia intera si eleva un clamore: voi altri comunisti, essa grida, volete introdurre la comunanza delle donne!

Per il borghese, sua moglie non è che un istrumento di produzione.

Esso intende dire che gl'istrumenti di produzione verranno messi in comune e concludono naturalmente che vi sarà comunanza di donne.

Esso non comprende che si tratta precisamente di dare alla donna un'altra parte, che quella di semplice istrumento di produzione.

Del resto, niente di più comico che l'orrore ultramorale che ispira ai nostri borghesi la pretesa comunanza ufficiale delle donne presso i comunisti. I comunisti non hanno bisogno d'introdurre la comunanza delle donne. Essa ha quasi sempre esìstito.

I nostri borghesi non contenti di avere a loro disposizione le mogli e le figlie dei loro proletarii, senza parlare della prostituzione ufficiale, trovano il piacere singolare... d'incoronarsi tra loro.

Il matrimonio borghese è in realtà, la comunanza delle donne maritate. Tutt'al più, potrebbero accusare i comunisti di volere mettere al posto di una comunanza di donne ipocrita e dissimulata, un'altra che sarebbe franca ed ufficiale. Del resto è evidente che, coll'abolizione dei rapporti di produzione attuali, la comunanza delle donne che ne deriva, cioè la prostituzione ufficiale e non ufficiale, scomparirà.

Si accusano i comunisti di volere abolire la patria, la nazionalità.

Gli operai non hanno patria. Non si può levar loro quello che non hanno. Siccome il proletariato d'ogni paese deve, in primo luogo, costituirsi in classe nazionale nel proprio paese, nei suoi proprii limiti nazionali, per questo fatto egli è nazionale, non però nel senso borghese.

Le demarcazioni e gli antagonismi nazionali dei popoli spariscono di già, ognora più, con lo sviluppo della borghesia, con la libertà del commercio ed il mercato mondiale; coll'uniformità della produzione industriale e le maniere di vivere, che ne risultano. L'avvenimento del proletariato li farà scomparire più presto ancora. L'azione comune dei differenti proletariati, almeno nei paesi inciviliti, è una delle prime condizioni della loro emancipazione.

Ma, diranno, siamo intesi che le idee religiose, morali, filosofiche, politiche e giuridiche si modificano nel corso dello sviluppo storico. La religione, la morale, la filosofia, la politica, il diritto, si mantennero a traverso queste perpetue trasformazioni.

Ma hannovi varie verità eterne, come la libertà, la giustizia, ecc. che sono comuni a tutte le condizioni sociali. Ora il comunismo abolisce le verità eterne ed in ciò esso è in contraddizione con tutto lo sviluppo storico antecedente. A che si riduce questa obiezione? La storia di tutte le società passate si muta; in mezzo agli antagonismi di classe, che rivestirono delle forme differenti in differenti epoche.

Il proletariato si servirà della sua supremazia politica per strappare gradualmente il capitale alla borghesia, per accentrare tutti gl'istrumenti di produzione nelle mani dello stato, cioè del proletariato organato in classe dominante, e per aumentare il più presto possibile la massa delle forze produttrici disponibile.

E questo naturalmente non potrà essere effettuato, da principio, che per mezzo di un'azione dispotica verso i diritti di proprietà ed i rapporti di produzione borghese, cioè prendendo delle misure, che dal punto di vista economico, sembreranno insufficienti ed insostenibili, ma che sono indispensabili come mezzo di rivoluzionare l'intero sistema di produzione. Queste misure varieranno senza dubbio a seconda dei differenti paesi.

Per i paesi più avanzati, le misure seguenti potranno generalmente essere applicabili.

1. Espropriazione della proprietà fondiaria e confisca della rendita a profitto dello Stato.

2. Imposta fortemente progressiva.

3. Abolizione dell'eredità.

4. Confisca della proprietà di tutti gli emigranti e di tutti i ribelli.

5. Accentramento del credito nelle mani dello Stato, per mezzo di una banca nazionale col monopolio esclusivo.

6. Accentramento nelle mani dello Stato di tutti i mezzi di trasporto.

7. Aumento delle manifatture nazionali e degl'istrumenti di produzione nelle mani dello Stato, e dissodamento dei terreni incolti e miglioramento delle terre coltivate secondo il sistema generale.

8. Lavoro obbligatorio per tutti, organamento d'armate industriali, particolarmente per l'agricoltura.

9. Combinazione del lavoro agricolo e industriale, misure tendenti alla fusione graduale della città e della campagna.

10. Educazione pubblica e gratuita di tutti i fanciulli, abolizione del lavoro dei fanciulli nelle fabbriche qual'è praticato oggi. Combinazione dell'educazione con la produzione materiale, ecc. ecc.

Gli antagonismi di classe una volta scomparsi nel corso dello sviluppo, tutta la produzione concentrata nelle mani degli individui associati, il potere pubblico perde il suo carattere politico.

Il potere politico è l'organamento del potere di una classe per l'oppressione di un'altra. Se il proletariato, nella sua lotta contro la borghesia, si costituisce forzatamente in classe, se egli si erige con una rivoluzione in classe dominante e, come classe dominante distrugge violentemente i vecchi rapporti di produzione, egli distrugge, nello stesso tempo che questi rapporti di produzione, le condizioni di esistenza dell'antagonismo di classe, egli distrugge le classi in generale, e quindi la sua stessa dominazione come classe.

Al posto della vecchia società borghese, con le sue classi ed i suoi antagonismi di classe, sorge un'associazione dove il libero sviluppo di ciascuno è la condizione del libero sviluppo di tutti

III. Letteratura socialista e comunista

Dalla loro posizione storica, le aristocrazie francese ed inglese, furono chiamate a lanciare dei libelli contro la società borghese. Nella rivoluzione francese del 1830, nel movimento riformista inglese, esse soccombettero una volta di più sotto i colpi del sopravvenuto aborrito.

Per esse non poteva più ormai essere questione di una lotta politica seria, non rimaneva più che la lotta letteraria. Ma nel dominio letterario, la vecchia fraseologia della restaurazione era divenuta impossibile. Per crearsi delle simpatie bisognava che l'aristocrazia facesse finta di perdere di vista i suoi propri interessi, e che redigesse il suo atto d'accusa contro la borghesia nel solo interesse della classe operaia sfruttata. Essa si procurava in tal modo la soddisfazione di potere aggravare di beffe e d'ingiurie i suoi nuovi padroni, e di canticchiare ai loro orecchi delle profezie di grandi sventure.

È così che nacque il socialismo feudale, mescolanza di lamentazioni e pasquinate, di echi del passato e vagiti dell'avvenire. Se talvolta la sua critica mordente e spirituale toccava al cuore la borghesia, la sua impotenza assoluta a comprendere il cammino della storia finiva sempre col renderla ridicola.

È sulla Germania sopratutto, che i comunisti dirigono la loro attenzione, perché la Germania si trova alla vigilia di una rivoluzione borghese, e perché essa effettuerà questa rivoluzione nelle condizioni più avanzate della civiltà europea, e con un proletariato infinitamente più sviluppato di quello che possedevano l'Inghilterra e la Francia nel XVII e XVIII secolo, e per conseguenza la rivoluzione borghese tedesca non potrà essere che il breve preludio d'una rivoluzione proletaria.

Insomma, i comunisti appoggiano dappertutto qualunque movimento rivoluzionario contro lo stato di cose sociali e politiche esistenti.

In tutti questi movimenti essi mettono innanzi la questione della proprietà, quale che sia la forma più o meno sviluppata ch'essa abbia rivestita, come la questione fondamentale del movimento.

Infine, i comunisti lavorano per l'unione e per l'accordo dei partiti popolari di tutti i paesi.

I comunisti non si abbassano a dissimulare le loro opinioni ed i loro fini. Essi proclamano altamente che questi fini non potranno essere raggiunti senza il rovesciamento violento d'ogni ordine di cose attuale.

Che le classi dominanti tremino pure all'idea d'una rivoluzione comunista. I proletarii non hanno nulla a perdere, all'infuori delle loro catene: essi hanno un mondo da guadagnare.

Proletari di tutti i paesi unitevi!

ALLEGATO 4
LA POLEMICA DEGLI SCETTICI
LOANESI NEL 1858

1.   GLI SCETTICI LOANESI E UN PREDICATORE "PER CULTURA DISTINTISSIMO"

Nel 1858 i fabbricanti della Parrocchia chiamarono a predicare il quaresimale il loro concittadino Padre Angelo, al secolo Antonio Nicola Andrea Lavagna, nell'ordine dei Cappuccini *"per cultura distintissimo"*.

E così avvenne che il cenobita, accennando in una delle sue prediche all'esistenza in Loano d'individui professanti il Scetticismo, dopo averli bistrattati dal pulpito li invitò a discutere con lui di religione, convinto di rimetterli sulla retta via.

Gli scettici Loanesi (erano l'avvocato Alessandro Mazza e il suo amico Pietro Marchesani) raccolsero la provocazione *"smaniosi di rivolgersi al paese profondamente versati nelle dottrine del Razionalismo (com'era di moda) e capaci di esprimere in bene arrotondati periodi le proprie idee, poco causando di amareggiare il povero frate, indirizzandogli la seguente lettera"*.

Le lettere sotto riportate sono trascritte così com'erano, dopo avere corretto soltanto qualche imperfezione. E abbiamo pensato di farle conoscere perché Loano, nei secoli, ebbe solo l'avventura dei Rocca a squassare le abitudini di vita locali, dei conservatorismi di marinai, pescatori e agricoltori incapaci neppure a immaginare che sia possibile un'attività imprenditiva come quella che i Rocca misero in cambio.

E questo scambio di lettere tra gli scettici loanesi e un padre cappuccino *"per cultura distintissimo"* dimostra che già a metà Ottocento, a Loano, c'era qualcuno che cercava di ragionare.

LA PRIMA LETTERA DEGLI SCETTICI LOANESI

All'Ill.mo Padre Angelo da Loano
Loano, Aprile 1858
Reverendo Padre,
Benché da gran tempo sbandati dal devoto gregge che accorre quotidianamente al pascolo della vostra parola, pur nondimeno ci tenemmo sempre al corrente delle vostre quaresimali omelie, disposti a rimetterci sul retto sentiero qualora riusciste a trasfonderci quelle religiose convinzioni di cui andate superbo, e ci sorprese non poco il sentirci fatti bersaglio delle vostre cattoliche invettive, proprio nel bel calare del sipario, mentre la nostra conversione era ancora in spe.

Amando quindi offrirvi occasione di supplica al difetto verificatosi nelle vostre concioni e raccolto quel guanto che dall'alto del pergamo ci gettaste sul viso, ci determiniamo a segnalarvi per lettera i principali scogli contro cui fece miseramente naufragio la navicella delle vostre infantili credenze. Chissà che voi non riusciate a rimetterla a galla quella povera navicella, e guidarla a sicuro porto! Provatevi.

Premettiamo un avvertimento necessario ad evitare tempo; come v'accorgerete dalla natura dei nostri dubbi, noi siamo al vero stato di scetticismo, quindi con noi lasciate da banda quel tono declamatorio che a giudicare dalle vostre parolone ci pare vi sia ben comodo. Ragionate, sillogizzate e se con l'arma della ragione e dei sillogismi (l'unica arma ch'abbia forza con noi) giungerete a persuadere, ci dichiariamo pronti fin d'ora ad indossare quell'abito monacale che voi v'impegnaste a gettare quando giungessimo a confondervi. Cominciamo dal principio.

1. *Noi non vediamo necessità né fisica né morale di una religione positiva. Sareste così buono da spendere due parole per dimostrarcela?*

2. *Vorreste provarci la possibilità, la necessità di una rivelazione soprannaturale per esempio della Cattolica?*

3. *E il mito della creazione mosaica, come lo conciliate voi cogli ultimi risultati delle scienze naturali?*

4. *Favoriteci un'apodittica (non metafisica) dimostrazione di quella formula algebrica 1=3 e 3=1. Ci capite eh?*

5. *E finalmente che vi pare di una doppia natura, la divina e la umana riunite in un solo individuo? Spinoza direbbe che ciò equivale a un quadrato rotondo o a un circolo quadrato. E voi?*

Per ora ci limitiamo a chiedervi soluzione di questi pochi dubbi, lasciatici dall'esame della vostra religione. Sciolti che li avrete, sottoporremo alla vostra perspicacia anatomico-spirituale l'anima nostra in tutta la sua nudità, acciò possiate con accurata analisi scoprirne i menomi nei (e che nei!!!) e prescriverci quel metodo curativo che voi avete sperimentato migliore in simili casi.

Noi per ora tacciamo il nostro nome per riguardi che voi comprenderete. Indirizzate al Caffè d'Italia in Loano le vostre risposte che noi terremo segrete o faremo di pubblica ragione a seconda dei vostri desideri. Noi poi dirigeremo a voi quelle riflessioni che ci verranno suggerite dalla vostra replica.

Amore di verità e di discussione, non puerile baldanza, ci mosse ad indirizzarvi queste poche questioni. Speriamo che eguale amore di verità e di proselitismo vi

determinino a non strapparle. Sarebbe cosa troppo ridicolo dopo la famosa sfida.
Accettate gli ossequi degli Scettici Loanesi.

2. LA RISPOSTA DI PADRE ANGELO AGLI SCETTICI

A Scettici Loanesi nel Caffè d'Italia.
Il sottoscritto non avrebbe mai ardito opporre tale indirizzo a questa Sua risposta,
quando gli stessi che gli mandarono la lettera non gli fosse stato indicato che il sup-
porre tampoco nella sua Patria l'esistenza di Scettici in tanto progresso e dietro tante
scientifiche scoperte è proprio una stranezza se non anche vergogna.
E voi stessi Signori Scettici, che affermate noi siamo allo stato di vero scetticismo,
mostrate evidentemente di essere in una vergognosa contraddizione mentre affermate
una cosa certa quando come scettici quali vi piccate dovreste dubitare e dei vostri
dubbi e della vostra esistenza e d'ogni cosa.
E tutta volta voi scrivete al P. Predicatore quindi con noi lasciate da banda quel
tono declamatorio… ragionate, sillogizzate. E che? Siete voi Signori Scettici così
digiuni di retorica da non conoscere che l'argomento oratorio è un ragionare quanto
lo è il gretto sillogismo, che mal s'addice al pergamo ed è più persuasivo altresì? Non
ragionavano dai rostri loro i Demosteni eccitando la Repubblica a provvedere a se
stessa e i Ciceroni contro di Verre concussore e profanatore?
Ma se amate i sillogismi (unica arma che abbia presa con noi) perché non obbiet-
tate nella vostra schicchierata un argomento in forma da sciogliersi e confutarsi con
vera dialettica? E non cacciar là a casaccio staccati e rancidi dubbi, tolti forse ad
imprestito da certi sozzi fogli quali sono la Gazzettina, la Ragione e l'Unione del
famoso Giovini che seppe rubare da libri cattolici le obiezioni lasciandovi le analoghe
risposte?
Per rispondere adeguatamente a siffatti dubbi nonché il breve spazio di un foglio non
appena basterebbero interi volumi. Ed io che per il mio ufficio non che di Predicatore
ma di Lettere altresì, qual fui per dieci anni, sono avvezzo a svolgerli e a spiegarli
ancora non nei Caffè ma dalla Cattedra, mi fanno proprio queste vostre mendicate
obiezioni di ammuffita anticaglia, che non portano la spesa di ribadirvi sopra, essen-
done ormai delle complete loro risposte ridondanti le opere tutte di Cattolici autori.
E ad infranellare in qualche modo la povera navicella, come vi dolete, delle vostre
infantili credenze da questi scogli (che sporgono assai per un oculato uomo) in cui
fece miseramente naufragio, da pargoleggianti quali siete, afferratevi tosto, ch'io ve lo
accenno alle sole opere, giacché mostrate di ignorarle affatto. "Dei fondamenti della
Religione e delle Fonti dell'Empietà" del Vasecchi - "La Religione Naturale" del
Massari - "Les Pensées" di Pascal - "La Connaissance de Dieu e de Soi Meme"
del Bosset - La teoria del Soprannaturale" del Gioberti.
Nulladimeno onde trasfondervi, se mi venisse fatto, quelle religiose convinzioni di cui vado
superbo giacché voi dite pure, saremmo disposti a rimettervi sul retto sentiero qualora foste
a ciò pervenuti, mentre la vostra conversione era ancora in spe e non già per supplire, come
malamente soggiungete, al difetto verificatosi nelle vostre concioni, avendo io a giudizio non

degli Scettici ma dei più saggi di Loano, usato più di filosofia nelle mie Prediche che non ne comportasse l'intelligenza del Paese, nulladimeno, dicevo, io verrò direttamente al primo dei vostri dubbi, dalla soluzione del quale dileguano i seguenti tutti.

Ma prima di entrare in questione è d'uopo conveniate meco di lasciare, almeno per ora, di essere più scettici. I quali non sono certi né di sentire né di conoscere. Mi assicurate voi dunque di avere bastanti orecchie per udire e capace intelligenza a comprendere le mie ragioni? Siete dunque ben certi d'essere uomini che pensano e ragionano?

Ora io metto mano a sillogismi, giacché quest'arma sola può ferire al vostra scettica tempra per dimostrarvi ciò che voi non vedete.

Dubbio 1mo la necessità né fisica né morale di una religione positiva.

E per fare più presto io m'appiglio ai tronchi sillogismi quali sono le Eutimene e le Sorti. Seguitemi se vi dà l'animo.

Ogni uomo che ragiona sa di essere un ente contingente che potrà essere e non essere, dunque da altro ente dipende che egli esistesse. Quest'altro ente, che in sé contiene la ragione sufficiente della sua esistenza, non può essere un altro uomo, essendo tutti gli uomini contingenti ad un modo, dunque né in suo Padre, né in suo Avo, né in suo Bisavo, né nel Protoparente è da esserci questa ragione sufficiente di sua contingente esistenza, ma fuori della serie degli uomini. Ma fuori della serie degli enti tutti contingenti non v'ha che l'Ente necessario che è da sé ed esiste assolutamente; dunque da questo solo dipese che l'uomo esistesse. Ma quell'Ente necessario e Creatore di tutte le contingenze non può essere che Dio, dunque da Dio è l'uomo creato.

Ora se l'uomo è creato da Dio, dunque deve professare la sua dipendenza da Lui e riconoscere il suo supremo dominio sulle creature tutte, dunque deve professare questa sua grata dipendenza e quanto all'anima e quanto al corpo, dunque deve esservi un culto interno ed esterno, dunque deve essere stata una Religione e fin dall'esistenza dell'uomo.

Ma questa grata ed ossequiosa professione di dipendenza, quest'interna ed esterna attestazione di culto, questa naturale Religione dell'uomo verso Dio, in qual modo gradita potea l'uomo porgerla se Dio stesso non la rivelava? Dunque era di fisica necessità che Dio rivelasse questa religione.

Dunque è di fisica necessità che vi sia una Religione positiva. Altronde l'uomo questo per la sua inclinazione al male, dovendo per istinto di natura adorare una divinità, idolatrava invece le sue passioni, siccome può rilevarsi dalle antiche storie.

Dunque era altresì di morale necessità, ad onta di tutta la perfettibilità dell'uomo, che vi avesse una Religione rivelata e propositiva.

Ora un poco di extra formam, non già che il tuono declamatorio, secondo vi pare, mi sia molto comodo, che comodi mi sono ancora con voi i sillogismi come potete vedere, ma perché, se non lo sapete, è metodo di ogni scolastica disputazione, dopo gli argomenti in forma, ragionare alquanto disertando, donde sfumeranno gli altri vostri dubbi.

La rivelazione divina tanto dell'antico che del nuovo Testamento è un fatto, e chi lo ignorasse, dice il Gioberti, mostrerebbe d'ignorare l'antica storia egualmente che la moderna, anzi senza di questo elemento divino neppure la filosofia si potrebbe formare e comprendere dalla storia, apparendo allora il più grande ed incomprensibile dei miracoli che il mondo si sia ad un tratto cambiato di credenza senza miracoli.

E sentite a proposito Signori Scettici se ancora lo foste, un altro squarcio di quell'e-

loquente e profondo scrittore dell'età nostra, che ritengo ancora a memoria contro gli errori di De Lamennais e se ben il comprenderete vi farà prestare ragionevole credenza ai rivelati misteri che non potrete giammai comprendere: "La soprannaturale rivelazione, dice egli, supplisce al difetto naturale della nostra percezione, svelandone per la esteriore parola il positivo, il concreto, il particolare dell'ignoto ideale della divina essenza, che nei limiti della natura manca affatto di quei tre elementi e proprietà. Di che l'incredulo, che rigetta i misteri rivelati egualmente che il Deista il quale si ricusa di credere alla divina rivelazione, si contraddicono apertamente, perché volendo evitare il mistero più l'aumentano volendo ampliare la loro scienza non fanno che accrescere la loro ignoranza e la scienza rivelata, alla quale eglino da orgogliosi rinunciano, è le più desiderabile necessaria per la loro propria felicità".

Dalla quale autorevole e ragionata prova svanisce d'un tratto l'altro vostro dubbio sulla possibilità e necessità della soprannaturale rivelazione.

Quanto al fatto e non mito della Creazione, io vi rimetto all'opera dello stesso Protestante De Lue, presso il Dizionario Teologico del Bergier per saperlo conciliare voi con gli ultimi risultati delle scienze naturali. Ma poiché quest'opera riuscirebbe troppo indigesta a chi è abituato nei caffè alla passeggera lettura delle piacevoli effemeridi, io vi rimanderei piuttosto a leggere l'operetta di piccolo formato e mode del Bonald "Mosè e i Teologi Moderni". E senza perdervi dietro le insussistenti ipotesi, se pur le conoscete dei moderni geologi di una terra fluida o cadente che si rassoda e forma nei suoi strati e terreni per via di deposizione o di precipitazione e ciò in diverse epoche di tempo immaginate dai Newtoniani o Pironici quasi che l'Onnipotente, che dal nulla trasse la materia in un istante, avesse poi bisogno, come un misero chimico, di tempo e di calore per comporre e disporre e metterne le differenti parti secondo la specifica gravità al luogo loro, senza prendervi, dicevo in queste incerte e malformate congetture, voi vedrete Mosè; non da filosofo che congettura, ma da uomo ispirato che vede e detta le cose come Dio le fa e dispone, mostrarvi l'Onnipotente che trae per sua parola in un colpo d'occhio e come d'un sol getto, dal nulla il Cielo e la Terra e le sparse acque con una parola congregar nel mare e la vuota terra con un comando germogliare tanti vegetabili diversi e dice infine "Sia la luce e la luce fu".

Del resto se voi, come scrivete da gran tempo sbandati dal devoto gregge che accorre quotidianamente al pascolo della vostra parola, vi foste nullameno tenuti, come asserite, al corrente delle mie quaresimali prediche e non omelie, sapreste come in più prediche da me fatte sull'eccellenza della Cattolica Religione, fra tutte le sette dell'Universo e sulle cagioni ignominiose dell'odio che portano i libertini alla Religione Cattolica, io dimostrassi l'irragionevolezza di mente in coloro che in fatto di misteri vogliono tutto comprendere senza credere.

E quindi come fosse già sciolto il vostro quarto e quinto dubbio dall'aver io dimostrato in quella predica dell'odio irragionevole dei Misteri, assurdità e contraddizione lo ammettere più Dei, dei quali un l'altro esclude per l'essenziale affinità di natura, non già il rivelato mistero di tre divine persone distinte sì nella propria incomunicabile religione di Genitore, di Generato e di Spirito Amore ma preesistenti tutte in una sola natura e sostanza divina e perciò Dio Uno in natura e Trino in persona. È una ridicola spiritosità il dire "favoriteci una matematica non metafisica dimostrazione di quella forma algebrica e non algebrica 1=3 e 3=1", ci capite eh??

Ma se capiste voi un po' di filosofia almeno sapreste che ogni scienza è da dedursi da suoi principali ed è appunto la metafisica nell'antologia e non la matematica che vi dia la precise definizioni e distinzioni di sussistenza e sostanza, di natura e persona. Né voi con la millantata vostra matematica sapreste dimostrarmi l'esistenza attuale di Pechino e di Lima né la passata di Licurgo e di Demostene in Grecia, di Cesare e Cicerone in Roma. Eppure chi la negasse per non averla mai veduta sarebbe un insolente ignorante della Geografia e della Storia contro il comune criterio della morale verità.

Vi dimostrerò parimenti che assurdità e contraddizione sarebbe ammettere l'unione sostanziale di due persone delle quali una dall'altra dipendesse così se non esser più nessun principio e ragione di sue azioni, siccome richiede la individuale personalità; non già il proposto mistero dell'unione ipotetica in Gesù Cristo di due nature divina ed umana da una sola persona divinamente governata e perciò Dio e uomo.

Spinoza direbbe, dite voi qui, che ciò equivale a un quadrato rotondo o a un circolo quadrato. Ma se voi conosceste alquanto il sistema di quello strano filosofo, come egli ammettesse una assurdità incarnazione di Dio nel mondo in una sola sostanza, il mostruoso Panteismo sicché sia Dio stesso che si ubriaca in un uomo e fornica nell'altro, ruba in questo e poi si uccide in quello, certo che non vi farebbe tanta uggia, se bene ammissibile sia l'incarnazione del figlio di Dio.

Vi dimostrai infine assurdità e contraddizione l'essere e non essere ad un tempo una cosa stessa, l'essere pane e insieme vino corpo: giusto il filosofico assioma "non potest idem simil esse et non esse". Ma già il miracoloso cambiamento di una sostanza in un'altra, la transustanziazione vive del pane nel corpo di Cristo, sotto gli accidenti ancor sensibili. Mistero Santo di fede l'Eucaristia come gli aspetti superiori ma non ripugnanti all'umana Ragione e perciò la superbia irragionevole e vaneggiante il pretendere di comprenderli e più irragionevole ed empia il rifiutarsi di crederli. Così una sana mente che da savia pensi e discorra.

E condivideva a ragione soleva dire un gran filosofo Cristiano ed oggigiorno più che mai s'avvera, che una filosofia meschina non forma che degli increduli libertini; ma la filosofia ragionata e concludente conduce infallibilmente alla religione. Mi ricordo però d'aver soggiunto, passando al secondo punto di quella predica, che i misteri di cui s'infingono i libertini di combattere non sono i veri loro nemici né vorrebbero tampoco che fossero tolti di mezzo, perché vi perderebbero le loro armi favorite e il ruolo specioso di cui si ricoprono. Sono ipocriti di una nuova specie i quali cercano di deluderci intorno alle loro vere intenzioni e per conservarsi tuttavia il rispetto del pubblico, divertono scaltramente l'intenzione sua ad un oggetto straniero, perché non regga egli ciò che lo preme di tenergli occulto e celato. I dogma insomma da Cristo insegnati odiano costoro in loro cuore, l'odiano e non vorrebbero che fossero. E perché? Perché lo dimostrava in secondo luogo, perché corrotti in loro cuore vogliono vivere senza timore.

In ultima risposta io respingo recisamente quella vostra bravata, la falsa e impudente asserzione "Se voi giungerete a persuaderci ci dichiariamo pronti fin d'ora ad indossare quell'abito monacale che voi v'impegnaste di gettare qualora giungessimo a confondervi". Io non ho mai prorotto in queste esagerazioni, né preteso di rendervi frati, né impegnatomi a lasciar di esserlo e molto meno ho mai temuto di venir confuso da voi, da voi che non sapete, come scettici, neppure di esistere e come uomini da caffè, se pur lo foste, capaci siete tampoco a comprendere quanto potrei io impegnarvi. Dissi "seppur lo foste" perché la vostra lettera mi sa più d'Oratorio che di caffè.

Ad ogni modo, quali che siate e di qualunque colore, perché non presentarvi a me, come vi ho invitati dal pulpito, non già a farvi bersaglio alle mie cattoliche invettive né a gettarvi dall'alto del pergamo il guanto sul viso, ampollose frasi da Paladini, ma dolente anzi all'anima, come mi espressi di sentirvi increduli tuttavia, e spargere ch'è più perverso massime tra i miei amati concittadini, con quella iattanza onde ingabbuzzate, siccome d'uomini saputi, io vi ho invitati a disputar meco, a difesa dei buoni fedeli in materia di Religione, sia in forma di logico argomento, sia a metodo d'accademica conferenza.

E dissi che vi avrei ricevuti su due piedi, a qualunque ora, ed accolti ancora urbanamente per farvi riconoscere il vostro inganno, sia che la incredulità vostra provenga da errore di intelletto per le cattive letture, o da corruzione di cuore come è assai probabile e infine da sregolatezza di costumi come è evidente. E qualora soggiunsi non mi venisse fatto di persuadervi, il che proviene spesso da pertinacia di volontà nel male, certo mi confidava e per lungo studio da me fatto e per nuovo lume che mi avrebbe dato il Signore di confutare e ribattere pienamente tutte le obiezioni vostre su due piedi, come ne rispondo e ridurvi finalmente ad un vergognoso silenzio, onde rispettiate se non altro i fedeli ed onorati cristiani.

Né in questo caso vi ha più luogo lo scrivere. Noi per ora tacciamo il nostro nome per riguardi che voi comprenderete. È appunto per codesti riguardi che ben compresi, ch'io ho promesso, invitandovi, che vi avrei accolti a qualunque ora ed urbanamente. Saprete, eh! che vuol dire urbanamente in cose di simile fatta? Studiate mai Logica? Vedete mai la socratica disputazione? È d'essa che insegna a rispettare l'avversario qual che sia, ad usare la gravità e il giudizio che la materia richiede. Né fare il grazioso male a proposito e lo spaccone in questioni serie, che non si deridono con frizzi né sogghigni.

Da ultimo mi impegnai appunto a questo urbano accoglimento, onde scoprire con accurata analisi senza però vantare quella perspicacia anatomico-spirituale che d'attribuirmi vi piccate scoprire e cancellare altresì nell'anima vostra i nei che non debbono essere certo tanto menomi se voi, da Scettici ancora, esclamate "Che nei!"

Ma tranquillizzatevi, che il metodo curativo, qual bramate chi io vi indichi come il migliore sperimentato, già lo tengo bello in pronto per applicarvelo, unicamente quando vi presenterete, ch'io non risponderò altrimenti.

E questo fu suggel ch'ogni nomasganni.

P. Angelo de Loano ex Difensore De Capri

Predicatore quaresimale

Dal convento nostro addì 13 aprile 1858.

P.S. Si dia pure a questo scritto la notorietà che meglio si crede.

3. LA REPLICA DEGLI SCETTICI A PADRE ANGELO

Reverendo

Loano 14 aprile 1858

Eccoci nuovamente ai vostri piedi, dilettissimo padre. Ci duole incominciare con muovervi lagnanza per il modo poco cortese con cui accoglieste le nostre parole le quali, e per la loro forza e per la loro sostanza, non vi autorizzavano certo a trascendere quelle regole che educazione ed urbanità prescrivono. Amiamo nullameno rispondervi perché le vostre contumelie non giunsero fino a noi e i vostri raziocini non ci hanno menomamente confusi. Non scenderemo però nella mota in cui vi piace avvoltolarvi: ci siete? Stateci. Noi intanto spazieremo nella ragione più pura e, lasciati da banda i vituperi, vi seguiremo nel campo dei sillogismi.

Voi esordite con stupirvi come in tanto progresso e dopo tante scientifiche scoperte possano esistere scettici nella patria nostra e non vi peritate di tacciarci di vergognosa contraddizione perché, affermando di essere scettici, affermiamo cosa certa, quando come tali dovremmo dubitare dei nostri dubbi, dell'esistenza e di ogni cosa. Permettete che a nostra volta ci meravigliamo come voi, dopo dieci anni di Lettura, vi mostriate così nuovo nelle discipline filosofiche da non sapere che sia Scetticismo. Scettico nel senso volgare, o meglio nel vostro, sarebbe bene colui che dubitasse propriamente di tutto e non credesse a nulla, ma questo stato dell'animo noi stimiamo non sia possibile che in un mentecatto. E che! Ci credevate dunque tali? O fingete di crederlo per confutarci a vostro bell'agio? Sarebbe ben comodo! Ma per vostra sventura vi ha in filosofia un'altra specie di scetticismo, il solo vero, a cui non che vergognarci ci gloriamo di professare. Lo scettico in questo senso muove dal principio che la Ragione non può riconoscere per legittime altre credenze tranne quelle fondate sulle prove e non corre già a dedurne che non si dia qualche credenza d'ordine diverso, ma solo ne conclude che ogni altra credenza è né può dirsi razionalmente legittima.

Del resto se desiderate più ampia nozione di questo sistema (che ignorare è vergognoso massime per un ex definitore) vi rimandiamo all'articolo "Scetticismo" della Enciclopedie Moderne cui dettava l'illustre Teodoro Juffroy.

Resti fermo dunque che il nostro scetticismo non consiste già in una sistematica indifferenza ed apatia per ogni dottrina, in un freddo disprezzo d'ogni credenza, ma che esso rigetta solo quella dottrina che non è certa, quella scienza che non è fondata, quel principio che non è vero, quella credenza che non è ragionamento. Vi sentireste lena e polso da rompere una lancia contro scettici di tal tempra?

Questo punto regolato, passiamo ad altro.

Noi avevamo negato la necessità di una religione positiva, ci aspettavamo che voi per farcela ammettere avreste tentato di mostrare la necessità di un principio o vincolo che unisca gli uomini fra loro e questo vincolo poi ripetuto dalla religione. Voi invece ci opponeste quella vieta argomentazione cosmologica per cui dall'esistenza di Enti contingenti si deduce l'esistenza di un Ente necessario, quindi la creazione dell'uomo per parte di quest'Ente, la grata ed ossequiosa dipendenza di quest'ultimo dal suo Creatore, donde ciò che voi chiamate Religione. E con siffatti arzigogoli pretendete voi di aver dimostrata la vostra tesi? Come vi bastò l'animo di dedurre il necessario dal contingente, l'assoluto dal relativo? Non avete scorto che fra l'uno e l'altro intercede tale un abisso che nessun sillogismo non potrà varcare giammai? Difatti perché fosse legittima la vostra illusione, bisognerebbe prima poter conoscere l'universo, coordinare e comprendere in contesto adeguato e definito tutte le serie dei fenomeni non solo reali ma possibili, cognizioni indispensabili per concludere se l'universo abbia o no in se stesso la ragione della sua esistenza. Ora conoscete voi questa immensa catena di effetti che divengono cause e di cause che appariscono effetti? A noi poveri scettici questa scienza giunge affatto ignota.

Questa vostra prima argomentazione distrutta, cadono per se stessi tutti i successivi vostri ragionamenti, che ne sono i corollari. Ridefinitela su basi più solide e poi vedremo.

Voi ci dite incapaci affatto a comprendere ciò che ci potreste insegnare e parlaste per certo parola vera, perché non giungemmo a comprendervi, là dove tentate di provare essere fisica necessità che Dio rivelasse un culto agli uomini. Ma se questa rivelazione era di fisica necessità, perché il vostro Dio, che voi pure dite padre di tutti gli uomini, non la manifestava a tutti i popoli, per esempio agli Indiani, Persiani, Egiziani, Greci ecc. E si limitò invece ad una rivelazione parziale a un popolo eletto? Come potevano quei poveri disperati trarre la vita difettando di una cosa che voi non temete asserire fisicamente necessaria alla vita medesima?

All'autorità di Gioberti che voi qui adducete a sostegno della divina rivelazione noi contrapponiamo lo stesso Gioberti. Procuratevi la sua Riforma Cattolica e vi avvedrete di leggervi come egli medesimo rinneghi le dottrine della Teorica e del Sovrannaturale per la quale coi ancora combattete.

Quanto al mito e non fatto della creazione mosaica, ci duole dirvi che anche dopo la vostra epistola ci troviamo allo statu quo. Che cosa avete provato infatti? Come avete dimostrato insussistenti e vane le teorie dei geologi moderni? Forse col farci assistere ai bei sogni che gettava sulle carte l'allucinato del Sinai? È cosa veramente comica vedere un padre Predicatore mettere in dileggio le profonde, dotte e ragionate ipotesi di un Laplace e di un Humboldt e di altri sommi! Pro predar!! Accettate un avviso, buon Padre: se mai vi saltasse il ticchio di parodiare o giungere a quei grandi, vi sovvenga l'apologo del bue e della rana.

Inconcussi ancora e più saldi ci rimangono poi gli altri dubbi nonostante i brani di prediche che ci avete regalati, giacché in essi dite di aver provato ma non provate, ne vale opporci che ciò avete fatto nelle vostre prediche, perché non vi assistemmo e non ci furono riferite principalmente nella loro parte filosofica perché, come asserite, avendo voi usato più di filosofia che non ne comportasse l'intelligenza degli uditori (che bel profitto ne avranno tratto le vostre pecore) era naturale che chi non comprendeva non potesse riferire.

Non possiamo intanto astenerci dal contrapporre alle vostre pretese dimostrazioni della divinità alcuni di quegli argomenti che la nostra logica pargoleggiante ci suggerisce. E invero siccome è inseparabile la persona dalla natura intellettiva e volitiva e viceversa tante sono però le nature o sostanze individuali quanto le persone e quindi o ammettete tre persone divine e avremo tre Dei, o ponete una sola sostanza divina e allora avremo una sola persona di Dio.

E il motto dello Spinoza sull'incarnazione, come lo avete voi ribattuto? Ben stranamente per vero parodiando cioè il sistema di questo stesso filosofo, quasi che noi lo avessimo fatto nostro. Continuiamo quindi a rigettare questo fatto che più studiamo e meno comprendiamo ed opiniamo che sia stato eretto in dogma da voi teologi perché sufficientemente assurdo.

Ci mostra fermi in questa opinione il detto di Tertulliano: Credo quia absurdum.

Dopo tutto ciò comprenderete benissimo come la navicella delle nostre infantili illusioni, nonché essere tornata a galla, s'affondò talmente mercé vostra da farci disperare di una sua salvezza e quel che è peggio si dileguò come un lampo quella grata speranza che nutrivamo di poter indossare la ruvida veste del zoccolante, che deve pur essere una buona cosa se voi la tenete tanto cara.

Prima di terminare non possiamo tacervi la nostra sorpresa nel sentirci cristianamente tacciati di probabile connessione di cuore e di evidente sregolatezza di costumi. E che credete voi, che la moralità sia un privilegio di chi ha fede nelle corna dei demoni e nelle chitarre degli angeli? Certo la nostra moralità non consiste nel biascicare giaculatorie o rompersi il petto coi pugni, non è moneta da chiostri la nostra. Noi senza ipocrisia professiamo quella legge del dovere che è per la coscienza un imperativo assoluto, che la si impone da se stessa e non già per sua propria natura, come condizione generale della sua vita intellettiva ed affettiva, come anteriore e superiore ad ogni ipotesi di premio o di pena in questo mondo o in un altro. Quella morale non è la vostra, ben lo sappiamo, se dobbiamo prestar fede alla cronaca. Possiamo affermarvi in ultimo che le nostre convinzioni non sono attinte a sozze effemeridi (che non siamo noi leggere né Cattolico né Armonia) ma bensì da scrittori che formano la più bella gloria del secolo. Scopritevi dinanzi a un Renouvier, Erdon, Leroux, Proudhon, Lemaire, Franchi, Ferrari, Innerbach.

Del resto v'ingannate a partito se ci credete disposti a presentarvi a voi per sentirci applicato quel metodo curativo che dite di tenere già bello e pronto. L'urbanità di cui deste prova ce ne distoglie.

Credete voi che per lettera si possa argomentare logicamente? Se sì, perché non rispondete, mentre noi non siamo disposti a ricevere l'applicazione immediata del vostro metodo?

Finché non adirete a migliori argomenti continueremo a sottoscriverci.
Gli Scettici Loanesi

Con la replica degli Scettici ebbe fine la polemica di cui erano informati tutti i Loanesi, avendo fornito per parecchi giorni materia alla tumultuose conversazioni dei caffè. Perfino le donnicciole sapevano che i framassoni si erano accapigliati col Padre Angelo e in famiglia, in campagna, al fossato ne facevano argomento dei loro discorsi. I parenti poi di quest'ultimo conobbero di leggere chi fossero i Signori Scettici che gonfi di superbia avevano cristianamente amareggiato l'animo del povero Cappuccino perché costoro sebbene gli scrivessero 'Noi facciamo il nostro nome per riguardi che voi comprenderete' erano pienamente convinti che nessuno in paese ignorava chi fossero gli appassionati propugnatori di Ausonio Franchi e se da qualcuno che pareva dubitarne vennero interrogati, bel bello fingendo modestia si confessavano autori delle epistole dirette al Padre Angelo non tralasciando di mettere in rilievo l'amicizia che li legava al celebre filosofo di Pegli.

Fin qui il Chiozza, che non nascondeva le sue simpatie per il predicatore che faceva un po' di confusione fra agnostici, scettici, superbi e framassoni e che aveva scritto Antonio Franchi anziché Ausonio (al secolo Cristoforo Bonavino) che viveva a Genova, che era stato ordinato sacerdote nel 1840, era stato sospeso nel 1849 per le sue idee e per i suoi scritti, che era stato un acceso sostenitore della repubblica genovese nel 1848 ed era stato in cntatto con Mazzini, Ferrari, Pisacane, Macchi, La Farina, Orsini e Crispi.

La polemica si esaurì senza conseguenze. E i loanesi continuarono ad essere conservatori.

Lo Scettico Loanese Alessandro Mazzq con la moglie Clara Vaccaro in viaggio di nozze a Parigi nel settemnbre 1864

ALLEGATO N°5
LA STORIA DI IPAZIA

Oreste era un cristiano importante che, prima di assumere il suo livello di massimo magistrato ad Alessandria d'Egitto, si fece battezzare a Costantinopoli dal patriarca Attico.

Tuttavia, durante il suo incarico come magistrato, attestato nel 415, si scontrò con il vescovo di Alessandria, Cirillo. Tanto che in un'occasione, Oreste fece punire pubblicamente a teatro il grammaticus Ierace, uno dei più accesi sostenitori di Cirillo.[2] Quando Cirillo fece espellere tutti gli ebrei da Alessandria, Oreste si rivolse all'imperatore e rigettò i tentativi di conciliazione del vescovo alessandrino.

Oreste fu in buoni rapporti con Ipazia, filosofa neoplatonica e astronoma, esponente di spicco della cultura pagana alessandrina. La morte di Ipazia (marzo 415) avvenne per mano di una folla inferocita di monaci, che la linciarono perché si sospettava che istigasse Oreste a non riconciliarsi con Cirillo.

L'ATTACCO

Tuttavia, alla morte di Teofilo, nel 412 Cirillo salì divenne vescovo di Alessandria e «si accinse a rendere l'episcopato ancora più simile a un principato di quanto non fosse stato al tempo di Teofilo»,[6] nel senso che con lui «da carica episcopale di Alessandria prese a dominare la cosa pubblica oltre il limite consentito all'ordine episcopale».[6] Così accadde che, tra il prefetto di Alessandria

Oreste che difendeva le proprie prerogative, e il vescovo Cirillo che intendeva assumersi poteri che non gli spettavano, nacque un conflitto politico, anche se «*Cirillo e i suoi sostenitori tentarono di occultare la vera natura delle sue pretese e di porre la questione nei termini di una lotta religiosa riproponendo lo spettro del conflitto tra paganesimo e cristianesimo*».

Nel 414, durante un'assemblea popolare, alcuni ebrei denunciarono al prefetto Oreste quale seminatore di discordie il maestro Ierace, un sostenitore del vescovo Cirillo, «*il più attivo nel suscitare gli applausi nelle adunanze in cui il vescovo insegnava*». Così Ierace fu arrestato e torturato, al che Cirillo reagì minacciando i capi della comunità ebraica, e gli ebrei reagirono a loro volta massacrando un certo numero di cristiani. La reazione di Cirillo fu durissima: l'intera comunità ebraica fu cacciata dalla città, i loro averi furono confiscati e le sinagoghe distrutte. A questi oybti «*Oreste, prefetto di Alessandria, s'indignò molto per l'accaduto e provò un gran dolore perché una città tanto importante era stata completamente svuotata di esseri umani*», ma non poté prendere provvedimenti contro Cirillo, poiché per la costituzione del 4 febbraio 384 il clero veniva a essere soggetto al solo foro ecclesiastico.

Nel pieno del conflitto tra il prefetto e il vescovo, dai monti della Nitria intervennero a sostegno di Cirillo un gran numero di monaci, i cosiddetti parabolani. Formalmente erano infermieri, ma «*di fatto costituivano un vero e proprio corpo di polizia che i vescovi di Alessandria usavano per mantenere nelle città il loro ordine*». Costoro, «*usciti in numero di circa cinquecento dai monasteri e raggiunta la città, si appostarono per sorprendere il prefetto mentre passava sul carro. Accostatisi a lui, lo chiamavano sacrificatore ed elleno, e gli gridavano contro molti altri*

53. Ipazia secondo Raffaello

insulti. Egli allora, sospettando un'insidia da parte di Cirillo, proclamò di essere cristiano e di essere stato battezzato dal vescovo Attico. Ma i monaci non badavano a ciò che veniva detto e uno di loro, di nome Ammonio, colpì Oreste sulla testa con una pietra».

A questo punto accorsero cittadini di Alessandria, che dispersero i parabolani e catturarono Ammonio conducendolo da Oreste: *«il quale, rispondendo alla sua provocazione con un processo secondo le leggi, spinse a tal punto la tortura da farlo morire. Non molto tempo dopo rese noti questi fatti all'Imperatore».*

Ma Cirillo fece pervenire all'imperatore la versione opposta. Non si sa quale fosse la versione dei fatti approntata da Cirillo, ma la si può immaginare dal fatto che il vescovo fece collocare il cadavere di Ammonio in una chiesa e, cambiatogli il nome in Thaumasios — *«ammirevole»* — lo elevò al rango di martire, come se fosse morto per difendere la sua fede. *«Ma chi aveva senno, anche se cristiano, non approvò l'intrigo di Cirillo. Sapeva, infatti, che Ammonio era stato punito per la sua temerarietà e non era morto sotto le torture per costringerlo a negare Cristo».* Infatti, lo stesso Cirillo *«si adoperò per far dimenticare al più presto l'accaduto con il silenzio».*

LA MORTE DI IPAZIA

In questo clima maturò l'assassinio di Ipazia che - come racconta lo storico Socrate Scolastico - *«s'incontrava di frequente con Oreste, finché su di lei nacque per invidia una calunnia presso il popolo della chiesa, secondo la quale era proprio lei che impediva ad Oreste di riconciliarsi con il vescovo».*

Era il mese di marzo del 415, e correva la quaresima un gruppo di cristiani *«dall'animo surriscaldato, guidati da un lettore di nome Pietro, si misero d'accordo e si appostarono per sorprendere la donna mentre faceva ritorno a casa. Tiratala giù dal carro, la trascinarono fino alla chiesa che prendeva il nome da Cesario; qui, strappatale la veste, la uccisero usando dei cocci. Dopo che l'ebbero fatta a pezzi membro a membro, trasportati i brandelli del suo corpo nel cosiddetto Cinerone, cancellarono ogni traccia bruciandoli».* Questo procurò non poco biasimo a Cirillo e alla chiesa di Alessandria.

Il filosofo pagano Damascio si era recato ad Alessandria intorno al 485, quando ancora *«vivo e denso di affetto era il ricordo dell'antica maestra nella mente e nelle parole degli alessandrini».* Divenuto poi scolaro della scuola di Atene, cento anni dopo la morte di Ipazia scrisse la sua biografia. Nella quale sostenne la diretta responsabilità di Cirillo nell'omicidio, molto più esplicitamente di quanto non avesse fatto Socrate Scolastico perchè secondo lui il vescovo, vedendo il gran numero di persone che frequentava la casa di Ipazia, *«si era irritato così profondamente che tramò la sua uccisione, in modo che avvenisse il più presto possibile, un'uccisione che fu tra tutte la più empia».* Anche Damascio rievoca la brutalità dell'omicidio: *«una massa enorme di uomini brutali, veramente malvagi [...] uccise la filosofa [...] e mentre ancora respirava appena, le cavarono gli occhi».*

Dopo l'uccisione di Ipazia fu aperta un'inchiesta. A

Costantinopoli regnava di fatto Elia Pulcheria, sorella del minorenne Teodosio II (408-450), che era vicina alle posizioni del vescovo Cirillo d'Alessandria e come il vescovo fu dichiarata santa dalla Chiesa. Il caso fu archiviato, sostiene Damascio, a seguito dell'avvenuta corruzione di funzionari imperiali. E anche secondo Socrate Scolastico, la corte imperiale fu corresponsabile della morte di Ipazia, non essendo intervenuta, malgrado le sollecitazioni del prefetto Oreste, a porre fine ai disordini precedenti l'omicidio. Tesi condivisa da Giovanni Malalas, secondo il quale l'imperatore Teodosio «amava Cirillo, il vescovo di Alessandria. Fu così che gli alessandrini, col permesso del vescovo (Cirillo) di fare da sé, bruciarono Ipazia, da tutti considerata una grande filosofa insigne».

Lo scrittore cristiano Giovanni di Nikiu scrisse che Ipazia aveva traviato Oreste con la propria magia, ma gli storici moderni riconoscono nell'avvicinamento tra il prefetto cristiano e la filosofa neoplatonica e negli onori concessi dal primo alla seconda una motivazione puramente politica, quella di stringere legami con le figure più influenti della città, la cui vita politica era notevolmente instabile; in questa ottica vanno visti i rapporti cordiali tra Oreste e la comunità ebraica e il contrasto tra il rappresentante imperiale e il vescovo cittadino (lo zio di Cirillo, Teofilo, cui il giovane nipote era succeduto quasi contemporaneamente alla nomina di Oreste), che aveva ripetutamente tentato di influenzare l'amministrazione di Alessandria.

Per incredibile che sia, la morte di Ipazia segnò il temporaneo tramonto della cultura pagana nel mondo antico, sostituita dalla pretesa cultura cristiana che imperò fino alla fine del Medioevo: per folle che possa sembrare

ALLEGATO N°6
MORTE DI FILIPPO II DI SPAGNA 1598

Filippo II nella sua vita ebbe diversi problemi di salute. In gioventù si era lasciato trasportare ad un grande torrente di sfrenati piaceri del sesso e non meno fece nell'età matura, sebbene invecchiando avesse imparato ad essere più cauto e prudente; ma in vecchiaia finì col pagarne le conseguenza, perché ingrassò molto e poi fu perseguitato da pericolose malattie che accolse come se fossero dovute tutte a imperfezioni della Natura, mentre si trattava solo di un corpo che si avvicinava alla morte.

Così Filippo visse per più di vent'anni come un religioso. I suoi esercizi oltre le attività di governo consistevano nella lettura della Sagra Bibbia, col mezzo della quale Dio suol parlare agli Huomini, e quando gli occorreva qualche passaggio da lui non bene inteso, se ne faceva dare la spiegazione dal suo Cappellano. Quando cercava qualche momento di ricreazione (giacché la vecchiaia benché caduca e pronta a dare l'ultimo tracollo alla vita, non può astenersi di quell'inclinazione di passatempi che ha causato parte della natura) si dedicava soprattutto alla caccia della Volpe, in compagnia del Principe suo figliolo e dell'Infanta. Finché, dodici anni prima di morire, smise di bere il vino, ancorché se ne fosse mostrato sempre parco. In quella maniera mancandogli il calor naturale, i medici furono costretti a fargli digerire l'humore della sua podagra aprendogli più volte le gambe con grande dolore, sebbene con ammirabile costanza e con ammirazione dei Medici, lui stesso reggesse qualche volta da solo la candela.

Per due anni continui ebbe sempre la podagra e la febbre, talmente che non poteva più reggersi in piedi, ma benché infermo e nel letto, non cessò mai di tenere con fermezza d'animo il timone del governo.

Il giorno di San Giovanni, contento della pace stabilita con la Francia, del matrimonio del figliuolo con Margarita e della figliuola con Alberto, comandò che fosse portato dalla Real Villa di Madrid alla sua Real Casa dell'Escuriale, poiché vedendosi aggravare sempre più il male, voleva morire in quel luogo, da lui così superbamente edificato e benché il suo medico ordinario lo dissuadesse molto da quella risoluzione, non volle intendere di parlare neppure del rischio di morire per strada. Fu però portato secondo il suo desiderio dentro un piccolo Gabinetto dove vi era un letto, nel quale se ne stava coricato e un cameriere con esso lui, e quello Gabinetto era portato da dodici uomini che cambiavano di tempo in tempo, però non facevano che quattro miglia per giorno in modo che restarono sei giorni in quel viaggio.

Così arrivò all'Escuriale il giorno della Visitazione di Luglio e intanto il dolore della podagra e la febbre aumentarono di modo che sentendosi vicina la morte si dispose del tutto alla cura dell'anima. Si confessò per l'ultima volta, prese i Sacramenti soliti della Chiesa Romano e comandò che don Garzia di Loyola fosse consacrato solennemente dal Nunzio del Pontefice. In quel mentre si scoprì una piaga nella gamba destra e di lì a poco quattro altre nel petto, la qual cosa spaventò molto i suoi medici ordinari che mandarono in Madrid con tutta diligenza per far venire due altri famosi medici con l'aiuto dei quali furono posti alcuni impianti a dette piaghe, per farle maturare e il giorno seguente venendosi ad aprire, ne uscì gran materia talmente putrefatta e corrotta che era tutta piena di pidocchi generati dal quella putrefazione che il Re volle vedere, alzando poi gli occhi al Cielo col dire *"Signore si ringrazia poiché nelle sofferenze mi renderai simile a un Giobbe. E certo in quello io credo che sia stato più tormentato di Giobbe poiché non si sa se nelle piaghe di quell'Huomo vi erano pidocchi come in quelle di Filippo, o almeno in così grande abbondanza"*.

Divenne così debole che conveniva che quattro l'alzassero col medesimo lenzuolo per rifare e nettare il suo letto che fu fu riempito di pidocchi. Il Mendozza riferisce che, avendo Iddio colmato il Re Filippo di tanti domini e ricchezze, come pure aveva fatto con Giobbe, volle poi anche assomigliarlo a quello nell'afflizione per renderlo un esempio di pazienza nel mondo.

Anche se poi i Processanti raccontarono che non meritava di morire come un Principe un personaggio che aveva tanto perseguitato i Cristiani Riformati dopo Martin Lutero, con altri concetti più satirici e mordenti, ma credo che né gli uni né gli altri hanno avuto ragione di parlare in questa maniera, giacché occulti sono i giudizi di Dio ed è grande temerità degli Huomini il veder conseguenze dagli effetti della presidenza divina, conforme alla propria passione.

Dunque fu costretto a stare coricato sul dorso cinquantatre giorni e nondimeno non lasciò mai di mostrarsi paziente, per quanto si sia trattato di una vera tragedia. Otto giorni innanzi la sua morte gli fu tagliato il pollice della mano sinistra per evitare che la cancrena dilagasse. Quei dolori erano gli interessi della sua lunga esistenza in questo mondo, avendo voluto la natura pagarsi della vecchiaia così grande che gli aveva dato. Così la mort non volle tirarlo a se con la sua falce, senza fargli prima toccare con le mani che spesso i Principi più grandi della terra trovano dagli avvenimenti della vita i misteri come quelli dei più meschini del mondo. E fu così che fu assalito da un'indescrivibile squadra di pidocchi, nella quale egli era il campo della battaglia, il combattente e il combattuto.

La sera precedente al giorno della sua morte, fece chiamare il Principe suo figliolo, e gli disse che non si sentiva più né forza né capacità sufficienti a dirgli quel tanto che era necessario per renderlo degno del governo di tanti popoli che gli lasciava in eredità. Ma che voleva che nella sua presenza, in quel punto estremo della sua vita e per l'ultimo loro abboccamento, ascoltasse le ultime parole del più grande e del più giusto re della terra. Comandò poi al suo confessore di leggere quel tanto che san Lodovico re di Francia aveva detto prima di morire a Filippo suo figliolo. Dopo quello in luogo che gli antichi costumano nell'ultimo periodo della loro vita di dare ai loro più cari, gli anelli più preziosi che portavano nei diti, soleva egli portare un piccolo Crocifisso e una disciplina che gli presentò dicendogli che quelli erano gli anelli d'amore dei quali desiderava di regalare al Principe suo figliolo. Gli disse che l'Imperatore suo padre era morto tenendo in mano il Crocifisso, che anche lui sperava di morire con quello in mano, che con quella disciplina si era più volte disciplinato Carl V suo padre ed egli ancora, né lui doveva avere vergogna di mescolare il suo sangue con quello dell'Avo e del Padre.

Quella lente febbre nella quale aveva languito tre anni mescolata con la più crudele e rigorosa podagra che si possa immaginare il giudizio l'hanno preparato da molto tempo prima che la morte venisse a prenderlo.

Ricevette l'estrema unzione il primo giorno di settembre verso sera dopo aver chiesto minutamente informazione all'Arcivescovo di Toledo dell'ordine, del valore e della forma dell'amministrazione di quel Sacramento, giacché non l'aveva ancora veduto dare a persona alcuna.

Si dice che avesse raccomandato inoltre con grandissima passione la guerra contro gli Heretici e la pace verso la Francia. Il Principe, riflettendo dopo tal discorso, desideroso di stabilire di buon'ora il Marchese di Denia suo favorito, chiese a Don Cristoforo di Mora la Chiave d'oro del Gabinetto, il quale si scusò di non poterlo fare intanto che il re è in vita. Il Principe si sdegnò e gli fece conoscere poco dopo il risentimento di quella negazione. Don Cristoforo se ne lamentò con il Re il quale non lodò la domanda per essere fatta troppo tosto e non approvò il rifiuto per essere stato di troppo pericolo e ordinò al Mora di portargliela subito e di chiedergli perdono. Sino a quella ora il Re aveva avuto sempre parte, benché languisse nel letto, degli affari più importanti della sua corona. Dopo l'estrema orazione si girò come Ezechia con la faccia verso il muro e le spalle negli affari. Non volle più che il suo spirito pendesse quaggiù, ma lo levò del tutto verso il Cielo.

Morì dunque finalmente il giorno di Domenica tredici di settembre di quell'anno 1598 sul tardi della mattina.

Fu un mese fatale a diversi Principi. Perché per poter passare i settant'anni bisogna che un Principe habbia una complessione moto vigorosa poiché d'ordinario troppo grandi sono i travagli dello spirito ai quali sono sottoposti i Principi.

INDICE